Champs visuels

Collection dirigée par Pierre-Jean Benghozi, Raphaëlle Moine, Bruno Péquignot et Guillaume Soulez

Une collection d'ouvrages qui traitent de façon interdisciplinaire des images, peinture, photographie, B.D., télévision, cinéma (acteurs, auteurs, marché, metteurs en scène, thèmes, techniques, publics etc.). Cette collection est ouverte à toutes les démarches théoriques et méthodologiques appliquées aux questions spécifiques des usages esthétiques et sociaux des techniques de l'image fixe ou animée, sans craindre la confrontation des idées, mais aussi sans dogmatisme.

Dernières parutions

Ali AID, *Appelés et guerre d'Algérie à l'écran*, 2023.
Adélaïde MALVAL, *Cinéma incantatoire de Kenneth Anger à David Lynch, Dialogue entre le Magick Lantern Cycle & Twin Peaks: The Return*, 2023.
Florence GRAVAS, Espace filmique et désorientation psychique. Une poétique de San Francisco, 2023.
Flavien OLRY, *Le Hobbit et Le Seigneur des Anneaux au cinéma. Lire Tolkien à travers Jackson*, 2023.
Guillaume RICHARD, *Rosebud. De* Citizen Kane *au porno gonzo*, 2023.
Noël BURCH, *La quête de sens, Une vie de bâton de chaise, Tome 2*, 2023.
Jean-Pierre FLAYEUX, *L'exploit physique réel chez Buster Keaton*, 2023.
May EL KOUSSA, *De la dynamique des larmes au cinéma. Sirk, Kieslowski, Bergman*, 2023.
Dominique CHATEAU et José MOURE (dir.), *Du quotidien dans le cinéma japonais (et français)*, 2022.
Manon GRIMAUD, *Du figural a la psychanalyse*, 2022.
Joachim Daniel DUPUIS, *Marco Candore. Mécanoscope, un cinéma pirate*, 2022.
Manon GRIMAUD, *Nolan, le temps et Bergson.* Tenet, *le cinéaste à la rencontre du philosophe*, 2022.
Jean-Michel ROPARS, *Cinéma, littérature : le temps dans dix œuvres*, 2022.

ANDRÉ CAYATTE
CINÉASTE ENGAGÉ

5-7, rue de l'École-Polytechnique, 75005 Paris

http://www.editions-harmattan.fr

ISBN : 978-2-14-049006-4
EAN : 9782140490064

Pascal Noblet

ANDRÉ CAYATTE CINÉASTE ENGAGÉ

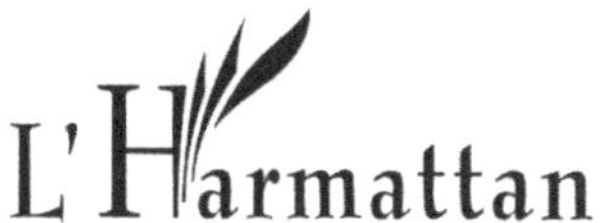

Du même auteur

L'Amérique des minorités, les politiques d'intégration, L'Harmattan, 1993

Quel Travail pour les exclus, Dunod, 2005

Pourquoi les SDF restent dans la rue, L'Aube, 2010, réédition L'Aube poche 2014

Dysfonction publique, L'Etat social vu de l'intérieur, Lemieux éditeur, 2016

Les guerres de Jean Luc Godard, L'Harmattan, Champs visuels, 2020

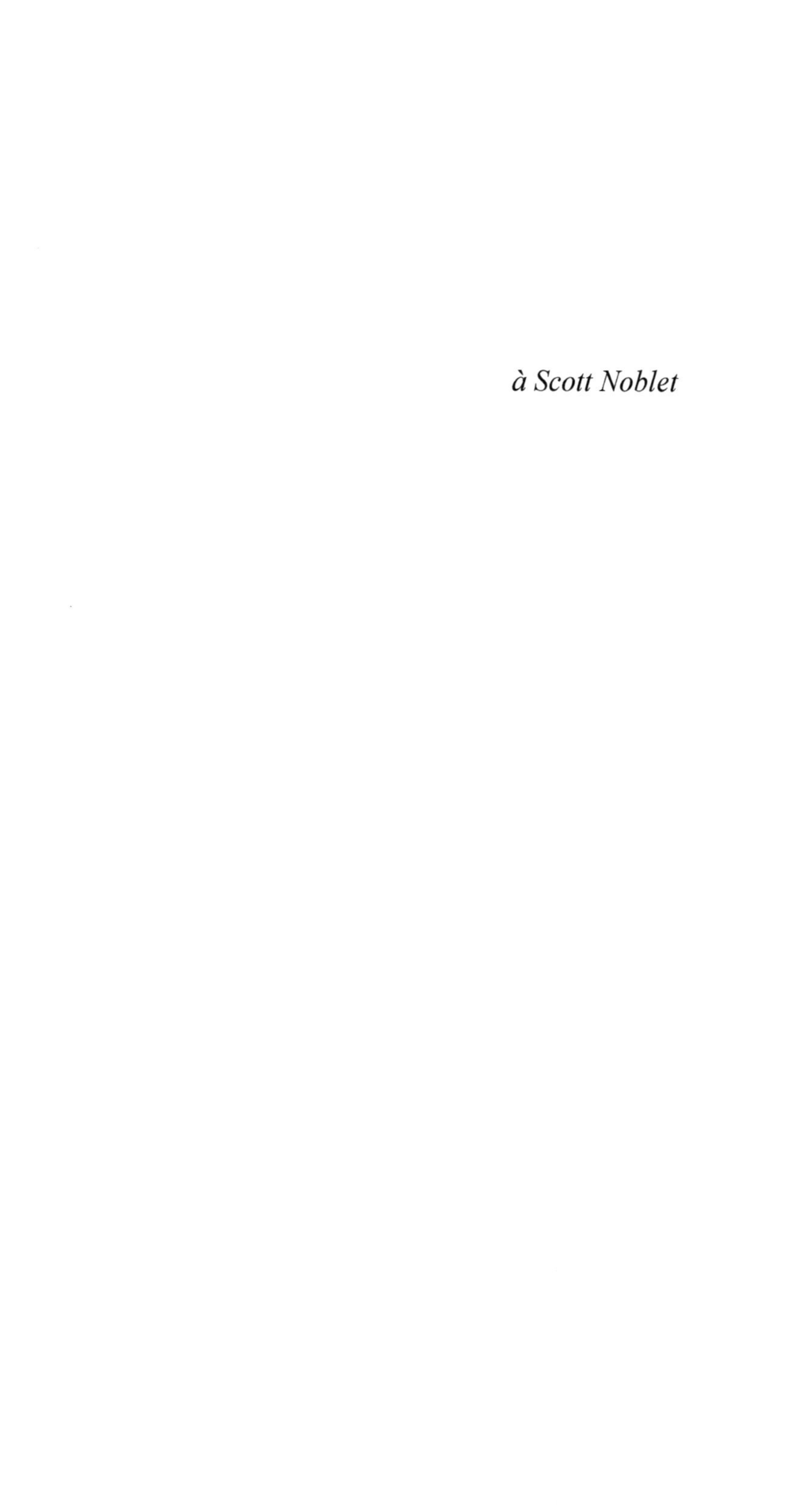

à Scott Noblet

Introduction

« Ah bon ! Tu écris maintenant sur Cayatte ? » fut la réaction de plusieurs amis, incrédules, quand je leur appris que je m'étais attelé à la rédaction d'un ouvrage consacré à ce réalisateur, eux qui m'avaient connu si longuement absorbé par Godard et la vaste littérature que ce cinéaste et son œuvre suscitent[1].

Alors, pourquoi cet intérêt pour Cayatte ?

En premier lieu, comment ne pas être agacé par la mise à l'index si courante dans le petit monde de la cinéphilie d'un certain nombre de cinéastes, dont Cayatte, et, *a contrario*, la dévotion dont certains autres, Godard au premier chef, font l'objet.

Antoine de Baecque et Philippe Chevallier ont fait paraître en 2012 un *Dictionnaire de la pensée du cinéma*. Ils indiquent que le livre « inaugure une approche inédite du cinéma. Il invite à penser par le septième art, instruit par ce que Jean-Luc Godard a su concentrer dans une de ses formules balancées dont il a le secret : « le cinéma est une

1 Pascal Noblet, *Les guerres de Jean-Luc Godard*, L'Harmattan, 2020.

pensée qui prend forme, une forme qui pense[2] ». Et d'ajouter : « A travers près de 400 entrées, rédigées par plus de 70 spécialistes, le *Dictionnaire de la pensée du cinéma* projette en autant de courts essais stimulants cette place centrale du film dans notre compréhension du monde[3] ». A l'index des noms cités par tous ces spécialistes, universitaires pour la plupart, il apparaît que Jean-Luc Godard est référencé dans 120 entrées du *Dictionnaire*, coiffant très largement tous les autres cinéastes et l'ensemble des auteurs crédités d'une réflexion importante en rapport avec le septième art. Conclusion logique : Godard serait *le* penseur du cinéma.

En revanche certains cinéastes importants ont le triste privilège, dans les quelque sept cents pages de l'ouvrage, de n'être cité qu'une seule fois...de surcroît négativement ! Ainsi, les noms de Costa-Gavras et Boisset n'apparaissent que dans l'entrée que consacre Philippe Chevallier à Alain Badiou. Le philosophe y est crédité « d'avoir posé le problème qu'il ne lâchera plus : comment qualifier la manière dont se présente le monde au cinéma ? » Alain Badiou avance dans cette voie, selon Philippe Chevallier, « en distinguant le cinéma d'abord de la manière propre au documentaire, celle qui consiste à déverser en flux continu des images sur un propos. [...]. Ce travers documentaire se retrouve dans la fiction de gauche, celle qui réduit le peuple à sa représentation folklorique, inactive politiquement, enfermée dans ses déterminations objectives, régionalistes (Boisset, Costa-Gavras, Sautet, Tavernier)[4]. »

---

2 Sous la direction d'Antoine de Baecque et de Philippe Chevallier, *Dictionnaire de la pensée du cinéma*, PUF, 2012. Quatrième de couverture.

3 *Ibid.*

4 *Ibid.*, p.69-70.

Cayatte, lui, est seulement évoqué à l'entrée « Populaire » ! L'auteur de la notule, Yannick Dehée, procède à cette occasion au rapprochement du film de Cayatte, *Mourir d'aimer,* avec celui de … Just Jaeckin, *Emmanuelle,* parce que le seul véritable intérêt de ces deux films serait d'être « des sources incontournables à l'historien du culturel qui voudrait saisir, entre tentations et culpabilité, comment la France profonde a « digéré » la révolution sexuelle post-68 [5]» …

Ainsi, Boisset, Costa-Gavras, Cayatte, Sautet, Tavernier n'auraient été d'aucun apport réflexif au cinéma. Leur contribution à la « pensée du cinéma » relèverait de l'électrocardiogramme plat.

Vis-à-vis de Godard, il m'était apparu utile, non de contester le grand artiste qu'il fut, mais de critiquer ses orientations politico-idéologiques sur lesquelles la critique est dans l'ensemble fort peu diserte. Dans le même esprit, face à la vulgate qui veut que Cayatte soit un cinéaste sans intérêt, voire même repoussoir, j'ai eu envie d'aller y voir de plus près.

De là à entreprendre la rédaction d'un ouvrage consacré à ce réalisateur, il y avait quand même un grand pas. Ce pas, je l'ai franchi quand j'ai découvert sa « tétralogie », soit les quatre films qu'il tourna au début des années cinquante : *Justice est faite* (1950) ; *Nous sommes tous des assassins* (1952) ; *Avant le déluge* (1953) et *Le Dossier noir* (1955). Cette plongée âpre dans l'univers social et politique des années cinquante m'a captivé. Oui, le cinéma de Cayatte et de son scénariste-dialoguiste Charles Spaak a été dans ces années-là formidablement neuf, provocateur, iconoclaste.

Comment se fait-il alors que Cayatte et son œuvre soient si méprisés ?

---

5 *Ibid.*, p.555.

Victime d'une cabale

Le cinéma de Cayatte a été victime de préjugés. Au cœur du rejet dont Cayatte a fait l'objet, il y a eu cette étiquette : « Cayatte réalisateur de films à thèse », une étiquette qui n'a cessé de coller au cinéaste comme le sparadrap au capitaine Haddock. Sous la formule « film à thèse » se love le reproche d'un cinéma qui serait exclusivement consacré à la défense d'idées et selon une forme trop explicite, trop démonstratrice, trop mélodramatique : un cinéma où les bons seraient toujours trop bons et les méchants trop méchants, le tout, comme l'a écrit André Bazin dans un article devenu célèbre, dans le cadre d'une « cybernétique » ayant pour effet de transformer les personnages en automates uniquement construits de façon à ce qu'ils jouent efficacement leur rôle dans la démonstration[6].

Dans cet article, Bazin crédita Cayatte d'avoir inventé un genre mais un genre qui, au final, trahirait la vraie nature du cinéma. Nous nous efforcerons de démontrer, à travers une relecture attentive de ce texte (Chap.6) en quoi la critique de Bazin n'était guère fondée.

C'est cette critique, amplifiée et même caricaturée au regard de la subtilité dont faisait preuve Bazin, qui a fait florès. Prenons par exemple ce que dit Jacques Siclier du cinéma de Cayatte dans le chapitre qu'il lui consacre, dans son Histoire du cinéma français[7]. A propos de *Justice est faite*, le critique assène : « Qu'y a-t-il de réaliste là-dedans, on en reste au spectacle, à la machinerie du théâtre ou du roman-feuilleton, Cayatte se comporte comme un redresseur

6 André Bazin, « La cybernétique d'André Cayatte », *Les Cahiers du cinéma*, juin 1954.

7 Jacques Siclier, *Le Cinéma français, Tome 1,1945-1968*, Ed. Ramsay-Cinéma, 1990.

de torts de la littérature populaire[8] ». *Nous sommes tous des assassins* est catalogué comme « un parfait mélodrame mettant en cause les inégalités sociales[9] » et *Le Dossier noir* est jugé « théâtral et emphatique[10] ». Certes, Siclier ajoute : « Lorsque Cayatte revendiquera le titre d' « auteur », il n'aura pas tort. L'ancien avocat connaît les méandres de la loi et de la justice, le cinéaste a un véritable don pour les artifices dramatiques et les agencements de faits réels et vécus[11] ». Mais l'art du cinéaste n'en est pas moins globalement disqualifié. Le titre du chapitre qu'il lui consacre, est explicite : « André Cayatte, du mélodrame au film à thèse ».

Siclier n'est pas tendre avec Cayatte mais, au moins, en parle-t-il. L'escamotage est souvent beaucoup plus radical. Dans les ouvrages consacrés à l'Histoire du cinéma français, Cayatte n'est souvent qu'à peine mentionné. René Prédal expédie en trois lignes négatives la production du cinéaste dans les années cinquante. A la fin d'un commentaire relatif au réalisateur Claude Autant-Lara qu'il décrit comme un auteur en permanence à la recherche du scandale, Prédal conclut : « Cette recherche du scandale est partagée par d'autres réalisateurs. En 1954, *Avant le déluge* est un scénario très dur de Charles Spaak présenté brutalement par André Cayatte qui choque en effet la censure[12] ». C'est maigre. C'est même tourné si bizarrement qu'on se

8 *Idid.*, p.94-95.

9 *Ibid.*, p.98.

10 *Ibid.*, p.102. Dans la filmographie de Cayatte, le seul film que Siclier applaudit sans réserves, est *Le Miroir à deux faces(1958)* qualifié d'« excellent drame psychologique », p.102.

11 *Ibid.*, p.95.

12 René Prédal, *Histoire du cinéma français, Des origines à nos jours*, Nouveau monde éditions, 2018, p.185.

demande si l'auteur ne donne pas finalement raison à la censure…

Jean-Pierre Jeancolas, lui, n'évoque Cayatte qu'à propos de ses films d'apprentissage. Il réalise alors, nous dit-il, « des films sages (d'après Balzac, Zola, puis Maupassant) et en commence un quatrième entre 1942 et 44, tous pour la *Continental*[13] ». Le fait de rappeler, sans autre explication, que ces films ont été tournés sous l'Occupation pour la société *Continental*, firme de production en apparence française mais dirigée et financée par les nazis, n'est évidemment pas neutre. Nous reviendrons précisément sur ce point. Retenons seulement ici que, selon Jean-Pierre Jeancolas, Cayatte cesse apparemment de tourner après 44.

Mieux encore, dans le livre, au demeurant remarquable, que Michel Marie a consacré aux 101 plus belles Histoires du cinéma français, Cayatte est même totalement passé sous silence. Non seulement aucun de ses films ne figure dans la centaine de films qui font l'objet d'un développement substantiel mais aucun film du cinéaste n'est même retenu parmi les quelque deux cents autres films cités au fil des chapitres sous la mention « autres films importants[14] ».

Au fil des ans, très peu de voix autorisées se sont exprimées favorablement par rapport à la filmographie cayattienne. Un Jacques Lourcelles qui consacre dans son monumental *Dictionnaire du cinéma français* des commentaires chaleureux à la production des années cinquante du cinéaste, fait quasiment figure d'exception.

---

13 Jean-Pierre Jeancolas, *Histoire du cinéma français*, Armand Colin, 3ème édition, 2012, p.52.

14 Michel Marie, *La Belle histoire du cinéma français en 101 films*, Armand Colin, 2018.

A ce jour, un seul ouvrage a été consacré au cinéaste, il y a plus de cinquante ans. Publié en 1969, l'ouvrage, au demeurant excellent, ne couvre pas la totalité de l'oeuvre[15].

Ce n'est que depuis peu que des voix plus nombreuses se font entendre en faveur d'une réhabilitation. Il y a eu la voix de Bertrand Tavernier ; il y a celle d'une poignée de critiques et historiens du cinéma : Michel Ciment, Didier Griselain, Noël Herpe, Michel Moquin et quelques autres qu'on croisera au fil des pages. D'une particulière importance fut aussi la rétrospective Cayatte programmée par l'Institut Lumière à l'automne 2019 dans le cadre de son Festival annuel. Mais rien n'assure que les voix qui réclament « Justice pour Cayatte[16] », suffiront à dissiper l'opprobre qui continue d'entourer son œuvre.

Une œuvre engagée des années 1950 aux années 1980

La critique a prétendu que le cinéma de Cayatte est surdéterminé par le fait que Cayatte a été un avocat dans sa jeunesse. Une phrase souvent citée à son propos est une méchante formule de François Truffaut : « Il se trouve précisément que si les gens de cinéma prennent Cayatte pour un avocat, les gens de robe le prennent pour un cinéaste[17] ». On aurait pu tout autant retenir qu'André Cayatte avait très tôt manifesté une personnalité artistique affirmée. Dès l'ado-

---

15 Guy Braucourt, *André Cayatte*, Ed. Seghers, coll. cinéma d'aujourd'hui, 1969.

16 « Justice pour Cayatte » fut le titre d'un remarquable dossier du mensuel *Positif* (n°704) paru en octobre 2019. Par ailleurs il est possible de visionner sur YouTube une causerie récente d'un grand intérêt consacrée à l'œuvre de Cayatte réunissant quatre critiques, Denis Parent, Charles Némès, Didier Philippe-Gérard et Jean-Claude Missiaen, ce dernier ayant bien connu le cinéaste. *Le Salon de Filmotv 39 André Cayatte,* 7 janvier 2020.

17 *Arts* n°517, 25 mai 1955.

lescence il se passionna pour la littérature moderne. Avec quelques amis, il créa diverses revues éphémères. Dans les années trente il fréquenta les cercles littéraires d'avant-garde, publia plusieurs romans et de la poésie[18].

Certes, ce qui fut un temps son activité professionnelle a beaucoup compté pour l'artiste, y compris dans l'attrait qu'il développa pour le cinéma. Il poursuivit longtemps le projet de mettre en scène une affaire judiciaire dont il avait eu à s'occuper, *L'Affaire Sceznec*. Le cinéma lui était apparu comme le seul moyen d'expression susceptible par son impact dans l'opinion d'obtenir la révision du procès à l'issue duquel Sceznec avait été condamné pour un crime dont il était probablement innocent. Devenu cinéaste, Cayatte, se heurtant à la censure, ne parviendra jamais à réaliser ce film. Mais cela ne le dissuada pas de s'engager dans la voie d'un cinéma promouvant des idées très avancées pour l'époque, par exemple contre la peine de mort (*Nous sommes tous des assassins*). C'était là un objectif tout à fait louable et nullement contradictoire avec une ambition artistique.

Cet engagement, Cayatte le poursuivra toute sa vie, y compris dans ses dernières années, quand, s'étant rapproché peu à peu de la télévision, comme alors beaucoup de réalisateurs, Cayatte réalisera quatre téléfilms qui seront programmés dans le cadre d'une émission qui a fait date dans l'histoire de la télévision française, *Les Dossiers de l'Ecran*.

Il est proprement incompréhensible qu'aujourd'hui encore, alors que le *cinéma politique* a acquis pleinement droit de cité, le fait que Cayatte ait voulu dans ses films défendre

18 Claudette Peyrusse, « André Cayatte, un contemporain. Du poète d'avant-garde au reporter de l'Espagne républicaine ». *1985, revue d'Histoire du Cinéma*, n°86, Hiver 2018. Parmi les romans publiés par Cayatte, *Le Dur* reçut le prix *François Rabelais* en 1934, *Traquenard* reçut le prix Cazes en 1940.

avec fougue un certain nombre de convictions, soit si souvent mis en exergue pour le disqualifier en tant qu'artiste.

Sentiment de culpabilité

Ce sur quoi par contre il y a matière à s'interroger, c'est en quoi et comment le besoin chez Cayatte « de prendre la défense de » a pu colorer positivement ou négativement sa production artistique. Ce besoin a pu irriter. Truffaut n'a pas complètement tort quand il daube sur ce qu'aurait pu donner l'adaptation de certains grands romans de la littérature par Cayatte : « C'est une chance que Cayatte ne s'attaque pas à la littérature : il serait capable, à l'écran, d'acquitter Julien Sorel ; Emma Bovary en serait quitte pour la "préventive"[19] ». Aujourd'hui, certains diraient sans doute que Cayatte est de ceux qui ont instillé dans notre société « la culture de l'excuse ». Cela mérite qu'on s'y arrête.

Sans faire de psychanalyse du café du commerce, on peut penser que chez certaines personnes qui embrassent la profession d'avocat, il y a, derrière le souci de défendre, « quelque part » le besoin fantasmatique de se défendre soi-même. Dans le choix de cette profession comme dans la vaste sphère des métiers fondés sur la relation d'aide, peuvent se lover d'obscurs sentiments de culpabilité. Il semble bien que cela ait été le cas chez Cayatte.

Ce qui frappe en effet dans son cinéma, c'est à quel point les principaux protagonistes s'y trouvent presque toujours dans la position de devoir se disculper. Nous développerons en détail cet aspect mais, à titre d'exemple particulièrement illustratif, citons ici *Mourir d'aimer* (1971), le film le plus connu de Cayatte à défaut d'être le meilleur. Le scénario en est le décalque d'une histoire vraie qui, en son temps,

19 François Truffaut, *Arts*, n°517 du 25 mai 1955 (reproduit dans *André Cayatte* d'A. Braucourt, *op.cit.*, p.167).

défraya la chronique : en 1969 une enseignante, Gabrielle Russier, fut traduite en justice et emprisonnée pour avoir entretenu une relation amoureuse avec un de ses élèves encore mineur ; elle finit par se suicider. Le film est un pamphlet sur la façon dont la société s'est acharnée sur cette enseignante, mais il s'attache tout autant à montrer comment cette professeure qui veut au départ assumer crânement, aux yeux de tous, sa relation sentimentale, se laisse peu à peu envahir par un sentiment de culpabilité.

Le sentiment de culpabilité est le véritable fil rouge du cinéma cayattien. D'où il découle la volonté farouche du cinéaste de lutter sans relâche contre des accusateurs, réels ou supposés, et d'où sa vindicte, en premier lieu, à l'égard de l'institution dont la fonction est de juger.

Dans son combat contre l'institution judiciaire, Cayatte dénonce en particulier l'article 353 du code de procédure pénale qui stipule que les jurés des cours d'assises, au-delà des preuves et des faits, ont à se prononcer sur le fondement de leur « intime conviction[20] ». L'un de ses derniers films, *Verdict* (1974), sera encore consacré à la dénonciation de ce fameux article. Ce qui choque ici Cayatte, ce n'est pas tant que la justice, comme toute institution, ne fonctionne pas comme elle le devrait idéalement, c'est qu'elle invite le juré à se prononcer, selon lui, de façon arbitraire, le dégageant ainsi de sa responsabilité.

Cayatte entend au contraire mettre les spectateurs en face de leur responsabilité. D'où le titre de son film contre la peine de mort, *Nous sommes tous des assassins* et, dans son film suivant, *Avant le déluge*, la stigmatisation de l'ir-

20 L'article 353 du Code de procédure pénale est devenu l'article 303. Sa formulation a quelque peu été modifiée mais la référence à « l'intime conviction » demeure.

responsabilité des parents au risque de se faire taxer de redresseur de torts.

C'est avec la même boussole qu'il désarçonnera le public de gauche au tournant des années 70. Non que Cayatte n'ait pas saisi l'opportunité que lui offrait l'air du temps post-Mai 68 pour réaliser des « fictions de gauche » désormais à la mode. Outre *Mourir d'aimer*, il réalisa deux films tout à fait dans cet esprit : *Il n'y a pas de fumée sans feu* (1973) et *Raison d'Etat* (1978). Mais son esprit critique, disons sa liberté d'esprit et son sens des responsabilités l'amenèrent aussi à se démarquer du jeunisme révolutionnaire qui gagna alors tant d'intellectuels et d'artistes.

En 1967, sillonnant l'Inde et le Népal pour y tourner un projet romanesque, Cayatte transforma son scénario quand il découvrit sur place les ravages que causait la drogue parmi les jeunes hippies attirés par l'Orient. Cela donna *Les Chemins de Katmandou* qui sortit aux lendemains des évènements de Mai 68. Ce film, qui n'est pas un chef d'œuvre mais qui n'est pas non plus le navet qu'on a dit, fit l'objet à gauche d'un violent rejet. On reprocha au cinéaste de se désolidariser des jeunes qui contestaient la société. Cayatte, l'homme de gauche, contestait cette fois l'idéologie contestataire. On l'a décrit comme étant devenu sourd aux aspirations de la jeunesse. Il n'en était rien. Simplement, il eut le courage de faire entendre, sur ce sujet important de la drogue, une voix dissonante.

Humour et distance

Ce qu'il est convenu d'appeler « la tétralogie judiciaire » cayattienne, constitue une part essentielle de son œuvre. Mais c'est aussi à propos de cette tétralogie que sont apparues les critiques perpétuellement reprises à son égard.

Il nous semble qu'une bonne façon de relativiser ces critiques est de mettre en avant un élément trop souvent omis et pourtant bien présent dans ces films : l'humour.

André Bazin et ceux qui lui ont emboîté le pas, François Truffaut en tête, ont ignoré cette dimension essentielle. Dans ces films réalisés en collaboration avec Charles Spaak, l'humour revêt des dimensions multiples, parfois franchement comique, le plus souvent ironique et sarcastique. L'humour est noir et dévastateur (Cf. Chap. 4 à 7).

Ceux qui ne voient que lourdeur et schématisme chez Cayatte, font l'impasse sur cet humour qui subvertit ce que le propos pourrait avoir de trop démonstratif. En créant de la distance, l'humour incite le spectateur à garder son quant-à-soi, son esprit critique.

*

Né en 1909, décédé en 1989, André Cayatte aura pleinement épousé son siècle.

Issue d'une famille de commerçants de Carcassonne, il gardera un attachement particulier pour sa région d'origine dont il conservera toujours l'accent. A la suite d'études de droit, il sera un temps avocat au barreau de Toulouse. Mais, très tôt, il se liera aux milieux littéraires d'avant-garde. Il s'associera, le temps d'une revue éphémère, avec le poète René Char, puis publiera plusieurs romans dans les années vingt et trente. Il aura aussi une activité journalistique. Il se rendra en Espagne durant la guerre civile, alertera sur le soutien d'Hitler au franquisme et dénoncera l'abandon des républicains espagnols par le gouvernement Blum.

S'étant rapproché progressivement du monde du cinéma, c'est à la fin des années trente qu'il s'y intègre complètement, multipliant les collaborations en tant que scénariste et dialoguiste avant d'être mobilisé en 1939. Il est fait prisonnier mais parvient à s'échapper. Il est alors embauché à *Continental Films.*

Le présent ouvrage présente un panorama de son œuvre cinématographique en six parties.

La première est consacrée à la période de la seconde guerre mondiale et à celle de l'immédiat après-guerre, telles que les a vécues Cayatte et telles qu'il en a donné sa vision au cinéma. On y examine notamment dans quelles conditions Cayatte a été amené à travailler pour la société *Continental.* C'est dans ce cadre qu'il réalise son premier film, *La Fausse maîtresse.* Il a alors trente-trois ans. Profondément marqué par cette période, Cayatte y reviendra en 1949 dans un moyen métrage (*Tante Emma*) puis en 1960 dans un long métrage (*Passage du Rhin*).

La deuxième partie est dévolue à la tétralogie cayattienne, soit les quatre films du début des années cinquante, centrés en grande partie sur la scène judiciaire, prisme à travers lequel le cinéaste et le scénariste/dialoguiste Charles Spaak produisent une vision au scalpel de la société française. S'y affirme un style puissamment personnel, véhément, noir mais non dénué d'humour. Cet ensemble de très haute qualité justifie à lui seul une place pour Cayatte au panthéon des grands réalisateurs français.

Troisième partie : dans la deuxième moitié des années cinquante, Cayatte renouvelle profondément son cinéma. Il aborde de nouvelles thématiques. Perméable aux effluves de la « modernité », son style reste classique mais évolue. Cayatte réalise, sur des sujets et dans des genres très différents, une série de très bons films : *Œil pour œil* (1956), *Le Miroir à deux faces* (1958), *Passage du Rhin* (1960), *La Vie conjugale* (1963) et *Piège pour Cendrillon* (1965).

On relève un seul véritable passage à vide : *Le Glaive et la balance* (1962).

Quatrième partie : à la fin des années soixante, Cayatte, aiguillonné par le contexte qui pousse à la contestation tous azimuts, en revient, avec *Les Risques du métier* (1967), à un cinéma où les préoccupations sociales et politiques occupent le premier plan. Pour autant, lui qui est identifié comme l'archétype du réalisateur de « fictions de gauche », n'hésite pas, de façon ouverte (*Les Chemins de Katmandou* (1969) ou voilée (*Mourir d'aimer* (1971), à se démarquer de la gauche de l'époque qu'il juge trop idéologique.

Cinquième partie : Cayatte poursuit dans la même veine tout au long des années soixante-dix. Il achève sa carrière proprement cinématographique avec plusieurs films intéressants, renouant pour certains avec son tropisme judiciaire, *Verdict* (1974) et *L'amour en question* (1978) ou enfonçant le clou dans le champ politique, *Il n'y a pas de fumée sans feu* (1973) et *Raison d'Etat*(1978). Mais, à nouveau, le cinéaste prend à rebrousse-poil une certaine « bien-pensance de gauche » dans *A Chacun son enfer* (1976).

Dans les années quatre-vingt, Cayatte devient un cinéaste de télévision. Il réalise quatre téléfilms dans le cadre des *Dossiers de l'Ecran*, émission phare de l'époque. Toujours soucieux de porter le fer là où ça fait mal, il traite de sujets sensibles. Il aborde des thématiques liées à la guerre d'Algérie dans *Les Avocats du diable* (1981) et *Le retour à Cherchell* (1983).

Sixième partie : dans une approche, cette fois, transversale de l'œuvre, on évoquera d'abord certains aspects de l'homme Cayatte. On évoquera ensuite le souci de la Forme dont témoigne son cinéma, alors que celui-ci a été traditionnellement dénigré comme étant un cinéma exclusivement de scénarios. Enfin on conclura sur une note personnelle.

A présent, il est devenu parfaitement banal que le cinéma soit, à sa façon, engagé. On a du mal à imaginer à quel point, il y a quelques dizaines d'années, alors que sévissait la censure, aborder des thèmes à forte résonance socio-politique était audacieux. Cayatte, lui, dès le début des années cinquante, s'est résolument engagé dans cette voie.

Non seulement il s'en est pris avec virulence au « système judiciaire », mais sa tétralogie a ouvert le débat sur l'euthanasie (*Justice est faite*), s'est attaqué à la peine de mort (*Nous sommes tous des assassins*), a dénoncé la corruption et les violences policières (*Le Dossier noir)* et a traité de la persistance de l'antisémitisme dans *Avant le déluge*. Cayatte a été une figure pionnière du *cinéma politique* en France.

La critique et le public ne s'y sont pas trompés. Les films de Cayatte ont été reçus comme des électrochocs.

Première Partie

La Guerre, l'Occupation et ses lendemains

-1-
Filmer sous l'occupation

Le fait que de nombreux réalisateurs, acteurs, techniciens français, dont Cayatte, aient travaillé, durant la guerre, pour la société *Continental Films*, firme juridiquement française mais en réalité allemande de par ses capitaux et sa direction, ne peut manquer d'interroger.

La première idée qui vient à l'esprit, *a fortiori* pour qui n'a pas vécu cette période, est d'y voir l'expression des compromissions auxquelles s'adonnèrent une bonne partie des gens du spectacle. Le fait qu'au lendemain de la Libération, beaucoup de ceux qui avaient travaillé pour la *Continental* aient été amenés à devoir s'expliquer devant les comités d'épuration et que des sanctions plus ou moins lourdes aient été prononcées à l'égard d'un certain nombre d'entre eux, ne peut manquer de renforcer cette impression première.

A cela s'ajoutent quelques images d'archives dont l'impact s'est révélé dévastateur. Dans *Le Chagrin et la Pitié* (1969), Marcel Ophüls a fait figurer une séquence des actualités d'alors dans laquelle on voit des acteurs français dont plusieurs travaillent avec la *Continental*, s'apprêtant à monter dans le train pour un voyage de promotion en Allemagne. Ces images, associées à leur commentaire collaborationniste, sont devenues, depuis, des images jugées accablantes très fréquemment reprises dans les documentaires ou films se rapportant à l'Occupation[1]. On oublie trop facilement ici combien une image seule peut être mystifiante, dès lors que ne sont pas connus tous les tenants et aboutissants de l'événement[2].

Au lendemain de l'armistice, le cinéma est totalement à l'arrêt. Il dépend des forces occupantes qu'il revive ou non. Or Goebbels, ministre de la propagande, a une idée tout à fait précise à ce sujet. Oui, il faut que le cinéma français renaisse, sans concurrencer bien sûr le cinéma allemand, mais ce doit être un pur cinéma de divertissement destiné à endormir les masses. Cette mission est confiée à Alfred Greven, nazi de longue date et de toute confiance, qui a acquis une longue expérience dans le monde de la production cinématographique. Le monde du cinéma français le connaît bien car avant-guerre les liens professionnels ont été nombreux entre le cinéma allemand et le cinéma français.

Directeur de *Continental Films*, dont la politique va être étroitement surveillée par les plus hauts responsables du Reich, Greven sollicite la participation de réalisateurs

---

1 Par exemple, Jean-Luc Godard, dans les *Histoire(s) du cinéma*, reprend cette séquence avec pour commentaire : « Oui, hélas j'étais seul aussi à penser qu'ils étaient plusieurs encore dans ce train de mille neuf cent quarante deux un an avant la libération de Paris, Viviane, Albert, Danielle, Suzy, Junie. » *Histoire(s) du cinéma,* Volume 3, p.62-63, Gallimard, 1998.

2 Le lecteur qui voudrait en savoir plus à ce sujet, pourra se reporter au chapitre que Christine Leteux a consacré à ce *Voyage à Berlin* (chap.11, p.133-160) dans son ouvrage de référence *Continental Films, cinéma français sous contrôle allemand*, Ed. La Tour Verte, 2017.

français reconnus, du moins parmi ceux qui ne se sont pas exilés et bien entendu sous la condition absolue qu'ils ne soient pas d'origine juive. Dans la foulée, acteurs et techniciens sont bientôt sollicités sous les mêmes conditions.

Greven a de grandes ambitions. Il veut les cinéastes qui ont rencontré de gros succès avant-guerre. C'est ainsi que sont contactés à l'automne 40 Marcel Carné, Maurice Tourneur, Christian-Jaque, Léo Joannon et Georges Lacombe. Ceux-ci sont très réticents. Ils se tournent vers l'administration vichyssoise du cinéma. Des discussions s'engagent. En fait Greven conditionne la relance du cinéma français au démarrage de sa propre société de production. La principale « concession » qu'obtiennent les réalisateurs, c'est qu'ils ne seront pas contraints de faire des films de propagande. Ce qui au fond n'en est pas une puisque tel n'est pas l'objectif des Allemands[3].

Cet épisode initial témoigne que dès le départ, face à un pouvoir occupant déterminé à contrôler de très près une activité qui lui paraissait essentielle, il sera impossible de participer à la création cinématographique durant l'Occupation sans devoir, d'une façon ou d'une autre, accepter les conditions des forces occupantes. Pour un réalisateur, c'était forcément s'engager, qu'il travaille à la *Continental* ou dans les autres structures de production qui rouvrirent par la suite, à tourner des histoires politiquement anodines et à s'engager à ce qu'aucun collaborateur juif ne participe au projet, voire même à aller, pour soi-même, quêter un certificat authentifiant son appartenance à la race aryenne si les occupants, suite à une lettre de dénonciation, se mettaient en tête que vos origines n'étaient pas aussi pures que vous le prétendiez.

---

3 Christine Leteux montre que par des biais divers et occultes Greven a néanmoins favorisé diverses productions relevant directement de la propagande.

Quand vint le moment de l'épuration et que chaque membre de la profession eut à se justifier, l'exercice s'avéra donc délicat. Certes quelques cas manifestes de collaboration furent sanctionnés, des affaires sordides de dénonciation ou de chantages furent exhumées. Mais aller plus loin s'avéra difficile tant la plupart des artistes et des responsables les plus connus de la profession avaient dû, d'une façon ou d'une autre, entretenir des liens avec les occupants. Seuls pouvaient véritablement tenter de s'exempter de tout manquement, ceux qui pouvaient faire état d'une véritable activité clandestine de résistance et/ou d'une activité de sauvetage de personnes menacés. Ce fut le cas par exemple du réalisateur Jean-Paul Le Chanois, qui, tout en travaillant à la *Continental*, fut pleinement engagé dans une activité de résistance.

Globalement, comme l'a résumé Sylvie Lindeperg, « l'épuration des professionnels du cinéma fut à la mesure de leur attitude durant l'Occupation : ambigüe et modérée, à l'exception de quelques épiphénomènes qui marquèrent l'opinion publique[4] ».

Le fait d'avoir travaillé pour la *Continental* fut clairement considéré comme un de ces épiphénomènes. Le cas qui défraya la chronique, fut celui d'Henri-Georges Clouzot. Le cinéaste, qui avait connu Greven avant-guerre, travailla plusieurs années à la *Continental* apparemment sans états d'âme. Bénéficiant d'une proximité professionnelle, voire amicale, avec Greven, il y monta en grade, fut nommé responsable du service des scénarios et y réalisa deux films dont un de ses chefs d'œuvre, *Le Corbeau.*

Pour ces faits, en novembre 44, Clouzot fut condamné à deux ans d'interdiction d'exercer, renouvelables automa-

4 Syvie Lindeperg, *Les Ecrans de l'ombre, la Seconde Guerre mondiale dans le cinéma français (1944-1969)*, CNRS Editions, 1997, p.56

tiquement. Dans les rangs de la résistance, certains avaient jugé que l'image donnée de la France dans *Le Corbeau* qui relate l'histoire d'un village dévasté par l'envoi de lettres anonymes, avait un caractère anti-français. La preuve, disait la rumeur, en était que les nazis s'étaient empressés d'assurer la diffusion du film en Allemagne. Ce qui n'était pas exact.

Il s'ensuivit une polémique faisant du cas Clouzot une sorte de concentré des contradictions de l'époque. Jean-Paul Sartre signa avec d'autres une lettre publique dans laquelle il était dit que les auteurs, « tout en désapprouvant formellement que M. Clouzot ait réalisé des films pour la *Continental* [...] n'ont trouvé dans *Le Corbeau* aucun caractère de propagande antifrançaise[5] ». En fait, et c'était là tout le paradoxe, non seulement *Le Corbeau* n'avait pas un caractère antifrançais mais il méritait même d'être considéré, dans cette période de censure absolue, comme un film ayant été au plus loin dans la dénonciation de la situation présente. Même si le scénario était bâti à partir d'un fait divers survenu à Tulle en 1922, le film s'en prenait à la délation, phénomène alors massif encouragé par les autorités occupantes et leurs relais français. Le slogan publicitaire à la sortie du film était : « Le crime du siècle. La loi est-elle assez forte pour punir les auteurs de lettres anonymes[6] ? ».

Pour réaliser *Le Corbeau*, Clouzot avait dû surmonter les réticences de son patron qui avait très bien perçu que ce projet dépassait les limites fixées par Goebbels quant aux objectifs qui devaient être ceux de la production cinématographique française. De fait, la sortie du film et son succès furent reprochés à Greven par ses supérieurs. La Gestapo

5 Choé Folens, *Les Métamorphoses d'Henri-Georges Clouzot*, Ed. Vendémiaire, 2017, p.72.

6 *Ibid.*, p.73.

s'émut d'un film qui contrecarrait directement ses activités. Sur son intervention, la campagne publicitaire prévue fut annulée *in extremis*. Les relations Greven/Clouzot se détériorèrent rapidement et Clouzot quitta la *Continental*.

Le cas d'André Cayatte apparaît encore plus excusable. Il convient de lui donner directement la parole en exhumant, comme l'a fait Christine Leteux, les propos qu'il a tenus lui-même, devant la commission d'épuration[7] :

« J'ai fait la guerre du premier jour jusqu'au dernier jour dans la Ligne Maginot, comme soldat, caporal, caporal-chef, sergent, sergent-chef, aspirant d'infanterie dans l'infanterie coloniale. J'ai deux croix de guerre, celle du début et celle de la fin, et j'ai été fait prisonnier. Au moment où tout le monde estimait que c'était fini et se réjouissait d'être prisonnier, à ce moment, je n'ai plus eu qu'un désir, foutre le camp…J'ai déchiré mes papiers, toutes mes pièces d'identité, le plus minutieusement du monde. Enfin, un beau jour, j'ai réussi à partir. [...]. Je me suis retrouvé dans Paris, sans une pièce d'identité, avec huit cent francs et avec, le 3 octobre 1940, une femme qui venait de mettre au monde un enfant. Une femme, un enfant, huit cent francs, sans aucune pièce d'identité, même pas de quoi avoir une carte d'alimentation, ce n'était pas très drôle ! Sur les Champs-Elysées, j'ai rencontré quelqu'un pour qui j'avais travaillé avant la guerre, Charles Méré avec Chemel. Chemel m'a dit : "Vous ne faites rien ?" Je n'ai rien dit. Puis, j'ai rencontré à nouveau Chemel qui m'a dit : "C'est complètement idiot, étant donné que vous pouvez travailler. Je vois que vous êtes embêté ;

7 Procès-verbal du 17 octobre 1944, *Dossier d'épuration d'André Cayatte*. Archives de Paris. Il faut ici particulièrement saluer le travail de la chercheuse Christine Leteux qui s'est plongée dans les archives jusqu'ici largement inexploitées relatives aux dossiers d'épuration des professionnels du cinéma. Les propos d'André Cayatte rapportés ici figurent dans les pages 209-214 de son livre déjà cité, *Continental Films*.

c'est l'évidence même. Vous pouvez travailler dans une maison dont je m'occupe actuellement." Et il m'explique le fonctionnement de la *Continental*. [...]. "Il s'agit," me dit-il, "de faire des films français avec des techniciens français, sans que quoi que ce soit de propagande intervienne là-dedans puisque vous serez libre spirituellement dans la conception de vos œuvres." Et il me cite les noms des gens déjà engagés – ce qui constituait une référence importante – Carné, Christian-Jaque, Lacombe, Tourneur, etc., comme acteurs, Harry Baur et des gens comme cela. Il voyait que j'étais très hésitant. Je n'étais pas un Monsieur intéressant parce que j'avais des opinions manifestes, m'étant engagé dans les Brigades internationales en Espagne [...] c'est vous dire que j'avais à l'égard de l'Allemagne une opinion nette[8]. Ayant écouté cela, j'ai dit à Chemel : "C'est quand même très embêtant... ". Il me dit : "Mais non ! C'est d'ailleurs une des conditions de reprise du cinéma français ; il y aura ou la *Continental* ou il n'y aura rien du tout."

« Je ne connaissais pas Chemel jusque-là. J'ai pour lui une grande reconnaissance ; il a été infiniment chic. Il m'a dit : "Je suis trop content de rendre service à quelqu'un dans votre situation. Au contraire, laissez-moi m'occuper de cela, c'est moi qui vais m'arranger pour avoir des pièces d'identité afin d'avoir un contrat avec la *Continental*." »

Embauché en janvier 1941, Cayatte travaille comme assistant de Jean Dréville sur le tournage d'*Annette et la dame blonde* (1941). « Il sert également de prête-nom comme scénariste pour *Caprices* (1942) de Léo Joannon

8 La formulation ici pourrait laisser entendre que Cayatte a combattu en Espagne dans les Brigades internationales. Or il ne s'est rendu là-bas qu'en tant que journaliste. Mais les articles qu'il a publiés, très critiques à l'égard de la position du gouvernement Blum, démontrent sans ambiguïté son soutien total aux Républicains espagnols et son opposition résolue à l'Allemagne hitlérienne.

sans connaître réellement la manière dont le metteur en scène a acquis le scénario auprès de Jacques Companeez et de Raymond Bernard[9]. ». Bientôt il va pouvoir réaliser ses propres films.

Mais il est un jour soudainement appelé dans le bureau de Greven qui lui dit : « "Il paraît que vous êtes prisonnier évadé, j'ai reçu deux lettres anonymes." Je devais répondre par oui ou par non, j'ai dit oui, étant donné qu'il était infiniment facile de retrouver la trace de cela. [...]. Il m'a dit : "Bon."[10] »

A ce stade de son récit, Cayatte évoque la figure de Greven. « Je dois dire que c'est un personnage curieux, un animal humain assez extravaguant, trépané, tapant des coups de pied sur la table, avec en même temps des passes de rigolade, et toujours au bord de la menace. »

Cayatte voudra quitter la *Continental*. « J'ai vu un certain nombre de producteurs dans Paris. Je n'avais qu'un seul désir, celui de sortir de là-dedans, et de foutre le camp. Je voyais en particulier Edouard Harispuru. A ce moment-là, mon contrat a expiré et Greven n'était pas en France. Il était je ne sais-où, au Portugal ou autre part. Quand il n'était pas là, la maison flottait. Avec lui, c'était la dictature, dans toute sa grandeur. Greven absent, il n'y avait personne avec la moindre initiative. On pouvait en profiter pour faire ce qu'on voulait. J'en ai profité pour m'en aller. A ce moment-là, je devais faire pour Harispuru, *Farandoles*. On met le film sur pied ; on engage les techniciens, c'est moi qui choisis le scénario, les acteurs et exactement onze ou

9 Christine Leteux, *op. cit.*, p.213. Quand, à la Libération, Cayatte apprendra dans quelles conditions de chantage Léo Joannon avait extorqué leur scénario aux deux auteurs juifs, il fera en sorte que les réels auteurs soient crédités à sa place.

10 *Ibid.*

douze jours avant le premier tour de manivelle, Greven revient, apprend cette histoire et m'appelle. Une séance effroyable dans laquelle il me dit : "C'est bien simple : vous ne foutez pas le camp comme cela ! On ne s'en va pas...Je vais vous faire mettre dans un camp !" Séquence effroyable par conséquent et telle que j'ai dit : "Bon, je reste" ».

La Commission d'épuration infligea un blâme à Cayatte[11]. A la différence de la sanction prononcée à l'égard de Clouzot, ce blâme ne l'empêchera pas de travailler dès la Libération[12].

Il a été reproché aux commissions d'épuration du spectacle de s'être trop souvent réfugiées dans la distribution de blâmes sans véritables conséquences. Ce saupoudrage a pu apparaître comme un moyen d'éviter de sanctionner véritablement ce qui méritait de l'être. Sans doute parce trop de monde, y compris parmi les épurateurs, aurait pu alors être visé. Toutefois on peut s'interroger sur l'effet que le blâme a pu avoir sur la personnalité de quelqu'un comme Cayatte. Comme on l'a déjà évoqué, le thème de la culpabilité et le sentiment qui s'y rattache, court à travers toute son œuvre. Pour symbolique qu'ait été cette mesure, on peut émettre l'hypothèse qu'elle a revêtue subjectivement pour le cinéaste une grande importance. Homme de gauche engagé depuis les années trente, Cayatte n'a pas pu ne pas vivre douloureusement la condamnation morale que lui infligea le nouveau pouvoir, alors encore auréolé du prestige de la

---

11 *Ibid.*, p.355. Pour avoir signé un contrat avec la *Continental*, d'autres réalisateurs reçurent un blâme, dont Marcel Carné, Maurice Tourneur, Christian-Jaque, Richard Pottier, George Lacombe.

12 Toutefois, si l'on en croit les données biographiques relatives à Cayatte qui figurent sur le site *Wikipédia*, le cinéaste dut attendre que la Commission se prononce sur son cas avant de pouvoir retravailler dans le cinéma. Ce qu'elle n'a fait qu'en 1945.

Résistance. Cette dernière lui signifiait en quelque sorte que dans cette période où il fallait choisir son camp il avait fait le mauvais choix. Il s'était compromis ; il avait été un mauvais Français[13].

On peut penser que cet épisode a compté dans la radicalisation dont son cinéma va peu à peu se charger. D'avoir eu à rendre des comptes devant ses pairs érigés en juges, a pu jouer à la fois dans la vision qu'il a donné, comme on le verra dans le chapitre suivant, de la période de la seconde guerre mondiale et a pu nourrir la virulence avec laquelle il a attaqué la justice des hommes à travers ses critiques de l'institution judiciaire.

Mais c'est effectivement dans le cadre de la *Continental* que Cayatte aura pu faire ses premières armes en tant que réalisateur. Travailler à la *Continental* a véritablement représenté pour lui une opportunité considérable. C'est là tout le paradoxe, un paradoxe de nature à aggraver chez le cinéaste, qui s'évertua à démontrer qu'il n'était nullement coupable, son sentiment de l'être.

---

13 Pour autant, une consultation du site *Mémoires des Hommes* qui est le site où le Ministère de la défense répertorie tous les titres et mentions honorifiques qui ont distingué des patriotes, permet de constater qu'André Cayatte s'est vu reconnaître officiellement le titre de résistant au titre des *Forces Françaises de l'Intérieur*.

-2-
Premiers films

Dans les années trente Cayatte se rapproche peu à peu du monde du cinéma. Il collabore à diverses réalisations en tant qu'adaptateur, dialoguiste ou scénariste. Les films les plus notables auxquels il participe à cette époque, sont *Entrée des artistes* de Marc Allegret (1938) et *Remorques* de Jean Grémillon (1940).

Embauché à *Continental Films* en 1941, il est, presque par hasard, propulsé réalisateur en mai 42 quand Greven lui propose de mettre en scène une adaptation moderne d'une nouvelle d'Honoré de Balzac, *La Fausse maîtresse*. Avec ce film, on est en réalité au plus loin de Balzac. Comme l'entendaient les superviseurs nazis de l'entreprise, il ne s'agit que de mettre en scène ce qui ne doit être qu'un aimable divertissement.

Cayatte, natif de Carcassonne, poussa la fantaisie jusqu'à déplacer l'intrigue dans le milieu du rugby. Ce qui, en ces temps difficiles, lui fournit une occasion de séjourner dans sa région natale

L'argument en est que l'amitié entre deux hommes est mise à mal par les assiduités que l'épouse de l'un manifeste à l'égard de l'autre. Ce dernier, pour détromper les alarmes de son ami, persuade alors une inconnue de s'afficher à ses côtés pour donner le change. Evidemment l'homme et sa fausse maîtresse finiront par tomber amoureux. Seul aspect du film véritablement plaisant, La fausse maîtresse est interprétée par Danielle Darrieux, laquelle est pour l'occasion une acrobate dans un petit cirque familial. Une scène a particulièrement marqué les esprits : parvenue en haut du chapiteau (l'actrice avait été doublée pour la montée de la corde à mains nues...), Danielle Darrieux se déshabille. Pour nos yeux d'aujourd'hui, ce strip-tease reste évidemment très chaste. A l'époque, la scène a beaucoup compté dans le succès du film.

Après Balzac, Cayatte met en scène Zola. Le cinéaste réalise une adaptation du roman *Au Bonheur des dames* qui narre comment le développement des grands magasins ruine impitoyablement les petits commerçants. Une jeune provinciale (Blanchette Brunoy) s'en vient travailler à Paris dans la boutique de son oncle Baudu (Michel Simon). Mais les affaires y marchent si mal qu'elle est obligée de se faire embaucher dans ce qu'on appellerait aujourd'hui une grande surface. Là, elle n'hésite pas à contester les méthodes d'encadrement et se fait rapidement de nombreux ennemis. Mais son esprit indépendant et sa beauté la font remarquer par le directeur, Octave Mouret (Albert Préjean), qui la promotionne. Ainsi la nièce contribue, elle aussi, à précipiter son oncle dans la faillite et le désespoir. C'est la marche fatale du Progrès. Mouret, ayant maintenant étendu son emprise sur l'ensemble du quartier, organise une grande fête. Celle-ci est troublée par l'arrivée de Baudu qui, à cette occasion, vient s'en prendre pathétiquement à Mouret. Imprécateur, Baudu apparaît comme un contempteur avant l'heure de l'hyper-capitalisme, prophétisant que

Mouret sera un jour à son tour dévoré par un plus gros que lui. Après cette « sortie », Baudou disparaît corps et biens : il est écrasé accidentellement par un attelage du « Bonheur des Dames ».

En totale contradiction avec cette noire trajectoire, le film s'achève pourtant sur un *happy ending*. Après le départ de Baudu, Mouret reconnaît s'être conduit en méchant homme et déclare à la cantonade qu'il va transformer ses méthodes de management. En même temps qu'il annonce son prochain mariage avec la nièce de Baudu, il déclare qu'il satisfait immédiatement toute une série de revendications et qu'il traitera à l'avenir ses personnels comme des « associés ».

De façon assez surprenante, cet *happy ending* a donné lieu à polémique. D'aucuns à l'époque y ont vu l'expression d'un message pétainiste en faveur de la collaboration capital / travail. Cette accusation a perduré. On la retrouve par exemple dans l'ouvrage que Noël Burch et Geneviève Sellier ont consacré à la guerre des sexes dans le cinéma français[14]. *A contrario*, dans *Une Histoire du cinéma français* récemment parue, Philippe Pallin s'insurge : « Les accusations de pétainisme portées à la Libération n'ont aucun sens : le film adapte le roman d'un auteur interdit par les nazis et la chute [...] ne constitue pas vraiment une apologie du « bon » patronat paternaliste.[15] » Au vu du *pedigree* politique de Cayatte, il paraît en effet difficile d'imaginer que le cinéaste ait entendu délivrer un tel message. Je pense

---

14 Noël Burch, Geneviève Sellier, *La Guerre des sexes dans le cinéma français, 1930-1956*, L'Harmattan, 2019. La qualification d'*Au bonheur des dames* comme un film d'inspiration pétainiste y est formulée à trois reprises, pp.195, 219 et 235.

15 Philippe Pallin, Denis Zorgniotti, *Une Histoire du cinéma français, tome 2, 1940-1949*, LettMotif, p.136.

plutôt que Cayatte, sans doute contraint par les décideurs allemands de la *Continental* d'achever son premier film sur un *happy ending* spectaculaire, s'est efforcé d'exprimer, à travers un épilogue de conte de fée, toute la démagogie dont est capable un capitaine d'industrie. Cependant, bien que la malignité du personnage de Mouret ait été abondamment soulignée tout au long du film, il est loisible de considérer que la chute du film, prise au premier degré, puisse troubler.

Pour ce film, Cayatte aurait voulu à nouveau recourir à Danielle Darrieux, alors la plus grande star du cinéma français. Celle-ci refusa. Rappelons ici que Darrieux a fait partie des acteurs de la *Continental* qui ont accepté de se rendre à Berlin, ce qui lui a été par la suite beaucoup reproché. Il importe de rappeler ce que fit valoir l'actrice pour sa défense. Elle était devenue à l'époque la compagne d'un diplomate de la République de Saint-Domingue, pays qui avait épousé la cause des alliés. Pour cette raison, le diplomate était retenu prisonnier en Allemagne. Danielle Darrieux conditionna son accord pour se rendre à Berlin à la possibilité d'y revoir son compagnon. L'ayant revu, elle rentra en France sans achever la tournée et quitta peu après la *Continental* bien qu'elle eût signé auparavant un contrat l'engageant encore pour deux films. Elle se maria avec son compagnon dès que celui-ci vint à être libéré. Epouse d'un diplomate d'un pays ennemi, elle fut placée par Vichy avec son mari en résidence surveillée à Megève, ce qui impliqua qu'elle cesse de faire du cinéma jusqu'à la Libération.

Après *Au Bonheur des dames,* André Cayatte tourna encore deux autres films dans le cadre de la *Continental*. Le premier, *Pierre et Jean,* fut une adaptation du roman éponyme de Maupassant. Christine Leteux évoque les conditions très difficiles du tournage en 1943. « Les studios de Billancourt sont voisins de l'usine Renault qui est alors une cible privilégiée des bombardements alliés. L'équipe de tournage est aux premières loges lors des raids aériens ». Les alertes, obligeant à suspendre le travail, sont quasi quotidiennes[16].

Le film est globalement fidèle au roman, quoique l'action ait été déplacée par Cayatte durant les années vingt. Alice Roland (Renée Saint-Cyr) est l'épouse mal mariée d'un homme fruste, Marcel Roland (Noël Roquevert). Elle a une liaison avec un médecin ami de la famille, le docteur Marchat (Jacques Dumesnil) qui s'achève lorsqu'elle refuse de partir avec lui vivre dans les colonies. Mais ils se reverront et elle donnera naissance à un second fils, Jean (Bernard Lancret), né de leur relation. Vingt ans plus tard, l'amant lèguera en mourant à Jean un héritage considérable. Son frère, Pierre (Gilbert Gil), réalisera la raison de cet héritage. La découverte de ce secret empoisonnera la vie familiale.

Plusieurs éléments font de ce mélodrame un film subtil qui garde aujourd'hui une belle force émotionnelle. La première moitié du film relève du vaudeville. Le mari est, comme il se doit, un « cocu » magnifique. Il se plaint que sa femme n'est pas assez gentille avec leur ami médecin ! Sa vantardise le conduit à offrir son épouse sur un plateau : ayant proposé une partie de campagne à bicyclette, il se fait fort, après une chute, de réparer seul en un tour de main son vélo, invitant sa femme et leur ami à prendre les devants. A la suite de longs efforts infructueux, il devra les rejoindre à pied, laissant plus de temps qu'il n'en fallait à Marchat pour séduire Alice.

Le film prend véritablement son envol à mesure que l'humeur de Pierre va s'assombrir. Au départ Pierre est un

16 Christine Leteux, *op. cit.*, p.104.

garçon primesautier, blagueur et même plaisamment non conformiste. Il est sur le point de faire la conquête d'une très jolie jeune fille, Louise (Solange Delporte), une amie de Jean. Mais, dévasté par la révélation que son frère n'est pas son frère et que sa mère fait vivre depuis toujours la famille dans le mensonge, Pierre se ferme, devient amer, hostile, jaloux, blessant constamment sa mère par ses insinuations. Gilbert Gil qu'on retrouvera dans le film suivant de Cayatte, *Le Dernier sou*, est excellent dans la transformation progressive de son personnage. Louise, découragée, se tourne vers Jean. Ivre de colère, Pierre l'accuse de lui préférer Jean pour son argent. Une violente bagarre s'ensuit entre les deux frères. Leur mère décide d'affronter Pierre. Dans une scène réellement déchirante, elle assume crânement la vérité : Marchat a été son seul amour et le restera pour toujours. Pierre comprend et compatit mais décide de partir exercer la médecine dans les colonies.

La critique fut très élogieuse pour Renée Saint-Cyr. Dans ses mémoires, l'actrice témoignera de sa reconnaissance vis-à-vis du réalisateur qui lui a offert un rôle lui permettant de donner toute sa mesure : « Il exigeait beaucoup. Il obtenait bien davantage. Cayatte était un meneur d'hommes. On croyait en lui. Il m'a répété, ce que je savais déjà, qu'il ne faut jamais sous-estimer un mélo, qu'il faut payer comptant, sans pudeur. On se rend compte alors quel tremplin précieux il peut devenir[17]. »

Le Dernier sou (1944) est le dernier film que Cayatte réalise pour la *Continental.* Le tournage débute fin 43 et fait l'objet de diverses interruptions (bombardements, manque de fournitures pour tourner, etc…) si bien qu'il ne sortira sur les écrans qu'après-guerre, début 46. On peut penser que s'il était sorti avant la Libération, il aurait fait l'ob-

---

17 Renée Saint-Cyr, *En Toute mauvaise foi*, Ed du Rocher, 1990, p.141.

jet des mêmes critiques que celles qu'a subies *Le Corbeau* et que Cayatte aurait eu à répondre, outre d'avoir travaillé pour la *Continental*, d'avoir réalisé un film anti-français. Le film est en effet particulièrement noir même s'il reste un film de divertissement.

Il s'agit d'une histoire d'escroquerie. Dans les colonnes de *L'Ecran français* de janvier 46, le critique Jean-Claude Tachella ne sera pas tendre : « Combien en avons-nous déjà vu de ces bandes d'escrocs sur nos écrans ! Et dont le chef se fait toujours arrêter à cause d'une femme ! Le cinéma a ses traditions : *Le Dernier sou* ne s'en évade pas[18]. » Oui, mais le chef ici est Noël Roquevert et la femme Ginette Leclerc. Roquevert campe magnifiquement un patron impudent. Par sa capacité à donner le change, son entreprise pourrie jusqu'à l'os n'en a pas moins une façade respectable. Bien que ses manigances soient suspectées depuis longtemps, il parvient toujours à passer à travers les mailles du filet, quitte au besoin, à dénoncer lui-même ses collaborateurs, car « dans une maison honnête on ne saurait tolérer qu'un employé se rende coupable d'une indélicatesse ! » Comme il possède sur chacun un dossier compromettant, les filous qu'il emploie, préfèrent encore se faire condamner que de le dénoncer. Les choses vont se gâter quand il va vouloir gruger puis ruiner un jeune homme, Pierre Durban, (Gilbert Gil), dont son adjointe et maîtresse, Marcelle Levasseur (Ginette Leclerc), est tombée amoureuse. Celle-ci, complice jusqu'ici de tous les mauvais coups de son patron, entame un parcours de rédemption.

Le piquant de l'affaire, c'est que Pierre, lui, n'est nullement tombé amoureux. Marcelle, il lui a fait la cour puis il couche avec elle de temps en temps mais il a gardé en mémoire ce qu'elle lui a dit le premier jour de leur rencontre :

---

18 Guy Braucourt, *op. cit.*, p.153.

« Oh ! L'amour j'en prends et j'en laisse. C'est le plaisir qu'on prend l'un avec l'autre ». Une phrase qu'il se charge de lui rappeler lorsqu'elle commence à se plaindre qu'elle ne le voit pas assez : Pierre est un passionné de vélo et sa passion des courses est bien plus forte que sa passion pour elle. Quand Marcelle, acculée, se voit contrainte, pour le protéger, de lui révéler les magouilles dans lesquelles elle trempe, Pierre, cette fois, est complètement dégrisé : « Je ne t'aime pas assez pour supporter tout ça ». Le film se conclut sur le moment où il apprend par un bulletin d'information radiophonique que Marcelle Levasseur, ayant dénoncé son patron à la police, vient d'être abattue par ce dernier. Pierre lâche : « Au fond, c'était pas une mauvaise fille ...».

Ginette Leclerc, qui avait fait forte impression dans *Le Corbeau*, est également remarquable dans *Le Dernier sou.* A nouveau elle excelle dans un rôle de garce sensuelle qui, même si elle se rachète dans les deux films par amour, ne parvient jamais à se départir tout à fait de son aura sulfureuse.

Ginette Leclerc fut sérieusement inquiétée à la Libération. Durant l'occupation, c'est par son intermédiaire que son compagnon d'alors obtint la possibilité d'ouvrir un bar chic dans le quartier des Champs-Elysées qui ne tarda pas à devenir un lieu prisé par les collaborateurs et les officiers allemands. Pour aggraver son cas, elle fréquenta le gestapiste français connu sous le sobriquet de Pierrot le fou. Arrêtée et détenue neuf mois après-guerre, elle fit valoir qu'elle avait tenté de faire fermer le bar en question et qu'elle ignorait quelle était la nature exacte des activités du gestapiste. Elle fut finalement libérée sans qu'aucune charge ne soit retenue contre elle.

*

Dans l'entretien qu'il donna en 69 à Guy Braucourt, Cayatte déclara : « J'ai appris mon métier à travers quelques films qui sont peut-être ridicules, mais dont je n'ai pas à avoir honte parce que je n'y ai jamais soutenu ou exprimé des sentiments contraires à mes convictions[19] ».

Quels sont ces films dont l'intérêt lui paraît rétrospectivement limité ? Va-t-il jusqu'à y inclure les six films qu'il réalisa après-guerre avant le tournant véritablement personnel qu'allait représenter sa tétralogie judiciaire ? Il est vrai que les dix longs métrages que Cayatte réalisa dans les années quarante, peuvent être presque tous considérés comme des films de divertissement. Cela vaut notamment, après-guerre, pour deux bluettes sentimentales mettant en valeur le chanteur de charme Tino Rossi, *Sérénade aux nuages* (1945) et *Le Chanteur inconnu* (1946) et pour deux mélodrames, *Roger la Hont*e (1945) et L*a Revanche de Roger la Honte* (1946).

Relevons tout de même qu'un Bertrand Tavernier n'hésita pas à défendre ces réalisations avec vigueur. Evoquant *Roger la Honte*, il nous dit : « C'est enlevé, rythmé, avec un sens de l'atmosphère et du détail, de bonnes idées de distribution et une bonne direction d'acteur[20] ». Dans *La Revanche de Roger la Honte*, il est « frappé par le ton inventif, savoureux mais retenu des dialogues, avec des notations sociales perçantes, aiguisées mais sous-jouées et filmées sans ostentation ». *Le Chanteur inconnu*, « mélodrame aux péripéties ultra-rocambolesques[21] », lui apparaît même comme « une très bonne surprise avec des recherches formelles

---

19 *Ibid.*, p.26.

20 Entretien avec Bertrand Tavernier par Noël Herpe et Michel Kaptur, « Une Inscription dans l'Histoire » *in* le dossier « Justice pour Cayatte », n°704 de la revue *Positif*, octobre 2019, p.73-75.

21 *Ibid.*

souvent audacieuses. On assiste à un véritable festival de caméra subjective, avec des plans audacieux, raffinés, cocasses (une cigarette qu'on allume devant l'objectif)[22] ».

Pour ma part, même si je ne saurais donner tort à un regard aussi pertinent, je dois ici confesser les limites de ma cinéphilie : aucun de ces films ne m'a vraiment fait rêver.

En revanche, j'ai trouvé plaisant *Le Dessous des cartes* (1947). Lors de la sortie du film, un critique à la dent dure estima : « ce film est mauvais pour la même raison que tant de films sont mauvais. Les participants sont rassemblés pour une besogne banale, et non pour une œuvre. Ils ne croient pas eux-mêmes à leur histoire. Comment espéraient-ils, dans ces conditions, persuader le spectateur[23] ? » Le film pêche assurément par la trop grande succession de petits et grands rebondissements qui donnent à cette production un tour par trop rocambolesque. Il est néanmoins regardable. En premier lieu parce qu'il se passe dans les Alpes et donne lieu à de beaux plans de montagnes enneigées ; en second lieu parce que le héros en est un contrebandier taiseux (Serge Reggiani) qui a fière allure jusqu'au jour où il devient le jouet d'une femme fatale (Madeleine Sologne), elle aussi bien campée.

Inutile ici d'entrer plus avant dans un récit qui a pour toile de fond les scandales financiers qui ébranlèrent la IIIème République dans les années trente, il suffit de savoir que le gentil contrebandier triomphera des méchants et se tournera enfin vers la fille du village (très douce Janine Darcey) qui l'aime d'un amour inconditionnel depuis toujours. Ultime moment du film : la caméra se rapproche du

---

22 Blog de Bertrand Tavernier à la date du 19 juin 2019.

23 Raymond Barkan, *L'Ecran français*, n°171 du 28 septembre 1948, cité par Guy Braucourt, p.157.

couple enfin réuni ; on pense avoir droit à l'inévitable baiser final mais au moment où leurs lèvres vont s'unir, les deux amants éclatent de rire. Il semble que le réalisateur ait fait le choix de garder une prise probablement jugée ratée initialement mais qui, à la réflexion, a été perçue comme achevant cette histoire sur une note spontanée bienvenue.

Sans doute, Cayatte ne portait pas, en son for intérieur, un jugement dépréciatif uniforme sur ses dix premiers longs métrages. A l'évidence la version contemporaine de *Roméo et Juliette* qu'il réalisa en 1948, *Les Amants de Vérone,* était une réalisation nettement plus ambitieuse que ses « tinorossinades ».

C'est Cayatte qui en créa le scénario et Prévert intervint dans l'adaptation et les dialogues. Cette collaboration ne manqua pas de contribuer à la reconnaissance de Cayatte en tant que véritable cinéaste.

Le film contient de nombreux beaux moments, à commencer par la scène d'ouverture. Raffaele (Pierre Brasseur) y est un guide qui fait découvrir à un couple de touristes le travail des souffleurs de verre de Murano. Parmi les ouvriers, il y a Angelo (Serge Reggiani), éclatant séducteur qui, en moins de deux minutes, séduit la belle visiteuse Bettina Verdi (Martine Carol), à la barbe de l'ennuyeux richard qui l'accompagne. Mais ce qui séduit encore davantage dans cette scène initiale, c'est le mouvement de tous les corps travaillant les pièces de verre dans la chaleur de l'atelier.

Bettina Verdi, célèbre actrice italienne, est la vedette d'une version de *Roméo et Juliette* en train d'être tournée entre Venise et Vérone. Angelo parvient à se faire embaucher dans la figuration du film. Il devient la doublure de l'acteur qui interprète Roméo. De son côté, Georgia (émouvante Anouk Aimée, dont c'est le premier grand rôle) parvient à se faire embaucher comme doublure de Juliette. Survient la fameuse scène du balcon. Avant que les deux vedettes du film ne s'y retrouvent, il est demandé aux doublures de s'y faire face tout le temps que durent les réglages lumière sur leurs deux silhouettes. Un seul échange de regard entre Angelo et Georgia, et c'est le coup de foudre absolu, magnifié par la photographie d'Henri Alekan. Tout autour d'eux le petit monde du cinéma s'affaire, eux sont loin. On va les retrouver s'embrassant en gondole, plongeant nus dans l'Adige, déambulant main dans la main dans les ruines de Vérone, celles, superbes, datant de l'Antiquité mais aussi celles, récentes, consécutives à la Guerre qui vient de s'achever. Ces amants rayonnants sont la promesse d'une renaissance de l'Italie.

Bien entendu, la société ne l'entend pas ainsi. Les forces malfaisantes veillent. En l'occurrence il s'agit de Raffaele, fiancé auto-proclamé de Georgia, rendu fou de jalousie. Or l'homme tient à sa merci toute la famille de la jeune fille, parce que les grands bourgeois Maglia se sont complètement compromis avec le fascisme mussolinien. Tous les membres de cette famille, Georgia exceptée, sont particulièrement antipathiques. Le problème, c'est qu'ils ne sont pas seulement lâches, veules, méchants, c'est qu'ils déclament ! On touche là aux limites d'une réalisation, en partie plombée par de trop nombreux numéros d'acteurs. Pierre Brasseur, Louis Salou, Marcel Dalio, Marianne Oswald rivalisent dans des numéros outrés. On finit par oublier complètement la fraîcheur du couple vedette, l'habileté du film dans le film et les belles vues de Venise et de Vérone. Quand on retrouve enfin les jeunes amants, Angelo est en train d'agoniser dans les bras de Georgia, blessé à mort par un détraqué de la famille Maglia ; Georgia, elle, se tranche les veines.

-3-
La guerre dans le cinéma d'André Cayatte

« Tante Emma » (1949)

« Le Passage du Rhin » (1960)

A mesure que s'éloignent dans le temps les « années quarante » et que disparaissent les derniers témoins, le souvenir de l'extraordinaire traumatisme qu'a représenté cette période pour la psyché française, s'amollit. Mais tel ou tel élément de ce passé revient périodiquement hanter notre actualité. Fût-ce inconsciemment, une partie de ce que nous sommes est structurée par les échos de ce passé qui se sont déposés en nous d'une manière indélébile.

Le cinéma a été un vecteur particulièrement puissant dans l'accompagnement du souvenir. La mémoire de chacun, y compris de ceux qui ont vécu cette période, a été profondément travaillée par toutes les fictions et les documentaires qui ont été produits depuis.

Sylvie Lindeperg a consacré une grande thèse à rendre compte de la façon dont le cinéma français s'est emparé de la Seconde Guerre mondiale. Elle a recensé plus de cent cinquante fictions et documentaires rien que dans la période allant de 1945 à 1969[1].

---

1 Sylvie Lindeperg, *Les écrans de l'ombre, La Seconde Guerre mondiale dans le cinéma français (1944-1969)*, CNRS Editions, 1997.

Un grand nombre de ces films et de ces documentaires cautionnèrent le mythe d'une France unanimement acquise à la résistance. Rares furent les productions où on osa mettre en cause la vision consolatrice de l'unanimisme patriotique. Il fallut attendre une bonne vingtaine d'années avec la sortie en 1971 du *Chagrin et la pitié* pour qu'enfin une approche démythifiée de cette période se fraie un chemin sur les écrans.

Henri-Georges Clouzot et André Cayatte furent parmi les premiers à faire preuve d'audace[2].

Clouzot qui avait, comme on l'a vu précédemment, quelques bonnes raisons d'en vouloir aux épurateurs, s'attacha à montrer dans *Manon* (1948) que la Libération avait été aussi une période propice aux dérives. Des Grieux (Michel Auclair) y est peint en combattant FFI dévoyé abandonnant le combat, s'adonnant aux trafics et finissant par tuer. La raison d'un tel parcours délinquant et criminel ? Des Grieux croise sur sa route une femme fatale, la jeune Manon (Colette Audry) dévorée par le gout du luxe.

Dans *Manon*, Clouzot poussa également l'audace jusqu'à insérer quelques images d'archives de femmes tondues harcelées par une foule déchaînée. Sur ce pan d'Histoire aussi le silence était de rigueur. Il faudra attendre *Hiroshima mon amour* (1958) pour que soit évoqué le sort d'une femme tondue au seul motif d'avoir entretenu une relation amoureuse avec un soldat allemand.

Dans le film de Cayatte *Nous sommes tous des assassins* (1951), ce n'est pas par passion amoureuse que l'anti-héros René Le Guen est devenu un tueur pathologique. Ce

2 Quelques années plus tard, l'audace fut aussi au rendez-vous dans *La Traversée de Paris* (1956) où Claude Autant-Lara dénonça violemment ceux qui s'enrichirent durant l'Occupation grâce au marché noir.

sont les ravages dans les consciences suscités par la guerre qui ont provoqué chez cet homme fruste une perte totale de repères moraux. Le Guen, recruté par la résistance pour exécuter les traîtres, continue donc de tuer après la guerre.

Cayatte, comme on l'a vu, avait lui aussi quelque raison d'en vouloir aux épurateurs. Pour autant, l'accuser d'avoir voulu avec ce film peindre la résistance en « école de tueurs », comme certains critiques l'ont dit à l'époque, était manifestement excessif. Mais, certainement, le réalisateur avait entendu pointer que les rangs de la résistance n'étaient pas exempts de personnages peu recommandables : propos fort provocateur à l'époque.

Cayatte fit aussi preuve d'une belle audace dans un moyen métrage centré sur la déportation, *Tante Emma,* sujet très peu abordé à l'époque.

Tante Emma (1949)

Il s'agit d'un « sketch » parmi les cinq sketchs regroupés dans un film intitulé *Le Retour à la vie (*1948). Ce film résulta d'une commande passée par le producteur Jacques Roitfeld à plusieurs cinéastes dont André Cayatte, Henri-Georges Clouzot et Jean Dréville.

Tout au long du « sketch » de Cayatte, Emma, qui est interprétée par madame de Revinsky, qui fut déportée elle-même, demeure totalement immobile, muette, posée à même le sol car ne supportant plus d'être allongée dans un lit.

Si les proches de la déportée se pressent autour d'elle ce jour-là, ce n'est pas pour s'enquérir de sa santé mais pour la contraindre, malgré son extrême faiblesse, à signer un document officiel. En effet la famille n'avait pas attendu la fin de la guerre et l'éventuel retour d'Emma pour contrefaire sa signature afin de bénéficier d'une succession. Rien de plus urgent maintenant que d'obtenir d'Emma l'acte qui permettra une régularisation administrative…

A la toute fin du sketch, Emma se redresse un peu et on entend faiblement le son de sa voix. Les quelques mots qu'elle murmure, sont uniquement pour s'inquiéter de la façon dont son chien est mort. Voilà qui nous suggère éloquemment tout le bien qu'Emma pense désormais du genre humain.

Dans une interview donnée à la revue *Positif*, Bertrand Tavernier déclara : « J'ai longtemps pensé que ce sketch était ce que Cayatte avait fait de mieux et, de plus, incroyablement audacieux. Il est le seul réalisateur de son temps à avoir osé donner à voir une rescapée de Dachau, avec cette notation très forte, terrible, qui consiste à la faire dormir à côté du matelas, sur le sol[3]. »

Aussi émouvant soit-il, ce sketch reste néanmoins tributaire de la vision commune à l'époque. *Emma* y est désignée comme une déportée politique, non comme une victime de la politique nazie d'extermination des Juifs. Dans la production cinématographique de l'époque et bien des années après encore, le mot juif n'est pratiquement jamais prononcé. Même dans *Nuit et Brouillard* le mot juif n'est prononcé qu'une fois[4]. Comme l'a souligné dans ses travaux Annette Wieviorka, le silence sur la judéité des victimes est alors, paradoxalement, partagé y compris par les rescapés des camps eux-mêmes, qui voyaient dans ce refoulement

3 Bertrand Tavernier, interview, revue *Positif*, n°704, oct.2019. S. Lindeperg précise qu'il y avait erreur de Cayatte en situant cette déportée comme ayant été à Dachau car ce camp n'accueillit que des déportés masculins.

4 S. Lindeperg, *op. cit.*, p.268.

et leur réticence à aborder la question de l'antisémitisme, le moyen de « préserver le lien organique qui les rattachait à la France[5] ».

Chez Cayatte, ce silence ne traduit pas une cécité coupable. Cinq ans plus tard, dans *Avant le Déluge*, il traitera frontalement, fait exceptionnel dans le cinéma de l'époque, de la permanence de l'antisémitisme dans la jeunesse d'après-guerre (cf.Chap.6).

Le Passage du Rhin (1960)

Lorsque Cayatte entreprend le *Passage du Rhin*, il fait partie du très petit nombre de réalisateurs français qui ont connu la guerre et qui continuent à l'évoquer sur les écrans. Il n'y a guère que René Clément qui, dans les années soixante, continue de faire obstinément de cette thématique sa marque de fabrique. Après *La bataille du rail* (1945)*, Le Père tranquille* (1946)*, Les Maudits* (1947) et *Jeux interdits* (1952)*,* Clément tourne encore *Le Jour et l'heure* (1962) puis *Paris brûle-t-il ?* (1965). Mais, si *Le Jour et l'heure* est une intéressante chronique de l'Occupation où pour la première fois apparaît le personnage d'un responsable policier français aux côtés des forces de répression nazies, *Paris brûle-t-il ?* est une superproduction commerciale qui vient ranimer le genre héroïque de l'immédiat après-guerre.

De son côté, Cayatte, en 1960, a déjà évoqué, à plusieurs reprises, certaines figures peu ou pas représentés dans les fictions liées à la Seconde Guerre mondiale : une déportée dans *Tante Emma*, un résistant dévoyé dans *Nous sommes tous des assassins* et, comme on le verra plus loin, un personnage qui parvient à inoculer à son fils après-guerre son antisémitisme forcené *(Avant le déluge)* ainsi que des en-

5 *Ibid.*, p.226.

trepreneurs sans scrupules qui se sont enrichis durant les heures sombres (*Avant le déluge, Le Dossier noir*).

Mais c'est dans *Le Passage du Rhin* que Cayatte va livrer sa vision d'ensemble de cette période. Sans doute une quinzaine d'années lui ont été nécessaires pour avoir le recul suffisant non seulement vis-à-vis des évènements mais aussi vis-à-vis des images produites depuis. Exercice ô combien difficile alors que les passions déchaînées par la guerre sont à peine refroidies !

Disons-le d'emblée : le pari est réussi. Cayatte réalise là un de ses meilleurs films, et même, selon certains, son meilleur film. La richesse du point de vue développé par le *Passage du Rhin* en fait un film de référence sur cette période.

Bien sûr le film reste tributaire d'une époque où n'avait pas encore été mis pleinement en lumière la Collaboration d'Etat. Ce n'est qu'après *Le Chagrin et la Pitié* et *Shoah* que de nombreuses fictions évoqueront ce qu'a été le rôle de la France dans la Solution finale. Mais, encore aujourd'hui, le film témoigne d'une grande profondeur de vue. Il y parvient en premier lieu par le choix des deux protagonistes centraux et de quelques personnages secondaires qui lui permettent d'exposer les trois attitudes fondamentales présentes dans la population : la France majoritaire, attentiste, et les deux France minoritaires, la résistante et la collaborationniste.

Les deux personnages centraux sont Jean et Roger. Jean (Georges Rivière) travaille dans un grand journal parisien. Il fait partie de l'élite intellectuelle. Il est informé, il est engagé. Courageux, quand survient la guerre, il considère qu'il n'a pas d'autre choix que d'aller se battre. Il renonce au poste de rédacteur en chef qu'on vient de lui offrir et à Florence (Nicole Courcel), la femme qui, pensant pouvoir le retenir, vient de lui déclarer son amour. Roger (Charles

Aznavour), lui, est un petit boulanger-pâtissier. Il écoute son beau-père déclarer qu'il faudrait en finir une bonne fois pour toutes avec les Allemands « en les tuant tous ». « Tous ? » relève Roger. « Le plus possible ». Alors, puisqu'il le faut bien, Roger fera son devoir.

Jean veut se battre pour la liberté mais aussi pour connaître son baptême du feu (« ça peut paraître con mais ça compte pour un homme ») ; Roger fait partie de ceux qui subissent l'Histoire, pas de ceux qui la font. L'un et l'autre n'étaient certainement pas destinés à voir leur route se croiser. Sauf qu'on les retrouve bientôt dans une longue cohorte de soldats français faits prisonniers. Arrivés au stalag, ils doivent décliner quel était leur métier dans le civil. Jean a la présence d'esprit de répondre « cultivateur ». Roger fait de même. Ils sont affectés tous deux dans le même petit village, Jean dans une ferme, Roger chez le bourgmestre.

Le soir ils sont enfermés avec leurs camarades dans un dortoir sous les ordres d'un bistrotier fanatiquement nazi. Mais, hormis ce dernier, les villageois semblent être bâtis sur le même moule que Roger, soumis à l'ordre régnant mais finalement peu concernés, voire indifférents sauf bien sûr quand l'un des leurs se trouve happé par la terrible machine de guerre. Bientôt la vie du village sera entièrement rythmée par l'annonce des morts de soldats et le rappel des hommes âgés encore valides ou de plus en plus jeunes.

Dans ce monde-là, Roger prend peu à peu sa place. Il sympathise avec le bourgmestre et tombe amoureux de leur fille, la jeune Helga (Cordula Trantow). A mesure que les hommes disparaissent, il se rend même de plus en plus indispensable. Scène pour le moins cocasse, on le verra valider des papiers officiels et tamponner les bulletins des permissionnaires.

Jean, lui, est dans un tout autre état d'esprit. Dès le premier jour, son seul objectif est de s'évader. Pour y parvenir il n'hésite pas à se servir d'Helga. L'adolescente est tombée follement amoureuse. Alors, au moment où elle se donne à lui, il l'abandonne, dénudée en pleine forêt, pour pouvoir s'enfuir seul avec le camion qui les avait amenés jusque-là.

La fin justifie-t-elle les moyens ? Roger savait ce que le plan de Jean impliquait. Il a refusé de s'enfuir dans ces conditions. Il préfère être « un con plutôt qu'un salaud ». Cayatte et son co-scénariste, Armand Jammot, qui par la suite se rendra célèbre comme producteur des *Dossiers de l'écran*, aggravent le cas de Jean : il n'a pas détruit avant son évasion la carte postale au dos de laquelle Helga lui déclarait son amour. Helga, confondue comme ayant eu une relation volontaire avec un prisonnier français, est arrêtée et envoyée en camp.

Mais Jean est de la graine dont on fait les héros. Il parvient à rejoindre Paris, combat dans les rangs de la résistance et, à la Libération, le voilà cette fois nommé à la tête de son journal.

Il retrouve Florence. Problème : Florence qui n'avait pas réussi à le retenir, ne lui avait pas fait mystère qu'elle se saisirait de toutes les opportunités qui se présenteraient à elle pour s'assurer une position sociale avantageuse. Sous l'occupation, elle est donc devenue la maîtresse du directeur du journal passé à la collaboration. Pire encore, Jean est informé par ses compagnons de résistance qu'il y a un dossier sur Florence établissant qu'elle a aussi eu une liaison avec un chef de la gestapo. Il lui faut choisir, lui intiment ses camarades : c'est elle ou la direction du journal. Florence lui jure que sa liaison avec l'ennemi était intervenue quand il avait été arrêté et avait pour seul but d'obtenir sa libération. Jean choisit Florence contre la direction du journal.

Finalement Florence, dans un geste qui rehausse son personnage, disparaît à l'étranger, redonnant à Jean une liberté qu'elle sait être « son bien le plus précieux ».

Entretemps, Roger, une fois de plus, a subi les évènements. C'est quasiment contre son gré que ses copains de captivité l'ont arraché à sa famille d'adoption. D'autant qu'Helga, libérée, était revenue à la maison.

En France sa situation lui apparaît rapidement insupportable. Il a retrouvé son métier sans enthousiasme. De surcroît il travaille maintenant sous la férule de sa femme qui pendant la guerre a pris le pouvoir dans le commerce et ne pense plus qu'à faire marcher la boutique. Alors c'est décidé : il veut retourner vivre en Allemagne. Là-bas « il se sentait utile à quelque chose » et il sait qu'Helga espère son retour. Grâce à l'entregent de Jean, il obtient l'autorisation nécessaire pour repasser le Rhin… dans l'autre sens.

Le film suscita un beau scandale. Beaucoup de choses heurtèrent.

Jean est un héros mais il n'est pas sans tâche ni sans faiblesse. La femme de sa vie a grenouillé dans la collaboration. Confronté à un choix difficile, c'est elle qu'il choisit contre son engagement social et politique.

Les choix de Florence devraient la rendre détestable, mais difficile de ne pas considérer que son personnage en impose par sa détermination.

C'est dans Roger, interprété de façon très attachante par Aznavour, que le spectateur est appelé à se reconnaître. Or il représente l'exemple parfait du Français subissant son sort sans rien tenter, allant même jusqu'à « collaborer » aux tâches subalternes de l'administration ennemie.

Enfin, cerise sur le gâteau, le tableau de la campagne allemande qui nous est mis sous les yeux, suggère qu'hormis une poignée de fanatiques, les villageois allemands n'avaient jamais communié dans l'allégeance à Hitler et que, maintenant que les terribles mâchoires de la guerre se referment sur eux, ils sont à plaindre dans les mêmes termes qu'on avait pu plaindre les Français sur les routes de l'exode.

Dans son interview par Guy Braucourt, Cayatte rappelle qu'à la sortie du film il s'est fait insulter. « Certains journaux ont parlé de film répugnant, de film payé par la propagande allemande[6]. ». Quand, en 1971, le film fut diffusé à la télévision lors d'une émission des *Dossiers de l'écran*, la Fédération nationale des prisonniers de guerre s'éleva contre ce choix. Depuis lors, le film n'a pratiquement jamais été revu sur une chaîne publique.

Certainement Cayatte entendait provoquer sur des sujets particulièrement sensibles. En évoquant le retour en Allemagne d'anciens prisonniers, qui a certes existé (le chiffre d'un millier de cas est parfois cité), Cayatte savait pertinemment qu'il donnait une résonnance particulière à un phénomène très marginal mais dont la symbolique était forte. Ce faisant, le cinéaste fut accusé de s'être livré à une manipulation politique. Le film est en effet sorti à une période où d'importants efforts diplomatiques étaient entrepris de part et d'autre pour bâtir une entente franco-allemande. Assurément la présentation de la population allemande dans le film minore ce qu'avait été son adhésion au régime.

Mais était-ce ceci qui méritait d'être retenu au premier chef ? N'était-ce pas plutôt que, pour la première fois, l'Allemand n'était pas dépeint comme l'ennemi héréditaire ?

---

6 Braucourt, *op. cit.*, p.88-89.

L'essentiel du message, le premier à être véritablement tenu en ce sens dans le cinéma français, était qu'à partir d'un terrible passé il pouvait surgir de l'humanité entre les deux peuples. C'était courageux.

Et nous rejoignons Bertrand Tavernier quand il estime que *Passage du Rhin*, est « un des meilleurs films de Cayatte, une œuvre très maîtrisée, d'une ampleur de narration, d'une aisance, là encore, à se déplacer d'un milieu à l'autre (hors de tout échantillonnage social), qui reste trop méconnue[7] ».

Tavernier conclut que « Cayatte est l'un des rares cinéastes à être revenus continuellement sur la période de la guerre, sur les compromissions, sur les problèmes de la Libération. Il ne l'a pas fait d'une manière aigre ou revancharde, il a examiné ce que la situation avait eu de complexe »[8].

---

7 Interview de Bertrand Tavernier, *Positif*, n°704, p.75.

8 Ibid.

Deuxième Partie

La tétralogie judiciaire

En 1950, sort sur les écrans *Justice est faite*. C'est le premier film qui illustre véritablement le type de cinéma qu'entend réaliser André Cayatte. Ce film rencontre un succès public important. Il suscite la controverse. C'est un coup de maître. Cayatte a trouvé sa voie.

Justice est faite constitue avec *Nous sommes tous des assassins* (1951) ; *Avant le déluge* (1953) et *Le Dossier noir* (1955) ce qu'il est convenu d'appeler la « tétralogie judiciaire d'André Cayatte ».

Pour notre part, cette idée de tétralogie judiciaire ne nous paraît qu'à moitié pertinente. Les deux premiers films sont effectivement focalisés sur la justice à travers le suivi d'un procès pour le premier et la question de la peine capitale pour le second. Mais les deux suivants ont un spectre nettement plus large : *Avant le Déluge* et *Le Dossier noir* sont surtout des portraits critiques de la société d'après-guerre.

-4-
Un film de procès

Justice est faite (1950)

Une femme a euthanasié son compagnon atteint d'une maladie incurable. A son procès, Elsa Lundenstein (Claude Nollier) prétend qu'elle a agi par amour, en toute connaissance de cause des risques encourus. Elle a délivré de ses souffrances l'homme de sa vie à la demande de celui-ci. Cette version est vivement contestée par la famille du défunt, en premier lieu sa sœur (Agnès Delahaie), qui a surpris l'accusée en compagnie d'un amant la veille du décès de son frère. Par ailleurs, le fait que le disparu ait cédé par testament à sa compagne son importante fortune, constitue un autre élément de nature à jeter le trouble.

Au moment de la délibération, les sept jurés sont profondément divisés. Certains croient l'accusée sincère, ayant agi uniquement par compassion car toujours aimante de son compagnon même si elle a parallèlement cédé depuis peu aux attentes d'un jeune homme follement amoureux d'elle. Les autres affirment qu'elle mérite la peine capitale.

Au-delà des faits qui peuvent questionner, au premier chef celui de donner la mort (un des jurés, catholique fervent, condamne absolument l'euthanasie), il apparaît que certains jurés sont particulièrement sensibles au profil de l'accusée. Elle est née à Paris mais de parents lituaniens. Cette femme est une « étrangère ». Au président du tribunal (Antoine Balpêtré) qui l'a interrogée sur sa religion, pensant sans doute qu'elle allait répondre « juive », elle répond « athée », ce qui à l'évidence ne rassure nullement certains des jurés. La méfiance de ceux-ci est encore aggravée par le fait que cette enfant d'immigrés soit parvenue à s'intégrer au point de devenir la directrice d'un laboratoire pharmaceutique. Cerise sur le gâteau : cette femme assume sans détour aimer deux hommes.

Finalement Elsa Lundenstein est reconnue coupable mais bénéficie des circonstances atténuantes. Elle est condamnée à cinq ans de prison. Au moment où Elsa quitte son box et regagne le fourgon cellulaire, une voix off (celle de l'acteur Pierre Fresnay) conclut à l'erreur judiciaire : « Si l'accusée est coupable de meurtre, cinq ans c'est trop peu, si elle est innocente, c'est beaucoup trop ».

Voilà un scénario dont la trame ne saurait a priori porter à la rigolade. Pourtant, tout au long du film, l'ironie et l'humour abondent.

D'abord Cayatte et son complice scénariste Charles Spaak aussi crédité pour les dialogues, brossent un tableau plein d'ironie des us et coutumes d'un procès d'assises. C'est en théorie le lieu où le peuple exerce son pouvoir de juger. Au moment d'entamer la délibération finale, le président du tribunal osera même dire : « Nous sommes tous égaux ici, je suis ici chez vous ! ». Mais quel gouffre entre la théorie et la réalité ! A mesure que les jurés découvrent les rituels dans lesquels ils vont devoir se couler, de multiples notations nous font toucher du doigt le décalage. Il suffit de les voir entrer terriblement intimidés dans la pièce où les accueillent en majesté le président et ses deux assesseurs. L'une demande si elle a le droit de garder son chapeau, l'autre dit s'être habillé en noir parce qu'il pensait que c'était obligatoire.

Le Président annonce que la règle veut que l'accusé assiste physiquement au tirage au sort des jurés. Les jurés pressentis frémissent à la perspective d'une telle proximité physique avec l'assassin. Mais voilà que paraît, précédée de son gardien, une grande et belle femme.

Autre moment de sidération, le couperet tombe sur certains des convoqués. Ils sont récusés par l'avocat de la défense. Une femme s'étonne de l'être. Le président lui répond sèchement qu'il n'y a pas d'explication à donner.

Avant d'entrer dans la salle du tribunal, le président émet une ultime consigne : les jurés doivent rester parfaitement « impassibles et impénétrables » tout au long des audiences ; « Un haussement d'épaules peut faire annuler toute la procédure ». Voilà de quoi mettre définitivement les jurés dans leurs petits souliers. Cayatte, pour qui, en tant qu'avocat, tout ce rituel est forcément devenu familier au point de ne plus y porter attention, s'est parfaitement mis ici dans la peau de celui qui y participe pour la première fois. En quelques minutes, le juré intègre le rôle prépondérant que le président du tribunal jouera dans la conduite des débats et au moment de la décision finale.

Dans le rôle du président, le comédien Antoine Balpêtré est parfait. D'un froncement de sourcil il mène à sa guise le procès, rudoyant l'accusée et remettant chacun à sa place dès que l'occasion s'en présente. Il suffit de voir la tête catastrophée de l'huissier (Léonce Corne) quand il doit annoncer au président qu'un des jurés manque à l'appel pour mesurer l'autorité que représente le président du tribunal dans le temple de la justice du peuple.

Les scènes du procès vont être entrecoupées de tranches de vie donnant à voir la personnalité de chacun des jurés et leurs préoccupations du moment. Le cœur du propos de Cayatte et de Spaak est ici de montrer à quel point le positionnement des sept jurés face à l'accusée va dépendre de leurs opinions personnelles et des situations auxquelles ils ont à faire face à ce moment-là dans leur propre vie. Cela va donner lieu à une série de tableaux tantôt dramatiques, tantôt doux-amer, tantôt franchement comiques. La leçon est cynique : le jugement de chacun est d'abord modelé par les déconvenues qui jalonnent son existence.

La galerie de portraits est campée par des seconds rôles fameux, certains étant déjà apparus dans les films précédents de Cayatte, d'autres appelés à y revenir souvent.

Il y a un cultivateur, Ernest Malingré (Marcel Pérès) qui suspecte sa femme de le tromper avec un garçon de ferme (Marcel Mouloudji). La caméra alimente le soupçon sans le confirmer totalement : lorsqu'il revient un soir du tribunal, Ernest trouve la basse-cour sens dessus-dessous et sa femme et le garçon de ferme arborent une même petite fleur à leur vêtement. Pour Ernest Malingré, Elsa Lundenstein est comme sa femme, « une garce ». Il est de ceux qui se prononcent pour la peine de mort.

Au moment de la délibération, Gilbert de Montesson (Jacques Castelot) fait bloc avec Ernest Malingré mais « bien sûr sans employer les mêmes mots ». Lui est un riche éleveur de chevaux. Il est sur le point d'épouser un beau parti beaucoup plus jeune que lui. Mais il est « harcelé » par sa dernière maîtresse qui ne se résigne pas à la séparation. Celle-ci (Dita Parlo, qui n'a malheureusement plus l'éclat de sa jeunesse du temps de « l'Atalante ») menace de se suicider. Le futur beau-père (Paul Frankeur) s'inquiète. Il propose de « faire quelque chose ». Dans ces milieux-là, on croit que l'argent finit toujours par tout arranger. Trop tard. Gilbert apprend la nouvelle du suicide à l'issue du procès. Réalisant enfin ce que peut être l'amour d'une femme, il dit à sa mère qu'il aurait probablement défendu l'acquittement s'il avait su la nouvelle avant la délibération finale.

Dans le camp de ceux qui compatissent, il y a un imprimeur, Jean-Luc Flavier (Jean-Pierre Grenier) père d'un enfant ayant de graves troubles de la personnalité. L'enfant est renvoyé de l'établissement religieux où il était élève. Les parents sont au désespoir. Jean-Luc Flavier se dit prêt à tout pour mettre fin à ce cauchemar qui lentement détruit son couple. « Le tuer ? » interroge sa femme. Catholique intransigeant dans sa condamnation de l'euthanasie mais subissant dans sa chair un quotidien tragique, il votera les circonstances atténuantes.

Dans ce camp-là, il y a aussi Marceline Micoulin (Valentine Tessier), une antiquaire qui ne sortira pas indemne de ce procès. Tout avait pourtant bien commencé pour elle. L'esprit tranquille, puisqu'elle a pu confier la responsabilité de son magasin à une employée en qui elle a toute confiance, ce procès se présente pour elle sous les auspices d'un intermède plaisant. D'ailleurs, bien qu'elle soit d'un âge certain, un des jurés, Michel Caudron (Jean Debucourt) ne tarde pas à lui témoigner un vif intérêt. Mais, première déconvenue, au moment où ils entament une promenade, le garçon d'hôtel prend un malin plaisir à héler bien fort le galant : « Votre femme au téléphone ! ». Cela jette un froid.

Dans le lobby de l'hôtel, il y a en permanence un jeune homme désœuvré (Michel Auclair) qui ne cesse de réclamer qu'on lui transmette la presse. De conversation en promenade, Marceline Micoulin tombe sous le charme de ce jeune homme au comportement étrange mais qui n'est apparemment pas rebuté par la différence d'âge. Quand un soir celui-ci lui dit, terriblement embarrassé, qu'il lui faut lui avouer quelque chose, Marceline est radieuse. « Est-il bien nécessaire que ces choses-là soient dites ? » minaude-t-elle. Mais la teneur de l'aveu la fige dans un abattement qui ne la quittera plus jusqu'à la fin du procès : ce jeune homme à qui elle venait de dire qu'elle « l'accueillerait », quand bien même il lui apprendrait qu'il est en cavale pour quelque sombre forfait, lui révèle qu'il n'est autre que Serge Kramer, le jeune amant d'Elsa Lundenstein. S'il se démasque ce soir-là, c'est qu'il vient d'apprendre qu'il devra le lendemain témoigner au procès.

Dans la salle d'audience, Serge Kramer va se montrer extrêmement éloquent dans sa défense d'Elsa, laquelle, jusqu'ici roide et sèche, apparaît cette fois transfigurée par l'amour.

Michel Caudron, stupéfait, comprend immédiatement la manipulation dont Marceline Micoulin a été l'objet. Par compassion ou peut-être anticipant un retour en grâce, lui qui avait proféré des propos sévères à l'égard d'Elsa, se range au moment de la délibération finale ostensiblement à l'avis de Marceline Micoulin, laquelle, non sans élégance, innocente totalement sa rivale.

Cayatte et Spaak s'amusent mais le trait est noir. Il en va différemment avec les deux derniers jurés. Cette fois, les réalisateurs s'amusent franchement.

Félix Noblet (Raymond Bussières), garçon de café de son état, va rendre la Justice ! Il en plaisante abondamment avec la clientèle mais prend la chose très au sérieux. Là, il est à égalité avec les six autres jurés, par-delà les différences de situations sociales. Il brille en séance en posant des questions adroites et formule une proposition sur le cours du procès qui sera reprise par toutes les parties. Au moment de la délibération finale, il n'hésitera pas à qualifier la façon dont l'aristocrate Gilbert de Montesson traîne Elsa dans la boue de « dégueulasse ».

Théodore Andrieux (Noël Roquevert), lui, est un militaire à la retraite particulièrement borné, odieux et réactionnaire. Il ne fait aucun doute à ses yeux, que « l'étrangère Elsa, pas catholique » est un gibier de potence. A sa femme qui veut savoir comment s'est passée la première journée du procès, il répond, superbe : « L'accusée, une bolchevick ; les jurés, des nouilles ; le président, un artiste ! ».

Le problème avec un père si psychorigide, c'est qu'il fait fuir les prétendants de ses filles, Danièle et Monique. Il professe naturellement un mépris colossal à l'égard des jeunes dont le seul horizon est le boogie-woogie alors qu'à leur âge lui rêvait de reconquérir l'Alsace-Lorraine. Pourtant même l'armée a apporté son lot de déconvenues à ce grand patriote. Un jour il a osé dire non au maréchal Lyautey. Cela lui a coûté sa carrière. Ses filles, gagnées aux idées nouvelles, n'hésitent plus à dire qu'il aurait dû dire oui : une retraite de colonel leur aurait permis d'aller aux bains de mer.

Un nouveau prétendant semble se présenter, amouraché de Monique. La femme de Théodore arrache cette fois à son mari la promesse de faire bon accueil au jeune homme. Théodore accepte : il encaissera sans broncher les impertinences du « zazou ». Ce dernier qui ne s'attendait pas à trouver un tyran patriarcal de si bonne pâte, s'en donne alors à cœur joie : « Hein ! Y'a que des étrangers pour nous apporter du sang chaud et des idées nouvelles ! ».

Monique obtient la permission de minuit. Mais elle n'est toujours pas rentrée à deux heures du matin. Sa mère et sa sœur crèvent d'inquiétude. Il leur faut réveiller Théodore qui fait mine de prendre la chose à la légère : « elle est allée au bois, elle se fait un peu peloter, ben alors ! » Les deux femmes abdiquent. Il « reprend le commandement », le voici en manteau et pyjama qui guette au pied de son immeuble l'arrivée des deux tourtereaux, bien décidé à corriger « l'homme-caniche ». Un policier qui fait sa ronde, passe. « Vous ne seriez pas mieux dans votre lit ? Que faites-vous à cette heure dehors ? » - « Mon devoir ! ». Enfin un taxi arrive et s'arrête devant l'immeuble. Mais Monique est seule à l'intérieur. Le prétendant est parti le soir même pour les colonies sans formuler de demande en mariage. Elle s'effondre dans les bras de son père qui, enfin, fend l'armure : « pleure ma petite, tu n'as rien à craindre, je ne dirai rien ». Bertrand Tavernier dira que Roquevert dans ce film est « génial » et Jacques Lourcelles dira « sublime[1] ».

Le film attira quatre millions de spectateurs. Il reçut le Grand prix à la biennale de Venise et L'Ours d'or au festival de Berlin.

*

Alors, « Justice est faite », un film à thèse ? Mais quelle thèse ? Cayatte ne remet en cause ni le principe du jury populaire, ni les modalités d'un procès d'assises. Il se contente d'en montrer les limites. Faire le constat que l'objectivité est une chose quasiment impossible à garantir en matière de jugement ne saurait à proprement parler être une thèse. Ou alors c'est une thèse terriblement banale.

Quant au sujet de l'euthanasie, Cayatte fait preuve de courage en l'abordant car il est très rarement évoqué à l'époque[2]. A travers le cas qui nous est soumis, il est clair

1 Jacques Lourcelles, *Dictionnaire du cinéma français, Les Films*, Robert Laffont, 1992, p.813.

2 L'euthanasie est aussi évoquée en 1950 dans le film *Meurtres* de Richard Pottier mais, selon Lourcelles, « le sujet y est peu approfondi », *op.cit.*, p.942.

que le réalisateur invite à faire preuve d'une grande compréhension. Mais, à travers le personnage du catholique Flavier, le point de vue de celui qui en condamne absolument le principe, est respectueusement mis en scène. Le débat reste ouvert.

Plutôt qu'un film à thèse, Cayatte offre un double spectacle : le spectacle de la justice et celui de la société française. Comme le dit Noël Herpe,

« La justice fournit à Cayatte le plus efficace des théâtres, un lieu où les déchirements de son temps sont pris en charge par la parole et le spectacle. Car il est d'abord un homme de spectacle, soucieux d'émouvoir le spectateur, de le choquer, de le remuer, pour le conduire à la réflexion. [...] Son cinéma offre une sociologie puissante de la France de la IVème République. Truffaut lui reprochait de se vouloir le Balzac du septième art : il n'a pas été indigne de cet horizon[3]. »

Point de vue corroboré par Jacques Lourcelles pour qui *Justice est faite* « forme un tableau saisissant et outré de la société française d'après-guerre[4] ». Or l'outrance, comme l'humour, introduit de la distance. La méthode de Cayatte et Spaak n'abrutit en rien le spectateur. Elle divertit et invite à se poser des questions.

Bertrand Tavernier se souvient que *Justice est faite* est le premier film de Cayatte qu'il a vu. « C'était en pension. Le film m'avait fait une forte impression mais m'avait gêné. Pour montrer la fragilité du jugement populaire, s'appuyer sur un cas aussi marginal que l'euthanasie me semblait fabriqué. C'est beaucoup plus tard, en revoyant le film à deux reprises, que cette image s'est complexifiée. J'ai été de plus en plus frappé par le brassage des couches sociales, la mul-

3 Noël Herpe, « Justice pour Cayatte », revue Positif, n°704, p.70

4 Lourcelles, *op. cit.*, p.813.

tiplicité des personnages, l'aisance avec laquelle Cayatte et Charles Spaak se déplacent dans tout cela. Par les changements de ton, de la cocasserie au sarcasme ou à l'âpreté. C'est une distribution de répertoire, mais Noël Roquevert, en militaire de carrière, casse les stéréotypes et crée un personnage complexe. C'est surtout grâce à Spaak que Cayatte évite des défauts qui étaient encore présents, par exemple, dans *les Amants de Vérone*[5] ».

*

Justice est faite est souvent comparé au premier film de Sidney Lumet, *Douze Hommes en colère* (*Twelve Angry Men,* 1957). Rappelons que tout le film de Lumet se déroule dans la salle du délibéré à l'issue d'un procès. Les douze jurés ont à statuer sur le sort d'un jeune homme que tout semble *a priori* accuser du meurtre de son père. C'est du moins ce que pensent onze jurés sur douze lors du premier vote en leur sein. Un seul, Henry Fonda, fait part de ses doutes. Petit à petit, au grand dam de ceux pour qui la question de la condamnation à mort de l'accusé ne mérite même pas d'être discutée, Henry Fonda parvient à retourner un à un le vote de chacun. A sa sortie, le film fit forte impression. Il fut nominé aux Oscars de 1958 au titre du meilleur scénario, de la meilleure réalisation et du meilleur acteur.

Douze hommes en colère s'ouvre sur un gros plan de l'accusé, un frêle jeune homme dont les traits et le teint mat font penser à un jeune portoricain. Il s'agit d'un jeune homme du ghetto, que les membres du jury ont tôt fait d'identifier comme un *bad boy* mais les scénaristes se sont bien gardés de choisir un accusé noir. Cela fait penser au choix d'Elsa

5 Entretien avec Noël Herpe et Michel Kaptur, « Une inscription dans l'Histoire », revue *Positif*, n°704, p.74-75

Lundenstein, une étrangère pas catholique certes mais une femme qui en impose par son allure et sa beauté. Le parallèle entre les deux films ne s'arrête pas là. Dans les deux cas, le scénario s'attache à démontrer que les biais à travers lesquels les jurés perçoivent l'accusé (e) sont déterminants. Dans *Douze Hommes en colère* ce n'est qu'à l'issue d'un véritable psychodrame que les deux derniers jurés se verront contraints de renverser leur vote : la hargne de l'un à l'égard de tous les « jeunes des quartiers » s'exprimera avec une telle violence qu'il admettra lui-même être aveuglé par la haine ; l'autre éclatera en sanglots quand il réalisera que son hystérie en direction de l'accusé n'est qu'une façon de régler fantasmatiquement ses comptes avec son propre fils. En fait les deux films pourraient être qualifiés tous deux, avec les mots d'aujourd'hui, de « fictions de gauche ». C'est particulièrement net dans le film américain où Henry Fonda incarne à la perfection la figure du progressiste qui, par sa seule force de conviction, finit par arracher à leurs préjugés d'abord les *decent men*, puis les deux jurés fascisants.

Dans un article de 1957, François Truffaut couvrit d'éloges *Twelve Angry Men.* La direction des acteurs y est « formidable ». Le film est « courageux et cependant fort, noble et pourtant intelligent, généreux et néanmoins puissant [6] ». Sur un point, l'argumentaire de Truffaut m'a intrigué. « L'étiquetage des jurés est réellement raffiné », affirme-t-il, « Au lieu d'offrir, comme à l'ordinaire, douze spécimens sociaux, nous n'en voyons que six, représentés chacun deux fois. (C'est très simple : deux "intellectuels", deux "manuels", deux "intolérants", deux "fumistes", deux "scrupuleux", deux "comme il faut"). C'est ainsi que chaque caractère est nuancé par son presque semblable, au lieu que

6 François Truffaut, *Les Films de ma vie*, Flammarion, coll. Champs, 2019, p.188-189.

taillé à coups de serpe comme dans les brochettes humaines généralement en conflit sur les écrans[7] ». Evidemment, le « taillé à coups de serpe » visait Cayatte ! Quelques lignes plus loin, Truffaut précisait : « Film de scénariste, peut-être, mais quel scénariste ! C'est ici, et ici seulement, que justice est faite et qu'il est bien prouvé que nous sommes tous des assassins[8]. »

J'ai donc revu *Douze hommes en colère* en cherchant à identifier ces paires de jurés grâce auxquelles, selon Truffaut, le film est « raffiné » et « chaque caractère nuancé » à la différence des grossières brochettes humaines cayattiennes. J'ai vite mesuré qu'il n'y avait là qu'une taxinomie artificielle de la part du critique. « C'est très simple » affirme-t-il. La formule suffit à mettre la puce à l'oreille. En fait, il y a bel et bien dans l'échantillon deux individus dont les points de vue extrêmes justifient leur classement comme « intolérants » et deux individus qu'on peut qualifier effectivement de « fumistes » au sens où l'un et l'autre n'ont qu'une envie : que ça se termine au plus vite, quelle que soit l'issue du débat. Mais classer les huit autres se révèle une autre paire de manches. Outre que le statut socio-professionnel de tous les jurés n'est pas clairement précisé et rend donc difficile le partage entre manuels et intellectuels, le découpage qu'effectue Truffaut, est arbitraire parce que certains jurés sont classifiés au regard de leur statut et d'autres au regard de leur caractère. Henry Fonda peut donc être classé comme un « intellectuel » (c'est un architecte) mais tout aussi bien comme un « comme il faut » ou encore un « scrupuleux » ? Ce qui, selon Truffaut, était supposé être une taxinomie simplissime, se révèle un découpage artificiel.

7 *Ibid.*, p.188.

8 *Ibid.*, p.189.

Conclusion : tout comme les préjugés aveuglent les jurés chez Cayatte et chez Lumet, le sectarisme dans la critique de cinéma égare.

On peut préférer *Douze Hommes en colère* à *Justice est faite*. Il y règne une grande tension dramatique. Mais, contrairement à ce que prétend Truffaut, le film n'est pas moins démonstratif que celui de Cayatte. Les effets sont même souvent très, voire trop appuyés, sans être tempérés par l'humour distillé dans *Justice est faite*.

Filmé dans une seule pièce, *Douze hommes en colère* est un huis-clos qui s'apparente à du théâtre filmé. Cinématographiquement, Cayatte et Spaak ont réalisé un film plus vivant et finalement plus convaincant en éclairant le positionnement des jurés à travers l'excellente mise de scène de tranches de vie se rapportant à chacun.

-5-
Contre la peine capitale

Nous sommes tous des assassins (1951)

Il n'y a qu'un film pour lequel Cayatte admettait avoir voulu défendre une thèse : *Nous sommes tous des assassins*. La thèse y est parfaitement claire : le film se veut une condamnation radicale de la peine de mort.

Chaque argument justifiant la peine de mort y est récusé par le menu, à commencer par celui le plus souvent mis en avant de l'exemplarité de la peine. D'une part le film expose qu'on exécute en catimini les condamnés, c'est donc que la société n'assume plus ce que pouvait avoir d'éventuellement dissuasif la barbarie de l'exécution en place publique ; d'autre part, le film montre comment les condamnés à mort, loin d'être des contre-exemples, font figure de héros dans les prisons. A l'heure de l'exécution, les autres condamnés y tiennent pieusement un registre où figure la photo de chacun des suppliciés. Ils brûlent une bougie à leur intention en s'exclamant : « Mort en beauté » !

Le côté démonstratif du film est donc indéniable. Pour autant, ce long métrage ne mérite pas l'étiquette de « film à thèse » telle qu'elle est usuellement utilisée pour stigmatiser un film où la démonstration serait l'unique objectif et les moyens utilisés pour cette démonstration grossièrement didactiques et caricaturaux.

Comme l'écrit Jacques Lourcelles : « La condamnation systématique de l'œuvre en tant que "film à thèse" a souvent caché à l'époque ses qualités les plus réelles : un pessimisme sincère et même viscéral qui, s'il va peut-être à l'encontre des intentions généreuses et réformatrices de l'auteur, donne du relief à sa peinture[1] ».

Ce que Lourcelles évoque comme l'expression d'un « pessimisme sincère et même viscéral » chez les auteurs (dans ce film aussi le rôle du scénariste Charles Spaak est décisif) donne même lieu à un véritable jeu de massacre aux dépends de tous les personnages, y compris des condamnés à mort.

Ici point de belle et noble accusée comme dans *Justice est faite*. Le portrait du personnage principal, René Le Guen (Marcel Mouloudji) et celui de sa famille est si pathétique qu'on se demande même si les auteurs n'ont pas un peu trop chargé la barque...

La mère Le Guen (Renée Gardès) est particulièrement gratinée. Alcoolique, elle assistera au procès de son fils totalement absente, aboulique. René Le Guen lui-même, ahuri, hébété, fait figure de dégénéré.

Contre paiement, René décide d'aider sa sœur prostituée à se débarrasser du cadavre d'un soldat allemand (nous sommes sous l'Occupation) décédé à l'occasion d'une passe. René fait disparaître le corps en le fourguant dans un orgue de barbarie (!) qu'il dérobe à l'un de ses compagnons d'infortune et qu'il trimballe hors de la « Zone » malgré les patrouilles et le couvre-feu. Remarqué pour ce geste audacieux, René se voit proposer d'intégrer un réseau de la résistance où il va être chargé de l'exécution des traîtres.

1 Jacques Lourcelles, *op. cit.*, p.1043.

A ce moment du film, René n'inspire certes pas la sympathie (il est particulièrement odieux avec son petit frère Michel qu'il dépouille alors que celui-ci n'a rien à manger) mais il n'est pas encore un criminel. S'il tue, c'est en mission. Ce sont les derniers combats de la Libération qui vont libérer ses plus vils instincts. Complètement saoul, il assassine son chef, le capitaine Bayart, qui l'a surpris en train de voler, au cri de « Pas de pitié pour les collabos » ! C'est le début d'une succession de forfaits dans l'après-guerre.

On sait que la période qui a suivi immédiatement la Libération a été une période propice aux règlements de comptes extra-judiciaires et aux dérives crapuleuses. De là à exempter de toute responsabilité René, dont le faible cerveau aurait été incapable de comprendre que ce qui était permis hier, ne l'était plus désormais, il n'y a qu'un pas que Cayatte semble vouloir faire franchir au spectateur. Le spectateur que nous sommes, reste tout de même dubitatif. Cayatte ne traite-t-il pas son personnage davantage en objet de dérision que de compassion ?

Même quand s'approche le moment fatidique, René Le Guen demeure tel qu'il nous est apparu dès le départ, un pathétique abruti. René apprend que deux prisonniers allemands sont accusés d'un meurtre pour lequel il avait été en fait missionné par son réseau. Son avocat entend saisir cette opportunité : le procès que le jugement de cette affaire va entraîner, est susceptible de retarder d'autant l'exécution de son client et pourrait même peut-être l'aider à se faire gracier. Le Guen avait tué cet homme sur ordre parce que l'homme était un mouchard. Mais la femme du traître accuse les deux Allemands pour préserver la mémoire de son mari. René clame : « c'est moi qui l'ai tué, c'est moi qui l'ai tué ! », mais il est incapable de fournir le moindre élément susceptible d'étayer son auto-accusation. L'enquêteur militaire (Léonce Corne) ne voit donc là qu'une tentative de Le Guen d'échapper à son sort et le renvoie dans sa cellule en le traitant de « comique ».

René se décide à apprendre à écrire...pour pouvoir rédiger une lettre à l'attention du Président de la République dépositaire du droit de grâce. Dérision là encore : si les scénaristes l'empêchent d'imaginer qu'un codétenu pourrait écrire la lettre à sa place, c'est pour nous montrer qu'au bout de quelques semaines, Le Guen n'a pas encore appris à rédiger la moindre phrase.

Un autre condamné à mort avec lequel René partage sa cellule est, lui, plutôt épargné par les cinéastes. L'homme est émouvant. Jusqu'au moment ultime, le docteur Albert Dutoit (Antoine Balpêtré) affirme ne pas avoir empoisonné sa femme et ne pas avoir eu de maîtresse. « Je le jure sur ma tête encore en place. » Il est crédible. Un doute affleure cependant. Qui est cette belle femme qu'on croise fugacement dans le film quand elle vient déposer un colis à son attention ?

Un troisième condamné, Gino (Raymond Pellegrin) est Corse. Là on est dans un autre monde, celui des vendettas familiales. Il est cornaqué par sa mère inflexible (l'actrice Sylvie à laquelle s'attache pour toujours le souvenir de son rôle de mère vengeresse dans *Le Corbeau*). Gino proteste : il est révolté qu'un président de jury breton ne connaissant rien aux affaires corses, ait pu le condamner ! Malgré la sympathie qu'il nous inspire, on a envie de lui dire : « Eh Gino ! On n'est plus au Moyen-Age ! On est en République ! ».

Enfin il y a le condamné Bauchet (Julien Verdier) qui, lui, nous fait carrément horreur : il a tué sa fille à coups de tisonnier. Pourquoi ? Les pleurs du bébé l'empêchaient de dormir. Il a craqué. « Vous en connaissez beaucoup des gens qui tuent leur enfant quand ils ont un bon logement ? » font dire les cinéastes à un second rôle. On a quand même du mal à compatir.

Dans *Nous sommes tous des assassins* nous n'assistons à aucune exécution. Nous ne voyons que le détail des préparatifs. Les condamnés, pieds et mains entravés, col de chemise découpé, sont présentés devant le prêtre, puis traînés vers l'extérieur qui ne nous est montré que sous la forme d'un grand trou noir. Alors que Cayatte s'est vu reprocher tant de fois d'être trop démonstratif, la sobriété est pourtant ici exemplaire. La violence du moment n'en est que plus grande. Et, là encore, l'humour noir du réalisateur et du scénariste-dialoguiste fait mouche.

Quand le prêtre (Louis Seigner) dit à Dutoit : « Mon fils, aujourd'hui vous paraîtrez devant Dieu », celui-ci répond : « Je lui dirai un mot ou deux de l'avocat général ».

Le prêtre : « Notre seigneur a pardonné à ses bourreaux.

– Je pardonne aux gardiens, je pardonne au bourreau, les autres, je leur crache à la gueule.

– Mon fils, voulez-vous vous confesser ?

– Un autre jour, ces messieurs sont pressés. ».

Quand le jeune avocat Philippe Arnaud (Claude Laydu) apprend à ses parents qu'il a été désigné pour défendre Le Guen accusé d'un triple meurtre dont celui d'un inspecteur de la sûreté, c'est la liesse générale dans la famille Arnaud. Mais quand l'avocat va jusqu'à ramener chez ses parents le petit frère de Le Guen, maltraité dans sa famille d'accueil, en leur demandant de le prendre quelques jours sous leur toit, monsieur Arnaud père (Henri Vilbert) explose : comment son fils ose-t-il lui demander d'accueillir une telle graine d'assassin ?

Renversante aussi est la confrontation entre les deux aumôniers, celui en fonctions et celui qui va le remplacer. Celui en fonctions, l'abbé Roussard (Louis Seigner) est parfaitement en phase avec le rôle que la société lui demande de jouer. Mais son remplaçant, le père Simon (André Reybaz arborant un visage d'illuminé) ne comprend rien au film. Voilà qu'il annonce aux détenus que « ceux qui les ont jugés, le seront à leur tour » car « Dieu interdit aux hommes de juger d'autres hommes ». Les détenus n'en croient pas leurs oreilles : « Alors, c'est eux qui seront dans le box et nous les témoins ? » L'abbé Roussard tente de raisonner son collègue : « si vous voulez vraiment les aider, apporter leur plutôt des cigarettes ». Le père Simon persiste et signe : « je suis venu pour libérer ceux qui sont enchaînés[2] ».

Et puis il y a les officiels, l'avocat général et les autres personnages tenus d'assister par leurs fonctions aux exécutions. Les nuits d'exécution, tout ce petit monde se dirige vers la cellule des condamnés dans le plus grand silence sur la pointe des pieds pour créer l'effet de surprise (la scène est restée fameuse). Mais cela ne trompe guère les prisonniers, perpétuellement sur le qui-vive. Dutoit et Gino, résignés, sont exfiltrés de la cellule sans résistance. Bauchet, lui, hurle. Son avocat : « Bauchet, vous allez indisposer tout le monde ! ». Il hurle encore davantage : « Assassins ! Assassins ! ». La petite cohorte traverse la prison dans un vacarme assourdissant. Tous les prisonniers hurlent : « Assassins ! Assassins ! ».

Le Guen, lui, peu avant son exécution, est victime d'une hémorragie. Dans les rangs de l'administration péniten-

---

2 Dans la famille de Cayatte, à l'époque de l'adolescence du cinéaste, un jeune prêtre avait été désigné pour accompagner un condamné à mort. L'exécution traumatisa tellement l'homme de foi qu'il s'effondra sur place, tomba malade et mourut peu après. Il est loisible de voir dans le personnage ultra-sensible du père Simon un écho à cette histoire que Cayatte rapporta dans plusieurs interviews.

tiaire, c'est l'alerte générale. Tout le monde est sur le pont pour sauver le condamné à mort ! Il est pris en charge par un médecin généreux (Jean-Pierre Grenier) qui est prêt à le garder aussi longtemps que possible dans son service de soins. Mais, comme le dit le gardien-chef (Paul Frankeur), « Nous, tout ce qu'on veut, c'est du rafistolage ».

Au moment où le condamné part vers la guillotine, la procédure veut qu'un gardien consigne son nom sur le registre prévu à cet effet. « Un de plus » soupire-t-il ; son collègue le reprend : « Un de moins ».

Alors ? Un film à thèse où tous les bons sont bons et les méchants, méchants ? Plutôt un chef-d'œuvre d'humour noir.

Le film aura un tel impact que le président de la République, Vincent Auriol, graciera un condamné à mort.

Aujourd'hui encore la vision de *Nous sommes tous des assassins* constitue un véritable choc, qu'il s'agisse de la première partie, un *Affreux, sales et méchants* avant l'heure, ou de la suite dans l'univers terrible du couloir de la mort.

On a peine à imaginer le coup de tonnerre que le film a pu représenter dans le ciel de la production française à sa sortie.

Nous sommes tous des assassins mérite d'être compté au nombre des grands films français tournés dans la décennie cinquante. Il a sa place aux côtés du *Trou* et d'*Un condamné à mort s'est échappé.*

-6-
« La cybernétique d'André Cayatte »

Avant le déluge (1953)

Avant le déluge expose la dérive délinquante d'un groupe de jeunes de bonne famille dans le contexte politique consécutif à l'éclatement de la guerre de Corée. Nous sommes alors en pleine guerre froide. Pendant quelques jours, la peur d'une troisième guerre mondiale dont chacun sait maintenant qu'elle serait une guerre nucléaire, s'empare des esprits. Dans ce contexte de tension extrême, un groupe de jeunes rêve de s'enfuir loin, très loin du monde des adultes, dans une île du Pacifique. Ils s'organisent pour commettre un vol leur permettant de financer leur voyage. Mais l'expédition tourne mal. Un veilleur de nuit est tué. Ils s'entredéchirent. Les policiers viennent interroger l'un d'eux. Lui est Juif. Ses camarades se persuadent qu'il va les dénoncer. « C'est dans la nature de ta race de toujours trahir » lui jette l'un d'eux. Ils l'assassinent dans son bain.

Quand le film commence, le spectateur découvre quatre jeunes réunis dans le box des accusés. C'est le début d'un procès à huis-clos car la plupart étaient mineurs au moment des faits. Seuls se trouvent dans la salle du tribunal les parents accablés, chacun se demandant comment leur fils ou fille (dans le groupe il y a une toute jeune fille) a pu en arriver là. A la fin du film, le verdict tombe : dix ans de travaux forcés pour deux d'entre eux, cinq pour l'un, acquittement pour la jeune fille.

Mais si le film commence et se termine dans un tribunal, il ne s'agit nullement d'un film de procès. Le déroulé du procès est ignoré. Tout le film est consacré aux relations que ces jeunes entretiennent avec leurs parents et au déroulement du double drame.

C'est l'occasion pour Cayatte et Spaak de nous brosser le tableau de familles que tout oppose ou presque. Il y a une famille riche et les autres qui le sont beaucoup moins. Il y a une famille où le père est veuf ; une autre où une mère séparée élève seule son enfant. Le veuf (Bertrand Blier) est un intellectuel de gauche modérée, militant de *La Ligue des Droits de l'Homme*, qui promeut un modèle d'éducation libéral basé sur la confiance ; la mère séparée (Line Noro) opprime son fils et ne cesse de lui répéter qu'elle s'est sacrifiée pour lui. Le jeune homme juif, lui, n'a pas de famille. Ses parents sont morts en déportation.

A sa sortie, le film connaît un grand retentissement et suscite d'intenses polémiques. Personne ne croit au carton d'avertissement du début du film selon lequel « les auteurs n'ont voulu ni peindre un portrait de la jeunesse actuelle ni affirmer que les préjugés raciaux sont répandus en France ». Le film échappe de peu aux foudres de la censure mais des personnalités politiques crient au scandale jusque dans l'enceinte de l'Assemblée nationale et certains préfets interdiront la projection dans leur département. Deux choses choquent particulièrement : la « dépravation morale » de ces jeunes plutôt *bcbg* et le fait que le film suggère que les parents, de par leur aveuglement, leurs propres turpitudes ou l'inefficacité de leurs méthodes éducatives, en sont largement responsables.

Cayatte, homme de gauche engagé, assume complètement avoir réalisé un film de critique sociale et politique. Les invectives qui lui viennent de la droite ne l'impressionnent nullement. En revanche il est blessé par les critiques venues de la gauche qui lui reproche à nouveau d'avoir réalisé un « film à thèse ». Il s'efforce de faire valoir que ce qui était vrai pour *Nous sommes tous des assassins,* ne l'est absolument pas pour *Avant le déluge*.

C'est dans ce contexte qu'intervient le célèbre article d'André Bazin *« La Cybernétique d'André Cayatte »*[1]. L'article paraît dans le n° de juin 1954 des *Cahiers du cinéma.* Il va sceller le sort critique du cinéaste.

Bazin commence par affirmer l'importance du cinéma de Cayatte. « Cayatte a introduit dans le cinéma français un nouveau type de film social qui s'est imposé avec une telle vigueur qu'il a suscité sous des formes plus ou moins atténuées ou adroites de multiples imitations. Il n'est pas douteux que *Justice est faite* et *Nous sommes tous des assassins* ont infléchi le cours de la production française ».

Quant à *Avant le déluge*, « Si le film a soulevé tant de haines, provoqué de telles indignations, s'il entretient encore de si sournoises manœuvres de la part des pharisiens, on aurait tort de croire qu'il ne le doit qu'à ses incidences sociales, morales ou politiques, en tant que telles. Celles-ci ne soulèvent tant d'objections qu'en raison de l'efficacité exceptionnelle de la mise en scène. Ce film bouleverse, il secoue le spectateur, le plonge dans un malaise violent et insolite. L'indifférence est impossible [...] »

Clairement, André Bazin confère une dimension absolument exceptionnelle au travail du réalisateur.

---

1 Cybernétique : définition Larousse : « Science constituée par l'ensemble des théories relatives aux communications et à la régulation dans l'être vivant et la machine ». .

«En quittant Avant le déluge le plus bête des spectateurs est devenu, de force, sinon intelligent, du moins plus cartésien. Le film ayant lancé en chacun le volant du raisonnement, le mouvement de sa masse intellectuelle, progressivement amorti, continue quelque temps encore sur sa lancée à moudre le grain de la réalité. Je ne vois pas pourquoi ce résultat ne serait pas tenu pour un effet de l'art[2].»

Ainsi Bazin affirme que Cayatte pratique un art brechtien à l'opposé de ce qui est reproché ordinairement au cinéaste, à savoir un cinéma de nature à davantage anesthésier les capacités réflexives du spectateur qu'à les susciter. Le cinéma de Cayatte est ici reconnu comme un cinéma « d'inquiétude intellectuelle » qui oblige chacun à s'interroger sur lui-même et sur la société. Il y a donc lieu de se demander par quelle diablerie un article si élogieux a-t-il pu finir par résonner comme une critique définitive ? C'est que le propos de Bazin est à double face. En fait, les indéniables qualités et mérites reconnus ici au cinéaste, se trouvent en même temps dynamités par une critique fondamentale.

Si *Avant le déluge* interroge, bouleverse, dérange, c'est que, écrit Bazin, « Cayatte a transposé en images et sous caution de réalisme la rhétorique juridique[3] ». Cayatte oublie que : « les faits, les hommes et les évènements ne sont pas des idées. En les articulant comme telles, Cayatte décale le réel, lui substitue un univers exclusivement logique peuplé d'êtres à notre image mais aussi radicalement autres car sans ambiguïté ; un univers cependant irréfutable dont l'évidence physique enrobe une organisation logique où l'esprit du spectateur se prend au piège sans rémission[4]. »

2 André Bazin, « La Cybernétique d'André Cayatte », *Les Cahiers du Cinéma*, juin 1954, p.24, 25.

3 *Ibid.*, p.23.

4 *Ibid.*

Survient le verdict. «Cayatte a inventé un genre, mais c'est un genre faux ou plus exactement équivoque et qui trahit à la fois le réalisme du cinéma et ses pouvoirs d'abstraction, dialectiquement solidaires[5].[...] Ce qui caractérise *Avant le déluge* [...]c'est que les personnages et leurs actes y sont exhaustivement déterminés par des mobiles clairs et distincts quant à la forme et sociaux quant au contenu[6]. »

Conclusion :« A une époque où la critique se plaît à faire de la description phénoménologique un critère de la qualité cinématographique, André Cayatte nous propose un univers juridique et mécaniste peuplé d'automates. Nous attendons la révolte des robots[7] ».

Le mot « robots », sur lequel s'achève spectaculairement l'article, vient ici tout à la fois conforter ce que pouvait avoir jusqu'ici d'un peu obscur la référence à la cybernétique et bien évidemment profondément discréditer le cinéma de Cayatte car le spectateur qui s'était laissé naïvement choquer, bouleverser, interroger, réalise maintenant qu'il a été manipulé par des « automates ».

*

L'argumentaire de Bazin ne manque pas d'impressionner. Il n'en est pas moins fort discutable.

En premier lieu relevons que le propos ne manque pas d'être contradictoire. Bazin applaudit à ce nouveau « genre de film social » dont il reconnaît la « force », la « netteté » et « l'efficacité » mais récuse le fait que les personnages y soient déterminés par l'époque, la société, le milieu, la conjoncture historique et leur mode d'éducation familial.

5 *Ibid.*, p. 26.

6 *Ibid.* p. 26, 27.

7 *Ibid.*

N'est-ce pas le propre d'un film social que de considérer ces éléments comme déterminants ?

Il affirme que le cinéma de Cayatte ramène le réel à une organisation intelligible et sans mystère. L'emploi ici du mot « mystère » que l'on retrouve à nouveau quand Bazin reproche à Cayatte de ne pas respecter les lois de la réalité romanesque, a ceci de commode que par définition le mystère est indéfinissable. Pourquoi telle œuvre dégagerait du mystère quand telle autre n'en dégagerait pas ? Mystère.

Or Bazin se dispense d'appuyer ses arguments sur des exemples concrets. Ainsi, au beau milieu d'un paragraphe où il souligne les qualités qu'il reconnaît au cinéma de Cayatte, il pondère tout à coup en laissant tomber, vachard : « Certes la mise en scène de Cayatte ne présente que peu des qualités que nous apprécions en général : elle manque de sensibilité (et pour cause), parfois de goût, les acteurs y sont rarement bien dirigés.[8] » Cette généralité aurait mérité d'être illustrée par quelques exemples. Parle-t-il de Bertrand Blier qui tient dans *Avant le déluge* un de ses meilleurs rôles dans la peau de l'intellectuel de gauche dépassé par les évènements et par sa fille ? De Marina Vlady parfaite dans son premier rôle à l'écran en France ? D'Antoine Balpêtré dont les compositions sont époustouflantes dans *Justice est faite, Nous sommes tous des assassins* et *Avant le déluge* ? De Noël Roquevert que Tavernier qualifie de génial dans *Justice est faite*. Sans compter Mouloudji qui, après un petit rôle dans *Justice est faite*, sera révélé par Cayatte dans *Nous sommes tous des assassins* ?

Il n'y aurait chez chacun de ces personnages aucune espère d'ambiguïté. Ils ne seraient que des robots dans un univers juridique et mécaniste… Rocquevert militaire psy-

8 *Ibid.*, p. 25.

chorigide n'en fend pas moins l'armure face au désespoir de sa fille ; Blier le militant pacifiste sûr de ses convictions voit peu à peu son monde s'écrouler ; le fils de Balpêtré qui se dissociait de l'antisémitisme forcené de son père, redécouvre dès qu'il se sent menacé, que son ami juif appartient à une race qui trahit toujours. A tout le moins, les personnages ne sont pas tout d'une pièce et les conflits qui les traversent affleurent au fil des situations.

Que tout cela relève d'une construction savamment voulue par les cinéastes, comment en serait-il autrement ? Pour autant cette construction est-elle « toujours régularisée par le balancier du pour et du contre » ? Nous inclinons plutôt à faire crédit à Cayatte quand il explique s'être, dans *Avant le Déluge*, laissé déborder par l'histoire, une histoire dont la seule véritable logique est de nous entraîner dans la vision angoissée d'un moment historique où on a pu croire que la planète allait basculer à nouveau dans un conflit mondial.

Au fond, quoiqu'il prétende se dissocier des critiques qui ne voient en Cayatte qu'un avocat qui fait des films d'avocat, Bazin ne fait que reformuler de façon sophistiquée la même critique en voyant dans son cinéma une mise en images de la « rhétorique juridique ».

Le jugement de Bazin avait donc de quoi être amplement discuté. Mais compte tenu de la place qu'il occupait dans le champ de la critique et comme ce jugement a été ensuite sans cesse martelé, de façon caricaturale, par ses collègues des *Cahiers du cinéma,* à commencer par François Truffaut, le point de vue de Bazin est devenu une référence obligée pour tout cinéphile qui se respecte.

Ainsi, lorsque *Les Cahiers du cinéma* consacre leur numéro de mai 1957 à la « Situation du cinéma français », Cayatte et sa filmographie sont exécutés en trois lignes : « [...] quatre films à thèse (quoiqu'il en dise) généreux, revendicatoires, habiles, souvent courageux, mais qui, plaidoiries d'avocat plus qu'œuvres d'art, échappent au jugement esthétique et "à la critique des beautés[9]" ».

Curieusement, comme le relève Daniel Morgan, le frère ennemi des *Cahiers*, la revue *Positif*, n'a pas à l'époque pris la défense du cinéaste.[10]

Dès lors, les critiques en rupture avec cette vulgate ne constitueront plus que des exceptions. Citons-en trois quand même, tout à fait notables : Pierre Billard, François Vinneuil et Jacques Lourcelles.

Dans son riche ouvrage *L'Age classique du cinéma français*, le critique Pierre Billard n'ignore pas Cayatte. Il réserve à sa production des années quarante et cinquante des développements substantiels. Sept de ses films sont cités parmi ceux que le critique recense comme les « films importants ». A propos d'*Avant le déluge*, Pierre Billard écrit : « Le surgissement brutal de l'actualité française et mondiale dans un film français est si exceptionnel qu'il requiert l'attention : on ne trouverait pas trois films dans la décennie où les problèmes d'actualité soulevés par les héros d'A*vant le déluge* soient évoqués[11].»

Rappelons que Vinneuil est le pseudonyme de Lucien Rebatet, auteur de terribles pamphlets antisémites durant l'Occupation. Mais François Vinneuil est aussi un critique de cinéma averti. Mettons de côté ce qui dans l'enthousiasme du critique relève clairement de son délire idéologique : « Je vois d'abord dans *Avant le déluge*, la condam-

9 Cité par Guy Braucourt, p.8.

10 Daniel Morgan, « Ne jugez pas, André Cayatte et la scène judiciaire », *Positif*, n°704, oct.2019, p.71-72.

11 Pierre Billard, *L'Age classique du cinéma français, Du cinéma parlant à la Nouvelle Vague*, Flammarion, 1995, p.618.

nation de la folie et du crime bellicistes, dont toutes les autres folies et tous les autres crimes ont découlé. [...] Il ne fallait pas accepter la guerre. L'ayant acceptée, il ne fallait pas la conduire de façon à ce que toute paix devint impossible. ».

Transparente est la désignation des « Alliés » comme ayant été, à ses yeux, les véritables fauteurs de guerre et d'injustes vainqueurs ! Mais, redevenant critique de cinéma, Vinneuil écrit aussi : « Je veux tout de suite dire qu'*Avant le déluge* est certainement l'un des ouvrages les plus importants que le cinéma français ait vu naître depuis *La Grande Illusion* de Jean Renoir[12]. »

Jacques Lourcelles dans son monumental *Dictionnaire du cinéma* est également louangeur à propos d'*Avant le déluge*. Certes le critique y valide l'analyse selon laquelle le style de Cayatte souffrirait de « défauts majeurs : manque de subtilité et de nuance, exagération démonstrative dans la construction du récit, recours parfois complaisant au mélodrame », mais il souligne que ces défauts : « ne doivent pas dissimuler ce que le film a d'original et même d'extraordinaire dans le contexte ultra-confiné du cinéma français du début des années cinquante[13] ».

*

La parution récente en DVD d'*Avant le déluge* permet enfin de se forger sa propre opinion. Première réussite, et non des moindres, bien que le film soit long (2h19), on ne s'y ennuie pas du tout. L'intérêt y est constamment relancé par la multiplicité des situations familiales évoquées et le développement de l'intrigue.

---

12 François Vinneuil, *journal Dimanche Matin*, 25 février 1954, cité par Braucourt.

13 Jacques Lourcelles, *op. cit.* , p.98.

Bien sûr le spectateur d'aujourd'hui éprouve quelque difficulté à prendre au sérieux la vision de ces adolescents qui rêvent d'une autre vie dans une île du Pacifique. Dans notre univers mondialisé, l'idée de pouvoir radicalement s'abstraire de la menace d'un conflit nucléaire dans un coin de paradis nous apparaît encore plus naïve que ne le suggèrent Cayatte et Spaak. Mais comment ne pas suivre les cinéastes dans l'idée que le surgissement du conflit sino-coréen, premier grand conflit de l'après Seconde Guerre Mondiale (la guerre de Corée fera trois millions de morts), aurait pu entraîner à nouveau une confrontation mondiale, nucléaire cette fois ? Après coup il est loisible de prétendre que cela relevait de la paranoïa. Ce qui choque *a contrario*, c'est que de tels évènements n'aient jamais été évoqués autrement que chez Cayatte dans le cinéma français.

Autre grande réussite : malgré le contexte politique pesant et l'intrigue qui s'achève dans un drame absolu, Cayatte et Spaak n'abandonnent pas leur humour. Un vent de moquerie, parfois légère, le plus souvent grinçante, souffle à peu près sur tous les personnages et particulièrement sur les parents pitoyables ou carrément odieux. Le portrait le plus dévastateur est celui du militant humaniste de gauche dans lequel on peut voir beaucoup d'autodérision de la part des auteurs. Quel tableau consternant de la Gauche ! Voilà un homme, professeur de lycée, agrégé, qui pense sérieusement que la guerre sera évitée si mille cinq cent personnes reprennent son « appel en faveur d'une paix universelle ». Et puis il y a sa fille Liliane (Marina Vlady) redoutable raisonneuse, qui, du haut de ses seize ans, le roule dans la farine. Liliane à qui l'on donnerait le bon dieu sans confession, se repaît de lectures scandaleuses (le fameux *J'irai cracher sur vos tombes* de Vernon Sullivan alias Boris Vian), fait régulièrement le mur pour retrouver son petit ami et bientôt assène à son père qu'elle couche avec. Mais cela n'est rien encore, voilà qu'elle lui annonce qu'elle a manigancé avec ses amis un vol et qu'au cours de cette expédition un de ses camarades a tiré sur un veilleur de nuit. Maintenant que la police est sur la piste des coupables, elle voudrait l'entraîner dans un faux témoignage : il pourrait prétendre que, ce soir-là, il donnait un cours privé à ses camarades qu'il connaît bien puisqu'ils sont par ailleurs ses élèves. Y-a-t-il encore quelque chose à espérer dans ce monde quand votre fille adorée vous demande de couvrir ingénument un meurtre ?

Et puis il y a ce père antisémite forcené (Antoine Balpêtré). On le découvre, pendant l'Occupation, trompettiste professionnel lors d'une répétition des *Walkyries* de Wagner. Scène stupéfiante (et d'une extrême drôlerie…) voilà qu'il se met à discuter les consignes du chef d'orchestre ! Il entend jouer de la trompette *fortissimo* en l'honneur des soldats allemands qui tombent sur le front russe ! Deux officiers allemands présents à cette répétition, semblent apprécier cette délicate attention. Du moins est-ce ce qu'imagine le chef d'orchestre qui juge préférable de laisser le trompettiste jouer comme il l'entend !

Quand on retrouve le personnage un peu plus loin dans le film, on ne s'étonne pas qu'il vienne de purger une peine de cinq ans de prison pour faits de collaboration. Premiers mots échangés avec son fils : « j'ai eu tout le temps d'étudier la machination que les Juifs ont montée contre moi ». A chacune de ses apparitions suivantes à l'écran, il n'aura qu'un mot à la bouche : les Juifs ! Réduit à la misère puisque la scène musicale lui a fermé ses portes, lui et sa famille sont finalement expulsés de leur appartement. Il interpelle le commissaire qui mène l'opération. « C'est un complot des Juifs ! » Le commissaire arbore son pedigree, père auvergnat, mère bretonne. « Ah, monsieur le commissaire, si maintenant les Auvergnats et les Bretons marchent avec eux, où va la France ! ». A la toute fin du film, lorsque son fils devenu meurtrier, écopera de dix ans de travaux forcés, il lâchera : « C'était couru d'avance, le Président du tribunal s'appelle David ».

Il importe de rappeler ici que l'acteur Balpêtré s'était lui-même fortement compromis. Sous l'Occupation, il avait notamment joué un rôle actif dans la cérémonie d'hommage qui avait suivi l'assassinat par la Résistance de Philippe Henriot, chantre inconditionnel de la collaboration avec l'ennemi. L'acteur fut emprisonné trois mois à la Libération et révoqué de la Comédie Française. Mais, lors de son procès en novembre quarante-cinq, son avocat fit citer comme témoin André Jacquelin, dirigeant du journal clandestin Bir Akeim, qui expliqua que l'accusé avait été un actif propagandiste de cet organe. « Aussi, après avoir placé M. Balpêtré pendant cinq ans en état d'indignité nationale, la Cour l'a-t-elle aussitôt relevé de cette condamnation[14]. » Cayatte fut de ceux qui permirent à Balpêtré de relancer sa carrière…en lui proposant un rôle d'antisémite en forme d'expiation[15].

Mais Cayatte ne regarde pas seulement en arrière. C'est de la nouvelle génération dont il veut nous entretenir. Entre le jeune Richard (Jacques Fayet), fils de l'antisémite, et Daniel Epstein (Roger Coggio), le jeune Juif qui l'a vaillamment défendu lors d'une bagarre entre lycéens, s'est nouée une amitié. Le père antisémite ne cesse de vouloir que son fils y mette un terme : « Sinon un jour tu seras trahi par lui ! ». Richard résiste. Mais survient le meurtre du veilleur

14 Journal *Le Monde* du 14 novembre 1945.

15 Les éléments relatifs à Antoine Balpêtré proviennent d'une biographie de l'artiste rédigée par Pascal Donald consultable sur le site *CinéArtistes.com.*

de nuit. Le début de l'enquête policière se concentre sur Daniel. Alors, pris de panique, Richard retrouve spontanément les mots de son père : « Il parlera : ils ont ça dans le sang ! Il faut faire quelque chose, n'importe quoi ! ». Lui et Philippe (Clément Thierry) s'introduisent dans l'appartement de Daniel pendant qu'il prend son bain. Quelques instants suffisent pour que remontent dans l'inconscient de ces enfants de la guerre les gestes des gestapistes. Retrouvant peu après sa petite amie Liliane, Richard confesse, effondré : « C'était nous mais ce n'était plus nous. Le pire, il serait mort sans dire un mot, il n'aurait jamais parlé ».

Daniel, le film nous le suggère, est aussi homosexuel. Quand il avait appris que son ami Jean, avait passé un après-midi avec un autre copain, il lui avait fait une scène : « Tout ce que tu fais sans moi est une trahison. » En infligeant au Juif homosexuel le supplice de la baignoire, le propos du cinéaste ne pouvait être plus clair. Cayatte osait dire qu'il était trop facile de considérer que la France de l'après-guerre avait définitivement tourné la page de ses démons d'hier.

Noël Herpe, pour qui *Avant le déluge* est un chef-d'œuvre[16], estime que le propos du cinéaste a une dimension anthropologique, le cinéaste faisant sienne la thèse freudienne selon laquelle la victime expiatoire permet au groupe de refonder son unité et de retrouver sa pureté[17]. L'expédition des jeunes ayant viré au drame, il y a bel et bien tentative de leur part de s'en sortir en désignant un bouc-émissaire juif et homo. Mais l'interprétation est peut-être un peu forcée. Le meurtre, loin de souder le groupe à nouveau et de lui redonner son innocence, aura ici pour effet de le pulvériser.

---

16 Noël Herpe, « Justice pour Cayatte », *Positif* n°704, p.70.

17 Noël Herpe, bonus du DVD Gaumont *Avant le déluge*, 2020.

-7-
Main basse sur la ville

Le Dossier noir (1955)

Souvent cité, le premier article publié en 1950 par Jean-Luc Godard en tant que critique de cinéma était titré « Pour un cinéma politique ». Il s'achevait par cette apostrophe : « Cinéastes français qui manquez de scénarios, malheureux, comment n'avez-vous pas encore filmé la répartition des impôts, la mort de Philippe Henriot, la vie merveilleuse de Danielle Casanova[1] ? »

On aurait pu alors s'attendre à ce que Godard se montre sensible au cinéma d'un Cayatte dont tous les films de cette période renvoient à des sujets sociaux et politiques d'actualité. Mais lui et ses petits camarades qui s'enthousiasmèrent pour la façon dont le cinéma italien d'après-guerre s'empara de tels sujets, dédaignèrent le seul cinéaste français à avoir saisi à bras le corps ces réalités.

Poursuivant la veine qu'il avait ouverte avec *Justice est faite*, Cayatte réalise en 1954-55 un film éminemment politique. Comme le dit Yannick Dehée, c'est sans doute « le plus osé » de la tétralogie[2]. On y trouve la dénonciation de

1 Jean-Luc Godard, *la Gazette du cinéma*, n°3, septembre 1950.

2 Yannck Dehée, *Mythologies politiques du cinéma français*, 1960-2000, PUF, 2000.

la mise en coupe réglée d'une petite ville de province par un entrepreneur du bâtiment ; la stigmatisation d'une maffia locale ; une critique acerbe des méthodes de la police ; enfin la lutte perdue d'avance contre la corruption en raison des moyens dérisoires accordés à la Justice.

Le film s'ouvre sur une vue du cimetière de la petite ville de *Lancourt*. Le plan évoque l'ouverture du *Corbeau*. Comme dans le chef d'œuvre de Clouzot, il sera question de déterrer les turpitudes de la vie locale.

Ça commence par une misérable histoire de chiens empoisonnés. Les chiens appartenaient à un certain Albert Dutoit (à nouveau Antoine Balpêtré). Un certain Titiche a reconnu être le coupable. Apparemment ça n'était qu'une petite histoire de vengeance interpersonnelle. Mais, sollicité par le jeune juge d'instruction (Jean-Louis Bory) qui vient juste de prendre ses fonctions, Dutoit se dit persuadé qu'on a tué ses chiens pour pouvoir pénétrer chez lui en pensant y trouver un dossier noir. Ce dossier noir aurait été constitué par un membre du conseil municipal, André Le Guen, à l'encontre d'un entrepreneur du bâtiment, un dénommé Boussard. André Le Guen est récemment décédé. Lui et Dutoit étaient étroitement liés pour avoir été ensemble déportés en camp de concentration.

Quand le jeune juge apprend que le conseiller municipal, la veille de sa mort, avait dîné avec Boussard, sa conviction est faite : André Le Guen a été assassiné. Dès le premier contact, il a pris en horreur Boussard (Paul Frankeur très à son affaire dans ce rôle de pourri). Son opulence, sa morgue, sa violence lui sont insupportables.

Il est sûr qu'il tient là une grosse affaire qui peut mettre à bas l'entrepreneur véreux et tout le système de pouvoir qu'il a mis en place. Il décide de relancer l'enquête sur cette histoire de chiens, lance des perquisitions, y compris chez Boussard lui-même. Une autopsie est ordonnée. Elle révèle un empoisonnement.

La presse s'en mêle. Dans la population la colère monte. La foule réclame la démission des édiles ; la voiture de Boussard est renversée et incendiée. Le petit juge est acclamé. On mesure au demi-sourire qu'il esquisse sous les vivats, la jubilation qui le gagne.

Même qu'il impressionne maintenant vivement Danielle ! Danielle est la fille du procureur. C'est une fière jeune femme, révoltée de n'être que la fille d'un petit magistrat pas bien riche. Le premier soir où elle a fait la connaissance du petit juge, elle a pris les devants. Qu'il ne se fasse jamais la moindre illusion ! Jamais elle n'épousera un homme de robe ! Mais s'abat sur elle la pire des humiliations. Son amoureux la laisse tomber pour se marier par intérêt avec la fille Boussard. Danielle se rapproche du jeune juge. Elle s'excuse pour la dureté de ses propos du premier soir. Elle est de plus en plus admirative. Ce jeune juge intrépide met la ville cul par-dessus tête. Il pourrait bien finir même par la venger. Le petit juge se déclare. Danielle est émue mais se dérobe. L'actrice Nelly Borgeaud irradie dans ce personnage féminin d'une étonnante modernité, quasi féministe radicale pour qui mariage ne peut signifier qu'esclavage de l'épouse.

Qui a empoisonné André Le Guen et pourquoi ? La police locale a son idée ; la police nationale, alertée par l'ampleur prise par cette affaire, aussi.

Pour la police locale, le coupable est Dutoit. Au fil des ans, son ami Le Guen l'a beaucoup aidé financièrement et Le Guen « s'est payé en nature ». Du moins c'est ainsi que le commissaire Franconi (terrifiant Roquevert) interprète la liaison que Le Guen a entretenu avec la fille de Dutoit, Yvonne (Danièle Delorme). Pour le commissaire et ses sbires, il faut faire avouer Dutoit et/ou le faire accuser par sa fille. Les séances d'interrogatoire sont particulièrement violentes. Cayatte a certainement voulu rappeler le rôle d'auxiliaire de la gestapo qui avait été celui de la police française une dizaine d'années auparavant. Le syndicat des commissaires réclamera l'interdiction du film. Dutoit et sa fille résistent longtemps. Yvonne ne cède pas mais son père, à bout de force, finit par signer des aveux.

Parallèlement, débarque à *Lancourt* un fin limier de la police nationale, le commissaire spécial Gaston Noblet (Bertrand Blier) qui, lui, a un autre coupable en tête. Avant d'arriver sur place, il a fait son enquête : il a appris que Françoise Le Guen (Léa Padovani) était devenue l'amante de son beau-frère, lorsque son mari avait été déporté. Mais son mari est revenu et Gilbert Le Guen (Jean-Pierre Grenier) n'a pas osé assumer publiquement cette trahison de son frère. L'adultère est donc resté clandestin. Françoise Le Guen se rend régulièrement au Pays Basque pour y voir sa mère. Là-bas elle y retrouve aussi Gilbert. Le policier en est persuadé, Françoise le Guen a tué son mari en l'empoisonnant peu à peu, avec ou sans la complicité de son amant.

Les méthodes des deux polices diffèrent radicalement mais sont toutes deux d'une grande violence. Le commissaire spécial Noblet y met les formes mais exerce une terrible pression psychologique. Il a prévenu Françoise Le Guen : « Dans la police, c'est comme dans l'église, il y a les petits curés de village et il y a les directeurs de conscience » - Françoise Le Guen : « Vous êtes un évêque de la police ? » - « Pas tout à fait », a-t-il répondu un peu gêné, mais il revendiquera hautement devant elle son talent de confesseur quand il parviendra à lui extorquer l'aveu d'un crime … qu'elle n'a pas commis.

Le petit juge, de son côté, a poursuivi son enquête. C'est lui qui va découvrir la vérité, mais une vérité ô combien décevante ! Le poison qui a été découvert dans les viscères de Le Guen, s'avère être le même que celui dont s'était servi Titiche. La raison en est tout bêtement que les pots qui ont recueilli les viscères du conseiller municipal, étaient les mêmes, mal lavés, que ceux dans lesquels les restes des chiens empoisonnés avaient été placés !

La déconfiture de la justice est totale. Le procureur et le commissaire spécial exhortent le petit juge à cacher la vérité mais celui-ci, sacrifiant sa carrière, assume : pour toute excuse, il expliquera qu'il avait vingt-quatre ans et qu'il était seul.

*

A propos du petit juge, Cayatte devait déclarer : « A mesure que le scénario se développait, je me suis aperçu que l'homme que j'avais choisi pour symboliser cet aspect de la magistrature m'intéressait plus que sa fonction et que c'était son drame personnel que j'étais en train de raconter. [...] De telle sorte que *Le Dossier noir*, qui devait illustrer une thèse générale, devint peu à peu le récit d'un cas particulier[3]. ».

Jean-Marc Bory dont c'était la première apparition à l'écran, apparaît frêle, timide mais dans sa détermination à poursuivre les turpitudes des riches, on sent tout son désir de revanche sociale. Il vit une tragédie qui plus d'une fois s'est reproduite dans les annales de la justice française ces dernières années : que l'on songe aux déboires du juge Pascal qui voulut accabler le notaire de Bruay-en-Artois au début des années soixante-dix, à ceux du juge Jean-Michel Lambert qui ne se remit jamais des erreurs commises dans

---

3 *Le Monde*, 11 mai 1955.

son instruction du meurtre du petit Grégory et plus encore aux catastrophiques décisions du juge Fabrice Burgaud dans la calamiteuse affaire d'Outreau.

Georges Sadoul, à la sortie du film, déplora : « Nous avions tous épousé la cause du petit juge. Nous n'espérions pas son triomphe. Mais nous ne nous attendions pas à son effondrement, objectivement complété par la victoire totale de Boussard[4] ». C'est là, pour le critique, « la plus grosse faiblesse du scénario de Cayatte et Spaak ». Pour notre part, nous nous rangeons derrière Bertrand Tavernier qui après avoir qualifié cette fin, dans un premier temps, de « soldée », y revient ensuite avec ces mots particulièrement justes : « on éprouve une frustration et en même temps, la fin est tellement anti-morceau de bravoure, anti-spectaculaire, déceptive au carré que cela devient (en creux) un formidable plaidoyer pour qu'on donne plus de moyens au service public…Même si l'on est très déçu par les attentes dramatiques qu'on pouvait avoir, Cayatte touche un point extraordinairement sensible et actuel[5] ».

Dans cette même interview, Bertrand Tavernier dit aussi qu'il avait « trouvé la première partie du *Dossier Noir* formidablement mise en scène », mais exprime le regret qu'« ensuite les pistes qui annonçaient quelque chose d'intéressant s'évanouissent ». Sans doute Tavernier visait là le fait que les scénaristes avaient jugé suffisant de brosser le caractère odieux de Boussard pour nous convaincre de la nocivité du système qu'il avait réussi à mettre en place.

Nous ne saurons rien en effet de ce que contenait le fameux dossier noir. Guy Braucourt avait lui aussi exprimé des regrets dans son *Cayatte* : « *Le Dossier noir* démarre

---

4 Georges Sadoul, *Les Lettres françaises*, n° 570 du 26 août 1956.

5 Interview Bertrand Tavernier, *in* Dossier « Justice pour Cayatte », *Positif* n°704, octobre 2019.

très fort, à la façon d'un film social à l'américaine ou d'une sorte de *Main basse sur la ville* aux dimensions de la province française » mais « plus d'une fois en cours de film, Cayatte laisse le fil romanesque ou l'intrigue pseudo-policière déborder l'aspect témoignage et document. » Point de vue corroboré par Georges Sadoul qui avait lui aussi pointé « le raccourci excessif utilisé pour dévoiler les sordides (et vraisemblables) dessous des très honorables familles[6] ».

Effectivement les scénaristes semblent s'être assez vite désintéressés de l'apparent cœur du propos du film pour se concentrer sur les sous-intrigues. En cela, *Le Dossier noir* a certainement perdu en cohérence mais son intérêt n'en a pas été pour autant diminué. Car les tourments qui déchirent le procureur et le petit juge, le père Dutoit et sa fille ainsi que la veuve Le Guen et son beau-frère, sont d'une grande intensité dramatique.

Dès leur première rencontre, le procureur (Henri Crémieux très crédible et émouvant dans le rôle) révèle au juge qu'il est victime d'un cancer du foie le condamnant à brève échéance. Il a pour seul objectif de pouvoir encore travailler durant quelques mois pour assurer à sa famille une pension plus conséquente. Alors, de grâce, pas de vagues ! Il n'entend certainement pas se brouiller avec Boussard pour une « histoire de chiens crevés ». Le jeune juge, lui, veut la bagarre. Le procureur n'aura de cesse de tenter de circonscrire le scandale suscité par les foucades de son collègue. Le dénouement sera pour lui une véritable tragédie : pour éviter que la Justice se couvre de ridicule, il ira jusqu'à proposer qu'on tienne pour vrai les aveux de madame Le Guen.

Le père Dutoit et sa fille font pitié. Lui, malade, dépendant de diverses drogues et financièrement de son ami Le Guen, a fermé les yeux sur la relation de celui-ci avec sa

6 Georges Sadoul, *op.cit.*

fille. Yvonne, elle, n'a pour seul horizon que d'aider son père. Elle a aimé Le Guen mais leur relation n'a jamais été autre chose qu'une liaison clandestine et Le Guen y a mis fin. Seule, vulnérable, elle se laisse séduire par Jo (Daniel Cauchy), un employé de son père, bien que le soudain empressement du jeune homme à son égard lui soit apparu de prime abord étrange. Face à l'extrême violence des policiers qui l'interrogeront sans relâche, elle fera preuve d'une détermination sans faille. Même quand les policiers la confronteront à Jo dont le témoignage l'accablera. Un moment elle croira que son ami, comme il le prétend, ne veut que la dissocier de son père pour lui éviter d'être jugée complice, mais, réalisant peu à peu sa trahison, lui jettera, étincelante de haine : « Pour faire semblant de m'aimer, on t'a payé, dis, combien t'as touché ? Ordure ».

La relation entre Françoise Le Guen et son beau-frère nous ramène aux heures sombres de l'Occupation. Elle ravive un point sensible : le sort de certains prisonniers ou rescapés des camps quand ils découvrent que leur femme les a abandonnés. Quand elle admet l'adultère après avoir un long moment farouchement nié, Françoise Le Guen se justifie en disant que son mari était alors tenu pour mort. Quand enfin il est rentré, malade, oui, elle l'avoue, elle a attendu sa mort mais en même temps elle l'a soigné et sauvé. Elle a ensuite voulu le divorce mais, dans une famille catholique comme la sienne, on ne divorce pas. Quant à Gilbert, il a craint par-dessus tout le scandale. La vie de Françoise (sobre et émouvante Léa Padovani) s'est alors refermée dans le secret et la culpabilité d'une liaison définitivement clandestine.

Noblet, pour la faire avouer, anticipe sur ce que sa situation inspirera aux jurés d'une cour d'assises : « Vous êtes devenue la maîtresse de votre beau-frère : mauvais ! Pendant la déportation de votre mari : très mauvais ! Au retour de votre mari malade, vous ne renoncez pas à cette aventure : détestable ! Vous n'aspirez qu'à quitter votre foyer : accablant ! ». Pourtant Françoise continue de nier : « Tuer, je n'en étais pas capable ». Mais lorsque le policier lui fait croire que, par amour pour elle, son amant a décidé de s'accuser pour la sauver, l'amante avoue. Le commissaire spécial, certain d'avoir eu raison depuis le début, s'émerveille d'avoir mis la main sur une coupable aussi extraordinaire : une femme qui a tué son mari, mais n'en a jamais rien dit à son amant !

*

Le Dossier noir n'obtiendra pas le moindre signe d'intérêt de la part de François Truffaut. Ce dernier profitera même de la sortie du film pour publier sa critique la plus violente à l'égard de Cayatte. A cette occasion, il développera les raisons pour lesquelles Cayatte serait condamné « à ne faire que des mauvais films » : sa collaboration avec Charles Spaak, scénariste honni ; son recours à des seconds rôles archi-connus « qui amènent dans un film tous les inconvénients des vedettes sans aucun de leurs avantages (*Le Dossier Noir* est le film français le plus mal joué de l'année) » ; sa façon de « courtiser les jeunes générations au détriment des parents ; cette manie relève de la démagogie et les films de Cayatte sont quand même des films de parents » ; « les petits détails sordides qui sont là pour *faire bien* [car] dans un contexte abstrait où, tout ce qui se veut réaliste est grotesque de fausseté, chaque petit détail concret apparaît comme une rouerie superflue. » Etc..., etc...

Après ce déluge de reproches où la mauvaise foi ne fait que le disputer à l'insulte, Truffaut conclut : « Il me faut arrêter ici une énumération que je pourrais prolonger à longueur de colonnes mais tout est dit ou presque lorsqu'on a déploré que chaque film de Cayatte soit pire que le précédent et constaté que *Le Dossier noir* n'échappe pas à la règle[7] ».

De la part d'un critique qui, deux années plus tard, allait accueillir *Et Dieu créa la femme* avec les plus grands égards[8], cette exécution en règle prête à sourire. Comme chacun sait, le Truffaut cinéaste prendra ses distances avec le Truffaut critique. Il abandonnera dans une large mesure sa détestation d'une « certaine tendance du cinéma français » au point d'apparaître aujourd'hui comme en ayant été plutôt le continuateur. Je ne sache pas pour autant qu'il ait jamais reconsidéré ses appréciations relatives à la tétralogie. Pour notre part, nous préférons penser que seul le temps lui a manqué pour estimer rétrospectivement que *Le Dossier noir* a conclu en beauté le cycle exceptionnel des « films judiciaires » cayattiens.

---

7 François Truffaut, *Arts*, n°517 du 25 mai 1955.

8 François Truffaut, *Les films de ma vie*, Flammarion, Ed. 2019, p.395-398.

Troisième Partie

Face à la Nouvelle Vague

Le Dossier noir n'a pas rencontré auprès du public un succès du même ordre que les films précédents. Le cinéaste n'en est que plus sensible aux critiques. Revenant sur cette période, dans son long entretien avec Guy Braucourt, Cayatte fait état de son « exaspération à cette époque devant les critiques et les commentaires qui accueillaient tout ce que je faisais, et j'en avais vraiment assez de lire partout "thèse", "film à thèse", "Cayatte avocat"... C'est à partir de là d'ailleurs que je n'ai plus lu les journaux lorsqu'un de mes films sortait ; à présent je suis immunisé, je me moque de ce qu'on peut dire ou écrire, mais pas à cette époque [1].»

Sans doute a-t-il été particulièrement sensible au conseil de Georges Sadoul, un des critiques les mieux disposés à son égard, qui avait conclu à propos du *Dossier noir* : « André Cayatte aurait-il raison d'adopter longtemps encore la forme *judiciaire* pour ses films ? *Avant le déluge* déjà aurait gagné à n'être pas traité en *cause célèbre*. Ne pourrait-il, dans ses prochains films, abandonner la prison

1 Guy Braucourt, *op. cit.*, p. 85.

ou le palais de justice ? Son inventaire social gagnerait à se détacher du fait divers.[2] »

Cayatte va alors opérer un tournant radical[3]. Parmi les six films qui suivront, seul *Le Glaive et la balance* (1962) renouera avec la thématique du fonctionnement de la justice. *Œil pour œil* (1956) sera une adaptation d'un roman d'un auteur d'origine arménienne, Vahé Katcha. Deux films, *Le Miroir à deux faces* (1958) et *La Vie conjugale* (1963), lui-même subdivisé en deux longs métrages, porteront sur le couple. *Le Passage du Rhin* (1960) reviendra sur la période de la Seconde Guerre mondiale. *Piège pour Cendrillon* (1965) sera un thriller psychologique.

Ce tournant radical ne saurait s'expliquer seulement par l'envie de Cayatte de passer à autre chose. Cayatte était très attentif à ce qui se passait dans le monde du cinéma en France et à l'étranger. Il s'est intéressé de près au cinéma de Bergman. Il est élogieux à l'égard des initiateurs français de la Nouvelle Vague quand bien même ceux-ci éreintent son cinéma. Dans l'entretien qu'il donne à Guy Brancourt en 1969, il déclare être « passionné par les films des réalisateurs d'aujourd'hui, le cinéma en train de se faire, par Truffaut, Godard, Antonioni[4][...] ».

Cayatte ne va pas véritablement modifier son style. Il ne va pas singer les modernes. Mais le souffle de la modernité passe néanmoins dans son cinéma dans la forme comme sur le fond. La photographie prend, dans ces films-là, ses

2 Georges Sadoul, op.cit.

3 Particulièrement significatif du caractère radical de ce tournant est le choix d'adapter *Œil pour œil,* un roman de vengeance interpersonnelle. C'est comme si, en se focalisant sur une histoire où prime la loi du talion, le cinéaste avait décidé tout à coup d'ausculter un monde où la justice et le droit auraient totalement disparu.

4 *Ibid.*, p. 125.

distances avec le noir et blanc « qualité française » des réalisations antérieures. *Œil pour œil* sera le premier film du cinéaste tourné en couleurs. Les films sortent des studios. On y respire. On joue avec les lieux, l'espace. Les personnages et les conflits qui les traversent, abordent des thématiques nouvelles. Un film sur la Seconde guerre mondiale comme *Passage du Rhin* était impensable dans l'immédiat après-guerre. *Piège pour Cendrillon* décortique des rapports sulfureux entre trois femmes. Quant au thème de la désagrégation du couple au cœur du *Miroir à deux faces* et de *La Vie conjugale*, il est par excellence le thème traité par les réalisateurs phares de la modernité, de Bergman à Antonioni en passant par Jean-Luc Godard.

Mais une forte dimension sociale et politique reste présente dans ce pan de sa production. A la différence des héroïnes de la Nouvelle Vague pour qui l'émancipation se limite le plus souvent à la liberté des mœurs, Françoise, l'héroïne de *La Vie Conjugale*, s'émancipe par la réalisation professionnelle.

Et *Passage du Rhin* est un film éminemment politique qui, comme on l'a vu, a suscité d'importantes polémiques alors que les hérauts de la Nouvelle Vague se veulent, eux, apolitiques. Hormis Godard mais dont les incursions dans ce domaine deviendront, dans les années post-68, proprement calamiteuses[5].

5 Pascal Noblet, *op.cit.*, p 103-138.

-8-
Culpabilité, quand tu nous tiens !

Œil pour œil (1956)

Dans le roman de Vahé Katcha[1], qui venait de paraître et dont Cayatte conservera le titre, le cinéaste va trouver un écho à ses préoccupations quant aux liens qui peuvent exister entre un bourreau et sa victime.

Œil pour œil narre une histoire de vengeance interpersonnelle dans le contexte du Moyen-Orient. A Tripoli, ville libanaise, un chirurgien occidental réputé, dans le film le docteur Walter, rentre chez lui après une journée de travail harassante. Dans la soirée, alors que le médecin goûte un repos bien mérité, un homme sollicite de l'aide auprès du gardien de la cité cossue dans laquelle Walter réside. L'épouse de cet homme serait au plus mal. Le chirurgien, appelé au téléphone, refuse d'examiner la malade, faisant valoir que la seule solution viable est de la faire prendre en charge par l'hôpital à vingt minutes de là. Le lendemain matin, sur la route qui le mène à son travail, le docteur Walter reconnaît la voiture abandonnée de l'homme qui avait demandé son aide la veille au soir. Il apprend peu après que, lorsque la

1 Vahé Katcha, *Œil pour œil*, 1955. Nouvelle édition, Le Livre de poche, 1967.

femme est parvenue à l'hôpital, il était trop tard. La femme est décédée.

Dans les jours qui suivent, le chirurgien se sent épié, suivi. Peu à peu la présence du veuf, un certain Bortak, imprimeur de son état, se fait de plus en plus obsédante. Le docteur Walter s'efforce de le rencontrer, veut s'expliquer mais l'homme se dérobe sans cesse. Finalement les deux hommes se rencontrent mais la défiance reste intacte.

Le docteur est appelé dans un village isolé où il se heurte à l'hostilité manifeste des villageois. Sa voiture est vandalisée. Le docteur n'a plus d'autre solution que de s'en remettre à Bortak, qu'il avait déposé dans un village voisin. Bortak lui fait valoir qu'ils pourront rejoindre ensemble la ville de Damas à pied en passant par la montagne. Ce n'est évidemment qu'un piège : Bortak est décidé à errer jusqu'à la mort dès lors que le docteur Walter lui aussi y laissera la peau.

L'adaptation de Cayatte est fidèle au roman. Un changement notable mérite toutefois d'être signalé. A la toute fin du livre, le docteur Hermet, l'équivalent du docteur Walter, ayant définitivement compris jusqu'où ira le désir de vengeance de Bortak, assassine ce dernier. Dans le film, le docteur Walter se limite à blesser Bortak de telle sorte que l'intéressé a besoin maintenant de l'aide du médecin : s'il veut survivre à sa blessure, il lui faut enfin montrer le vrai chemin qui mène à Damas. Mais Bortak le veut-il ? Il le prétend mais ça n'est encore qu'un leurre.

Ainsi non seulement la thématique du film mais aussi le cadre dans lequel le film est tourné, se situent au plus loin du cinéma auquel Cayatte a accoutumé son public. Durant toute la seconde moitié du film, le spectateur est transporté dans d'immenses paysages de montagnes désertiques.

Autre élément novateur décisif : la couleur. Le résultat est impressionnant. Aussi bien dans la partie urbaine du film que dans les images du désert, la couleur est belle[2]. Mais l'expérience posa d'énormes problèmes en raison du recours à la Vistavision. « [C]ette gigantesque machinerie de la Vistavision nécessite une telle installation, entraîne une telle absence de mobilité et pose de tels problèmes de déplacement, que, pendant le tournage, l'histoire et les personnages sont passés au second plan[3] ! » Sans doute faut-il voir là une des raisons pour lesquelles Cayatte ne reviendra à la couleur qu'une dizaine d'années plus tard dans *Les Risques du Métier*.

Le film vaut en premier lieu par les performances de Folco Lulli qui incarne Bortak et de Curd Jürgens le docteur Walter. Le choix de ces deux acteurs invite à considérer les influences réciproques entre Cayatte et Clouzot. Le recours à Folco Lulli et les scènes dans le désert ne sont pas sans évoquer *Le Salaire de la Peur*, le film de Georges Clouzot qui triompha en 1951. Cayatte et Clouzot se sont beaucoup fréquentés et les influences de l'un sur l'autre ont été nombreuses. Comme dans *Justice est faite*, Clouzot exposera dans *La Vérité* comment la Justice est susceptible de broyer une femme. Quant à Curd Jürgens, il figurera dans le film de Clouzot *Les Espions* (1957).

Mais l'influence majeure dans *Œil pour œil* est celle d'Hitchcock. Comme l'écrit l'internaute qui se désigne FrankyFockers sur le site *SensCritique* : « Le film commence exactement comme un grand Hitchcock, et dans

---

2 Les scènes de désert furent tournées dans la région d'Alméria en Espagne qui devint par la suite très courue pour la réalisation de films de western.

3 G. Braucourt, *op. cit.* , p.86.

le fond et dans la mise en scène [...] Hitchcock est dans chaque plan, celui de *L'Homme qui en savait trop*[4] [...]. »

Ces influences ont été reprochées à Cayatte. Pour notre part, ces influences, puisées aux meilleures sources, ne nous choquent pas : cherchant à se renouveler, le cinéaste est inévitablement attiré par ce qui se fait de mieux.

Un film contre le colonialisme ?

Œil pour œil suscite des différences de perception considérables. Voilà qui n'est pas neutre au regard de ce qui a pu être dit quant à la signification politique du film face à la question coloniale.

Ainsi une internaute qui s'identifie comme « Nadine Mouk », y voit un film qui lui semble entièrement dirigé vers la juste punition du docteur Walter, alors que pour l'internaute « NumberSix », le propos du film viserait finalement plutôt à disculper le docteur. Pour « Nadine Mouk », la première partie « s'étiole quelque peu » , mais dans le désert, « Walter essaie tant bien que mal, mourant de soif, d'expliquer l'inexplicable à son bourreau que ni la soif ni la chaleur torride ne semblent atteindre. C'est cette partie du film qui nous prend vraiment : nous n'avons aucune pitié pour ce toubib qui fut indifférent à la détresse de cet homme rustre qui pourtant savait conjuguer le verbe aimer[5]. »

Inversement, pour NumberSix, « L'empathie que suscite la détresse de Bortak à la perte de sa femme, se dilue peu

4 Site *SensCritique*, *Œil pour œil* par Franky Fockers, 23 mai 2018. Les deux films ont notamment en commun des scènes en pays arabe, le recours à la Vistavision et le fait que les époux McKenna hitchcockiens se retrouvent piégés comme l'est le docteur Walter. Mais il n'y a pas décalque de l'un à l'autre puisque les deux films sont sortis à la même période.

5 Site *SensCritique*, Nadine Mouk, 6-7-2017.

à peu face à sa volonté implacable qui confine à la folie. A l'inverse, la culpabilité, le remord qui sourdent chez le docteur Walter lui donnent un surcroît d'humanité dont il ne bénéficiait pas au début de l'histoire. »

NumberSix conclut : « Dans ce jeu cruel où les limites sont inéluctablement repoussées, le spectateur se reconnaît dans les deux protagonistes, dans leurs facettes antinomiques, dans cette part d'(in)humanité, d'amoralité, où victime et bourreau se confondent[6]. »

Rappelons que la question coloniale est alors le grand sujet qui déchire la France. Mais les rares cinéastes qui s'aventurent sur ce terrain, tel René Vautier, sont impitoyablement censurés et poursuivis. *Les statues meurent aussi*, un documentaire d'Alain Resnais et de Chris Marker sur l'art nègre et qui dénonce le discours colonialiste sur la culture africaine, sera interdit de 1954 à 64. Clouzot doit renoncer à son projet de film contre le colonialisme, *Mort en fraude*.

Dénoncer la domination coloniale implique donc de prendre des détours. Pour Noël Herpe, c'est un tel détour que prend Cayatte en faisant le choix d'adapter le roman de Vahé Katcha[7]. Nous savons que Cayatte s'est toujours dit de gauche. Dans cette optique, il est plausible de considérer que Cayatte a entendu stigmatiser la violence de la domination coloniale à travers le drame causé par le manquement du docteur Walter. Les scènes initiales du film nous montrent que le docteur Walter fait pleinement partie du petit monde privilégié mêlant Occidentaux et riches Libanais vivant dans une bulle protégée. Quand Walter se re-

6 Site *SensCritique*, NumberSix, 7-8-2014.

7 Noël Herpe, texte de présentation de *Piège pour Cendrillon* à l'occasion de la rétrospective Cayatte à L'Institut Lumière en 2019.

trouvera dans un village isolé, brutalement confronté à la misère d'une population incapable de croire aux bienfaits de sa médecine, il aura pour seul commentaire : « Foutu pays ! ». Tirant sur cet écheveau, il est possible de lire la vengeance implacable de Bortak comme un avertissement lancé par Cayatte sur le prix qu'il y aura alors à payer si la France s'entête à vouloir conserver son empire colonial.

Mais la mise en scène de cette « vengeance à l'orientale[8] » n'est pas sans susciter le malaise. Face au supplice que fait subir Bortak au docteur Walter, difficile à tout le moins de ne pas accorder à ce dernier les circonstances atténuantes. Oui, le docteur a refusé d'examiner Mme Bortak mais, comme il essaiera en vain de le faire valoir auprès de son mari, il ne pouvait rien faire sur place. La seule solution viable était de transporter celle-ci à l'hôpital seulement distant de quelques kilomètres. Devrait-il alors mériter la mort parce que malheureusement la voiture de Bortak est tombée en panne ce soir-là ? Et comment ne pas compatir suite au misérable accueil qui lui est fait dans ce village perdu où il s'est rendu pour sauver un malade ! Le bistrotier s'efforce de lui soutirer jusqu'à son dernier sou. (Dario Moreno compose là un personnage stéréotypé d'Arabe particulièrement fourbe). Un groupe obscurantiste, plein de haine à l'égard de l'Occidental et de sa médecine, joue du couteau dans la direction du médecin. Aucun personnage positif dans ce village ne vient contrebalancer les clichés racistes que ces tristes sires sont de nature à conforter. Enfin, si, à bout de force dans le désert, Walter cède finalement à la violence physique, ce n'est pas pour assassiner son tortionnaire comme dans le roman mais parce que le blesser est l'unique moyen qui reste à sa disposition pour tenter de décider Bortak à mettre fin à cette mortelle randonnée. Ainsi ce docteur,

8 Cette expression est utilisée par Vahé Katcha dans son roman.

qui est venu mettre ses compétences au service de la population d'un pays pauvre, apparaît-il au final comme une victime : victime d'une vengeance individuelle qui confine à la folie et de l'hostilité collective d'une population aveuglée par ses préjugés.

Faut-il en conclure que Cayatte, comme tant d'autres alors se réclamant de la gauche, n'était guère au clair à l'époque sur la question coloniale ? En tout cas, le propos n'a ici nullement la limpidité d'une scène que Cayatte fera jouée quelques années plus tard à Marie-José Nat dans le volet « Françoise » de la *Vie conjugale*. On y verra en effet celle-ci mettre brutalement fin à un rendez-vous amoureux pour se joindre à la foule qui manifeste contre la guerre d'Algérie.

Les réactions critiques suscitées par *Œil pour œil* furent, une fois encore, très contrastées.

Eric Rohmer s'inscrivit dans les pas de François Truffaut. « Si le décor et, reconnaissons-le, le soin de la réalisation produisent sur nous un effet certain d'envoûtement, le metteur en scène ne parvient pas à nous fasciner par le prestige pur de la forme et, par là-même, à magnifier sa donne. [...] c'est un conte de fées dans une traduction scolaire, sans la moindre trace de poésie personnelle[9]. »

Georges Sadoul fut nettement plus chaleureux, saluant « l'effort de renouvellement qu'a accompli un des meilleurs réalisateurs français ». Il jugea que la première partie du

---

9 Eric Rhomer, *Arts*, n°635 du 11 septembre 1957. Noêl Herpe, auteur d'une biographie d'Eric Rohmer avec Antoine de Baecque, estime que « les articles qu'il a publiés dans la revue Arts » sont « des écrits assez polémiques [...]. C'est un Rohmer qu'on connaît peu, souvent méchant ou injuste, assez marqué par l'idéologie : tout un aspect qu'il a essayé de faire oublier par la suite. » Noël Herpe, *Les films me regardent*, Ed.Hémisphères, 2021, p.108

film expose « une situation très humaine et très vraisemblable [...] d'autant plus convaincante que la mise en scène abonde en détails saisissants[10] ». En revanche le critique a « cessé brusquement "d'y croire" au moment où les deux hommes s'installent sur la plate-forme d'un rudimentaire téléphérique, qui, par-dessus une vallée, les conduit au désert de la mort [...] Cayatte, qui a très bien *vu* la ville et les villages, n'a pas à mon sens *senti* le désert[11]. »

Est-il si vrai que Cayatte n'a pas « *senti* le désert » ? Disons surtout que le dernier tiers du film exclusivement consacré à l'errance mortelle des deux hommes, s'avère bien longuet. Pour emmener le spectateur jusqu'au bout de son histoire, Cayatte a fait renaître sur l'écran à plusieurs reprises l'espoir d'un dénouement heureux pour mieux chaque fois lui tordre le coup : l'intention était louable mais le film, comme ses protagonistes, finit par se perdre dans le désert.

Il n'empêche, *Oeil pour œil* présente de solides qualités. Le nom d'Hitchcock vient en effet inévitablement à l'esprit, et cela à partir d'une thématique, la responsabilité médicale, qui ne peut laisser personne indifférent. Curd Jürgens et Folco Lulli habitent leurs personnages magnifiquement. Quoiqu'il s'en défende, chaque propos, chaque attitude du médecin traduit son sentiment de culpabilité. Chaque propos, chaque attitude de Bortak, même les plus affables, trahit son désir de vengeance. Il cède son lit au docteur Walter, qui, tombé en panne d'essence, n'a plus d'endroit où dormir, mais en profite pour le mettre nez à nez avec le portrait de sa femme défunte posé sur la table de nuit.

---

10 Georges Sadoul, *Les Lettres françaises* , n° 689 du 26 septembre 1957.

11 *Ibid*

C'est André Bazin qui nous paraît avoir été le plus subtil dans sa critique, cette fois favorable, d'*Œil pour œil*. Sans se déjuger sur le fond par rapport à son fameux article, Bazin donne cette fois quitus au cinéaste.

« Je vois bien en quoi ce scénario est l'exact contrepied des films à thèse d'André Cayatte. Dirai-je qu'il l'est trop exactement ? Et que l'on sent que son auteur a voulu faire cette fois-ci l'anti-film à thèse ? Ses personnages sont libres un peu à la manière de ceux de Sartre, c'est-à-dire déterminés par la liberté. »

Bazin précise : « [...] il ne dépendrait que de la volonté et de la lucidité du médecin d'échapper au piège qu'on lui tend, mais, en chaque circonstance, il choisit de mettre le pied sur le ressort parce que sa mauvaise conscience le détermine, ce que prévoit parfaitement chaque fois son bourreau. En sorte que je retrouve [...] la main d'André Cayatte dans la mécanique de ces personnages. Cette remarque formulée, j'ajoute immédiatement que c'est alors l'intelligence de ce mécanisme, où l'indétermination même est prévue, qui, justement, me plaît. Il y a quelque chose de cartésien dans la façon de travailler d'André Cayatte, qui en fait sans doute la limite mais aussi la force entêtée et claire. Je suis touché aussi par la sorte de générosité et de courage qui prélude à ses entreprises et à celle-ci notamment[12]. »

Par-delà les ressentis contrastés qu'inspire *Œil pour œil*, ne saurait être contesté qu'on trouve dans ce film, exposés en quelque sorte à l'état pur, les ravages que des sentiments

12 André Bazin, *France Observateur*, 19 septembre 1957, cité par Braucourt. Un article de Bazin datant de cette époque confirme l'intérêt qu'il portait à Cayatte en dépit de ses critiques. Il le cite parmi les quinze cinéastes qui comptent à ses yeux dans le cinéma français. André Bazin, « Evolution du cinéma français » *in Revue canadienne de cinéma*, Vol, n°4-6, Montréal, automne 56.

de culpabilité sont susceptibles d'exercer sur un individu, invariable fil rouge courant dans l'ensemble de la filmographie cayatienne.

-9-
Le couple selon Cayatte

Le Miroir à deux faces (1958)

La Vie conjugale (1963)

Dans les années cinquante, les films de Bergman et de Rossellini révolutionnent la façon dont le cinéma traite des tourments du couple. Un film en particulier, *Voyage en Italie* (1953) que réalise Rossellini avec pour héroïne principale son épouse Ingrid Bergman, va marquer profondément les esprits. A sa suite, le désamour dans le couple va devenir un point cardinal de la « modernité » cinématographique. Dans son *Dictionnaire*, Jacques Lourcelles estime que *Voyage en Italie* offre une magnifique synthèse des deux courants fondamentaux du cinéma, « la tendance intimiste » qui s'attache aux « profondeurs de l'être des personnages » et « la tendance réaliste » que le cinéma italien réinvente après-guerre.[1]

Cayatte n'est nullement insensible à cette révolution. Il ne s'agit pas de prétendre que Cayatte devient alors « moderne ». A la différence d'un Marcel Carné dont on a pu dire à juste titre qu'un film comme *Les Tricheurs* (1958) souffrait de vouloir singer la Nouvelle Vague, Cayatte reste

1 Jacques Lourcelles, *op. cit.* , p.1586.

fidèle à lui-même. Mais son cinéma évolue, l'artiste étant ouvert à la nouveauté.

Cayatte va donc lui aussi consacrer deux films, (pour ainsi dire trois films puisque le deuxième est dédoublé en deux volets), aux tourments du couple. Petit détail qui ne trompe pas : dans ces deux films, les couples feront eux aussi leur *Voyage en Italie*, le premier à Venise, le second, à deux reprises, à Florence.

Face aux audaces formelles et à l'insolence de ses cadets, Cayatte poursuit le renouvellement qu'il a entamé avec *Œil pour œil*. Il est vrai qu'on trouve encore dans son cinéma ici ou là, certaines séquences qui fleurent bon le « cinéma de papa ». Ainsi, dans *Le Miroir à deux faces*, nous voilà instantanément ramené vingt ans en arrière lorsque survient un couple de Français qui s'est installé définitivement à Venise à la suite d'une opportunité professionnelle. Ces titis parisiens, interprétés par Julien Carette et Georgette Anys, abhorre la ville, ses nuées de pigeons au ras du sol, ses concerts de cloches, ses moustiques, ses odeurs ! Ils n'ont que Paris à la bouche. Leur appartement regorge de souvenirs leur rappelant la capitale. On sourit mais le numéro d'acteur de Carette sent quand même le réchauffé. Ce type de scène a passablement vieilli. Mais l'essentiel est ailleurs. *Le Miroir à deux faces*, film noir, s'inscrit pleinement dans les transformations qui travaillent la société française. Ce film sur le couple, comme *La Vie conjugale* qui suivra quelques années plus tard, est un film dont la thématique centrale est l'émancipation contrariée de la femme.

Le Miroir à deux faces (1958)

Pierre Tardivet (Bourvil), « professeur de calcul » célibataire, voudrait bien se marier. Il décide de recourir aux petites annonces. Dans le tri qu'il opère parmi les dossiers de candidature qu'il reçoit, « être trop jolie » est un critère de rejet. Pierre Tardivet estime que se marier avec une femme au physique peu remarquable l'assurera contre le risque d'être trompé.

Ses vœux vont être comblés suite à la démarche d'un couple parental intercédant en faveur de l'une de leurs deux filles. Celle-ci, expliquent-ils, est si fière qu'elle n'oserait elle-même entreprendre pareille démarche. Mais la vraie raison que les parents laissent tout juste entre apercevoir, c'est que Marie-José (Michèle Morgan ici affublée d'un nez atroce !) est vraiment disgracieuse.

Voilà qui n'a pas manqué d'arrêter Gérard Durieu (Ivan Desny), le propriétaire du magasin de disques dans lequel Marie-José travaille. Il prenait plaisir à partager ses goûts musicaux avec elle mais il a suffi que la belle Véronique (Elisabeth Manet) passe un soir prendre sa sœur à la boutique pour qu'il cesse tout à fait de s'intéresser à celle qui, bien entendu, était tombée secrètement amoureuse.

Reste Pierre Tardivet, pas très attirant mais tendre, prévenant et qui, sur les conseils des parents de Marie-José, s'est fabriqué un personnage de mélomane averti. Pour Marie-José qui, au fond, s'est depuis toujours résignée au malheur, Pierre Tardivet devient un lot de consolation tout à fait acceptable.

Les désillusions commencent lors du voyage de noces. A Venise ils ont réservé une chambre romantique magnifique avec vue sur le Grand Canal. Mais Pierre découvre que le prix est plus élevé que ce que leur avait indiqué l'agence de voyages. Le rêve de Marie-José s'effondre : il lui impose de déménager. D'hôtel complet en hôtel complet, les voilà condamner à se faire héberger dans des conditions sordides par le couple de titis parisiens dont ils avaient fait la connaissance dans le train. Pire encore, c'est ce soir-là que, pour soulager sa conscience, Pierre avoue à Marie-José qu'il lui avait joué la comédie en se faisant passer pour mélomane.

A partir de là, les jours et les années vont s'enchaîner, tristement pour Marie-José, merveilleusement pour Pierre, qui retrouve chaque soir sous son toit ses deux enfants, sa femme et...sa mère (l'actrice Sylvie) à qui son fils donne toujours raison quand elle maltraite sa belle-fille.

Hélas, coup fatal du destin, le jour même où Pierre atteint le comble du bonheur en faisant l'acquisition d'une voiture, il est accidenté par un fêtard éméché qui n'est autre qu'un médecin-chirurgien esthétique réputé.

Le docteur Bosc (Gérard Oury) entend réparer ses torts. Il offre même à Pierre d'opérer gratuitement sa femme. Il est sûr d'en faire une beauté !

C'est là où se noue le drame : Pierre refuse catégoriquement. Ce serait avoir une autre femme que la sienne qui, prenant goût à une existence plus brillante, le quitterait sans coup férir.

L'offre du médecin naturellement ne laisse pas Marie-José indifférente. Pour pouvoir se faire opérer sans que son mari n'en sache rien, elle prétend devoir se rendre auprès de sa mère à Carcassonne. Un mois plus tard, elle réapparaît, merveilleusement belle.

Pierre est fou de rage. Patiemment Marie-José s'emploie à faire fléchir sa colère mais rien n'y fait, pas même le somptueux déshabillé qu'elle enfile sous son nez. La guerre est définitivement déclarée. Pierre va même jusqu'à priver Marie-José de ses enfants en envoyant ceux-ci à la campagne sous la garde de madame Tardivet mère.

Survient la soirée d'anniversaire de Véronique, la sœur de Marie-José à laquelle les Tardivet ont traditionnellement coutume de se rendre. Cette fois Marie-José s'y rend seule, Pierre refusant désormais toute sortie avec elle. Sur place, Marie-José, éblouissante, devient vite la reine de la fête. Elle y retrouve Gérard, qui ne tarde pas à lui dire tous ses regrets de lui avoir préféré sa sœur. Son ménage est en ruines. Véronique le trompe ouvertement, ce qui ne l'affecte même plus.

Quand Marie-José rentre très tardivement chez elle, elle tombe sur un Pierre ivre de colère, de désespoir et d'alcool. Survient une scène épouvantable où son mari finit même par se précipiter sur elle pour la violer.

Seule issue désormais, Gérard. Elle hésite un temps car il est sur le point de partir vivre au Canada et le suivre signifie se séparer de ses enfants, puis décide quand même de s'envoler avec lui.

Mais un télégramme tombe. Pierre a tué le docteur Bosc et s'est constitué prisonnier. Marie-José sauve les seules « sept heures de bonheur » de sa vie mais, au petit matin, annonce à Gérard qu'elle renonce à l'accompagner.

*

Sur le site web *SensCritique* qui, depuis 2011, recueille des avis de fans de cinéma, les grands succès filmiques actuels font l'objet de centaines de commentaires critiques ; les films du patrimoine les mieux cotés seulement quelques dizaines. S'agissant des films de Cayatte, son plus grand succès, *Mourir d'aimer* n'en recueille qu'une vingtaine, les autres seulement une poignée. Difficile donc de tirer un enseignement de si petits échantillons. Pourtant il est intéressant de noter que *Le Miroir à deux faces* fait partie des films qui reçoivent le plus de commentaires de la part des rares cinéphiles qui s'intéressent aujourd'hui au cinéma de Cayatte.

Pour une certaine « Jin », ce film, c'est « le patriarcat dans toute son horreur ». « Jin » apparaît tellement en état de choc que sa colère semble amalgamer le patriarcat et le cinéaste qui a osé le mettre en scène. Pour « Janos Valuska », « c'est un film très particulier [...] classique et moderne à la fois ». « FrankyFockers » est, lui, carrément dithyrambique : « Ce film est une merveille, et je crois le plus beau de son auteur, un chef d'œuvre qui rivalise avec les plus belles réussites de Clouzot, Franju ou Hitchcock ».

Les internautes sont particulièrement impressionnés par le personnage de Bourvil, qui jouait là un de ses premiers rôles dramatiques. Pour « Janos Valuska », « Bourvil, absolument excellent, campe ce fiston sous emprise, un peu benêt, beaucoup salaud, avec une puissance de jeu telle qu'il en devient insupportable. »

A la sortie du film, le critique Jean de Baroncelli, avait dit de Bourvil : « C'est avec une vérité hallucinante qu'il interprète le rôle du mari veule, tatillon, mesquin, et quand, à la fin du film, la jalousie le rend furieux, sa violence est telle qu'elle provoque chez le spectateur une gêne mêlée d'effroi[2] ». Bourvil incarne parfaitement la complexité du personnage. Il se montre cruel mais, sous sa dureté, sourd à tout moment, le désespoir.

Jean de Baroncelli se montre en revanche nettement plus réservé sur le personnage de Marie-José, jugeant qu'après son opération, sa transformation psychologique est « outrée et peu crédible » : « Il eût été plus conforme à la vérité de nous montrer cette femme faisant peu à peu l'apprentissage de sa beauté, pénétrant timidement, comme à tâtons et avec

2 Journal *Le Monde* du 23 octobre 1958

bien des surprises, dans l'univers inconnu pour elle de la séduction, du succès, de la confiance en soi. » Sans doute. Mais le critique est excessif quand il conclut : « De Michèle Morgan, il n'y a que peu à dire puisque finalement elle n'a que peu à faire. » Marie-José est au contraire tout à fait émouvante quand, encaissant les rebuffades de son mari, elle s'efforce patiemment de désamorcer une colère qui lui paraît au départ relever de la bouderie infantile avant qu'elle n'en mesure, sidérée, les extrêmes conséquences. Par ailleurs, Michèle Morgan avait accepté d'apparaître en femme laide durant la moitié du film. Quelle superstar actuelle accepterait pareil défi[3] ? C'était assurément prendre un risque majeur. On savait depuis Cléopâtre et Cyrano qu'un nez peut faire toute la différence, ici celui de Michèle Morgan a marqué une date dans l'Histoire du cinéma français. Mais Jean de Baroncelli a raison de pointer : « Le maquillage qui l'enlaidit est très adroitement réalisé. Avec juste raison, André Cayatte n'a pas voulu que cette femme laide soit repoussante. Derrière les traits ingrats un charme secret subsiste ».

Le choix du thème de la chirurgie esthétique était innovant. Le recours à cette chirurgie était encore exceptionnel à l'époque. Cayatte montrait à nouveau qu'il savait humer l'air du temps. Pour autant, la façon dont il évoque ce fait contemporain, ne fait nullement de *Miroir à deux faces* un film démonstratif. Il ne défend pas une « thèse » ; il n'ouvre pas un « dossier ». Par petites touches, il n'en évoque pas moins les termes du débat. S'il valide à travers le cas de Marie-José et la générosité du docteur Bosc, le recours à cette nouvelle médecine quand la laideur, comme dit le doc-

3 Nicole Kidman a accepté de porter un faux-nez dans le film *The Hours* (2003) qui l'a rendue quelque peu méconnaissable pour ressembler à Virginia Woolf mais l'intention n'était pas de volontairement l'enlaidir.

teur, est « une maladie », il pointe qu'une dérive malsaine peut en dévoyer l'usage en mettant en scène le personnage d'une femme qui se fait opérer répétitivement alors qu'elle n'en a nul réel besoin.

Le propos du film reste éminemment actuel à l'heure du botox : même lorsque la chirurgie esthétique est parfaitement réussie, son coût psychologique peut être important. Le risque pris par l'individu à se présenter sous un jour nouveau n'est pas nul.

Plus profondément, il invite à s'interroger à l'instar de l'internaute « Eowyn Cwper » : « Le geste de Morgan tient-il de la prise de position féministe ou figure-t-il la résignation vis-à-vis des étroits critères de beauté d'alors ? Reprend-t-elle vraiment son bonheur en main ou l'objectivie-t-elle pour s'en donner l'illusion ? ».

Le Miroir à deux faces, sombre mélodrame, est incontestablement une réussite, qui mérite de figurer en bonne place dans la filmographie de Cayatte. Avec un seul regret, le dernier plan : Marie-José écrasant une larme depuis la fenêtre de sa chambre, quand elle voit s'envoler l'avion qui emmène Gérard pour toujours loin d'elle. Ce dernier plan rappelle la fin de *There's Always Tomorrow* mais Cayatte n'est pas Douglas Sirk.

La Vie conjugale (1963)

Au début des années soixante, André Cayatte se concentre sur un projet qui consiste à raconter l'histoire d'un couple, ses mésententes et sa séparation selon deux versions, celle de la femme et celle de l'homme, projet qui va se concrétiser en deux longs métrages : *La Vie conjugale ou Françoise* et *La Vie conjugale ou Jean-Marc*[4].

---

4 A ce jour, *La Vie conjugale* n'a pas fait l'objet d'une édition DVD en France. Il ne m'a été possible d'en prendre connaissance que par

Dans son long entretien avec Guy Braucourt, André Cayatte indique que, dans un premier temps, il avait associé Simone de Beauvoir à cette entreprise. Mais leur collaboration buta sur un désaccord de fond.

« Elle voyait ça d'une façon pirandellienne : l'interprétation différente des mêmes évènements, à chacun sa vérité dans le sens de la perception. Et moi, ce n'était pas sur la perception mais sur la mémoire que je faisais porter le mécanisme. »

Cayatte évoque alors ses souvenirs d'avocat : « [...] lorsque des gens ont vécu ensemble assez longtemps, mettons une dizaine d'années, et qu'ils divorcent, il s'effectue chez chacun d'eux non pas un phénomène de déformation mais un phénomène de choix. Chacun a retenu les évènements qui servent sa vision de l'histoire ».

Il conclut : « [...] la mémoire opère comme un tri. C'est la raison pour laquelle le film prend la forme d'un récit, qu'il n'est pas vécu au présent – alors que Simone de Beauvoir le racontait au présent[5] »

Cela donne deux récits complémentaires mais notablement différents qui sont la vérité de Françoise (Marie-José Nat, excellente) et la vérité de Jean-Marc (Jacques Charrier, qui ne démérite pas). Tantôt la version *Françoise* et la version *Jean-Marc* rapportent comment l'un et l'autre ont vécu différemment des moments partagés ; tantôt la version *Françoise* et la version *Jean-Marc* s'attardent sur des moments vécus indépendamment du conjoint.

Selon Louis Sapin, dialoguiste et adaptateur avec lequel Cayatte travailla, la mise au point de cette entreprise, de-

---

le biais détourné d'une édition russe ! Espérons que ce manque sera bientôt comblé.

5 Guy Braucourt, *op. cit.* , p.49.

manda six mille pages de dialogues et douze scripts successifs[6].

Quelques exemples :

Lors d'une fête regroupant le gratin des notables de la petite ville des Ardennes où Jean-Marc a contraint Françoise à venir s'enterrer parce qu'il y a trouvé un poste de juge des enfants qui lui plaît beaucoup, Françoise, déterminée à obliger son mari à quitter cet emploi et cette ville qu'elle abhorre, finit par se saisir d'un fusil, menace l'assistance et décharge son arme sur la vaisselle et le mobilier. Dans le souvenir qu'elle a de ce moment pour le moins rocambolesque (film *Françoise*), elle apparaît vengeresse et sûre d'elle, terrorisant son monde avec jubilation. Elle qui n'a probablement jamais touché un fusil de sa vie, ajuste ses tirs avec précision.

Ce qu'elle élude, si l'on en croit la version *Jean-Marc*, c'est qu'elle était à ce moment-là passablement éméchée. C'est donc un miracle que ce coup de folie ne se soit pas soldé par des blessés ou des morts. Quand finalement lui s'avance vers elle, elle laisse tomber son arme, semblant réaliser tout à coup l'énormité de l'acte à laquelle elle s'est livrée alors que dans sa version (film *Françoise*), elle repose tranquillement le fusil à l'endroit où elle l'avait pris, maîtrisant jusqu'au bout cet acte délirant. Dans la version *Jean-Marc*, rentrée chez elle, Françoise s'effondre, complètement honteuse. Scène qui disparaît dans la version *Françoise*.

Si Françoise s'est livrée à ce geste extrême, la faisant bannir à tout jamais de la petite société ardennaise, c'est parce qu'elle a réussi, sans en parler à son mari, à le faire embaucher dans un prestigieux cabinet d'avocats parisiens.

---

6 *Ibid.* , p.49.

Il y travaille deux ans. Mais un soir, alors qu'il devait se rendre à Marmande pour y plaider une importante affaire, Françoise le découvre encore présent dans leur appartement. Il n'est pas parti. Pire même, il a démissionné. Françoise est consternée, voyant dans ce geste inconsidéré une nouvelle preuve du manque d'ambition de son mari et la perspective de répercussions catastrophiques sur leur niveau de vie. Mais, dans la version *Jean-Marc*, ce n'est nullement par défaitisme qu'il renonce à ce poste apparemment enviable. Il lui rappelle ce qu'elle sait pertinemment : le cabinet dans lequel il exerce, est en réalité un cabinet d'avocats marrons. Il n'en peut plus d'être « le garçon de courses » des basses besognes.

Dans cette scène, figure un autre élément, important pour elle, négligeable pour lui. Dans l'après-midi Françoise avait acheté un coûteux manteau de fourrure. Dans la version *Françoise*, Jean-Marc exige d'elle qu'elle rapporte ce manteau qu'elle venait d'acquérir à crédit. Cet élément disparaît dans la version *Jean-Marc*.

A la fin du film, alors que le couple s'est reformé *in extremis* au moment où, après un temps de séparation, leur divorce était sur le point d'être prononcé, ils se rendent à Florence, la ville de leurs premières vacances communes. Mais Jean-Marc est rappelé d'urgence à Paris. Lui doit prendre l'avion, elle rentrera le lendemain avec leur voiture. Françoise suspecte Jean-Marc, devenu de plus en plus jaloux de ses succès professionnels et de la séduction qu'elle exerce sur les nombreux hommes qu'elle côtoie dans le travail, d'avoir inventé ce rappel inopiné à Paris afin de la piéger. Ce soir-là, elle se laisse pourtant convaincre de passer la soirée avec Ettore, un collaborateur florentin (Giani Esposito) qui, très amoureux d'elle depuis des mois, l'invite à diner dans sa riche demeure. La soirée se prolonge et Françoise reste dormir sur place. Elle y couche seule mais il est clair qu'un lien dont nous ne saurons pas exactement la nature, s'était établi entre Françoise et ce collaborateur durant la période pendant laquelle Françoise a vécu séparée de son mari. Dans la version *Françoise*, au matin, Ettore insiste pour la raccompagner. Arrivé devant l'hôtel, l'homme obtient d'elle un baiser auquel elle met fin rapidement. Hélas, version *Jean-Marc*, la veille au soir, lui n'a pas pu prendre son avion. Revenu à l'hôtel, il a attendu sa femme toute la nuit. Au petit matin, depuis le balcon de leur chambre, il voit la voiture de Françoise arriver. Non seulement il voit les amants s'embrasser, mais, ceux-ci, descendus de voiture, se dirigent main dans la main vers l'hôtel. Il quitte définitivement Françoise.

Entre le souvenir qu'a Françoise, du demi baiser qui pour elle n'était qu'une façon élégante de dire adieu à cet amoureux transi (lors du dîner elle lui avait même dit qu'à son contact elle avait compris qu'elle était définitivement la femme d'un seul homme) et le souvenir de Jean-Marc, qui, lui, a retenu l'image d'un couple rayonnant, où réside la vérité ?

Selon André Cayatte : « Pour la première fois au cinéma, je crois, l'on racontait une histoire qui pouvait être prise par un bout ou par un autre et qui par-là fichait par terre la notion même du spectacle. Qu'est-ce que c'est qu'un spectacle en effet ? La réunion de gens qui assistent en même temps et dans les mêmes conditions au déroulement d'une même histoire. »

En conclusion : « [...] ici, exactement comme dans la vie réelle, selon que vous aurez été le témoin de l'un ou de l'autre, l'ami du mari ou l'ami de la femme, le spectateur de la version Jean-Marc d'abord ou au contraire de la version Françoise, vous aurez une version différente de l'histoire, et ce que l'autre partie vous apportera, n'interviendra que comme correctif car votre conviction mentale est déjà faite[7]. »

Cayatte aurait pu également mentionner le cas de l'ami qui se trouve être à la fois l'ami de l'homme et l'ami de la femme, lequel est souvent mis alors face à l'injonction de se ranger derrière l'un ou l'autre des conjoints qui divorcent. Il n'a bien souvent que le choix de valider la version de l'un contre l'autre. Mais comment pourrait-il croire tout à fait que les deux êtres qu'il avait connus si heureux d'être ensemble, s'étaient à ce point trompés l'un sur l'autre. Le tableau de l'autre auquel on exige qu'il souscrive, est décidemment trop noir.

Encore convient-il de se demander si, par-delà l'apparente neutralité du réalisateur, les torts des protagonistes sont au final présentés à égalité. Il importe ici d'introduire l'élément qui constitue sur le fond l'indéniable modernité de *La Vie conjugale* : si, dans un premier temps, le conflit entre les époux repose sur le désir frustré de l'épouse qui rêve d'ascension sociale à travers la réussite de son mari, dans un deuxième temps, le conflit bascule : c'est désormais la réussite professionnelle de Françoise qui compromet le couple.

C'était une thématique rarement traitée au cinéma à l'époque. A la même période que *La Vie conjugale* sort sur les écrans *Le Mépris*. Paul (Michel Piccoli) y est un scénariste ; Camille (Brigitte Bardot) n'y est qu'une secrétaire. Dans un moment d'humeur, Paul jette même à Camille : « Quelle idée d'épouser une dactylo de 28 ans ! ». Cayatte, lui, met en scène une femme ambitieuse, qui s'impose dans un milieu d'hommes par son travail. Face à elle, son conjoint n'a pas le beau rôle. Il se montre terriblement jaloux de la réussite de sa femme.

---

7 *Ibid.* , p.94.

Toutefois Cayatte oppose cette ambition féminine à l'intégrité de son mari. Lui s'est découvert la vocation d'œuvrer en faveur de la réinsertion de la jeunesse délinquante, quitte à mener une existence effacée dans une petite localité de province, sans espoir de promotion ni de gains financiers conséquents. C'est l'ambition dévorante de sa femme qui le contraint à abandonner ce noble engagement. De plus, si, par son travail, Françoise connaît une ascension foudroyante, c'est dans le domaine futile de la publicité.

Par ailleurs, même si Françoise et Marc se jurent de n'avoir jamais franchi la ligne rouge (coucher avec un / une autre…), Jean-Marc, aimant et intègre, a quand même quelques bonnes raisons de se montrer jaloux face à sa femme qui assume de plus en plus crânement la séduction qu'elle exerce sur les hommes.

Alors Cayatte gardien de l'ordre patriarcal ? Pas vraiment : dans la version *Françoise*, il a longuement mis en images ce qu'il en a coûté à l'épouse d'avoir accepté initialement de rester dans l'ombre de son mari. Au départ, Françoise avait naïvement joué le jeu de l'égalité allant jusqu'à volontairement échouer à l'examen qu'ils avaient préparé ensemble pour accéder au barreau. Croyant son compagnon certain d'échouer, elle avait préféré rendre copie blanche pour ne pas l'humilier ! Grossière erreur : Jean-Marc réussit l'examen et, aussitôt, ne voit plus en elle que la personne qui va être à son service pour assurer sa propre ascension sociale.

Le propos du cinéaste tient donc pour souhaitable l'évolution des moeurs, quoiqu'il en coûte pour l'égo masculin, mais pointe aussi la fragilité du couple qui traverse cette transformation, soit que l'homme la refuse à un moment donné, soit que la femme se prenne au jeu au point de reprendre à son compte ce qui ordinairement corrompt l'homme quand l'objectif de réussite devient son seul objectif.

*

A sa sortie, *La Vie conjugale* fut fraîchement accueilli par la critique. Une partie d'entre elle ne vit dans la réalisation de deux films pour raconter une même histoire qu'un truc de réalisateur pour s'assurer un maximum de publicité. Pour Pierre Billard, un critique alors influent : « Quel aveu d'impuissance ! L'art aurait consisté, comme d'autres l'ont fait, à présenter cette dualité dans un seul et même film et, par l'éclairage psychologique différent de la vie de ce couple, de nous en faire sentir l'ambiguïté fondamentale[8] ».

Le critique des *Lettres françaises*, Michel Capdenac, se montre sur ce point plus bienveillant : « L'expérience valait sans doute d'être tentée […] L'idée n'est certes pas nouvelle en elle-même, et cette sorte de pirandellisme a été maintes fois exploitée. Ce qui est nouveau en revanche, c'est la participation sollicitée du spectateur, la liberté qui lui est, en principe, laissée de juger et de conclure : chaque histoire étant à la fois autonome et complémentaire, il lui appartient de reconstituer le puzzle d'une vérité fluctuante, selon ses propres réactions et sa propre interprétation des faits, la somme des deux versions mensongères, ou partiellement mensongères, aboutissant peut-être à une vérité globale ou à un nouveau mensonge[9] ».

Mais ce relatif satisfecit est, chez Michel Capdenac, aussitôt assorti d'un déluge de critiques où l'on reconnaît toute la détestation dont le cinéma de Cayatte fut ordinairement gratifié dans la presse cultivée à la suite des crou-

8 Pierre Billard, Cinéma 64 n°84. Cité par G. Braucourt, p.175.

9 Michel Capdenac, *Les Lettres françaises* n°1015 du 6 février 1964, cité par G. Braucourt, p.177.

pières qu'André Bazin et François Truffaut lui taillèrent. « Le schéma reste à l'état de schéma, comme c'est souvent le cas avec Cayatte, qui se défend pourtant de vouloir nous imposer une thèse mais qui, par la structure même de ses films, obéissant à toutes les recettes et à toutes les conventions du « cinéma de papa », d'un cinéma commercial dans sa conception, sa dramaturgie et sa psychologie, aboutit à cette sorte d'abstraction et de désincarnation. La véracité du récit, et par conséquent notre liberté de jugement, est altérée par l'artifice d'une construction à la fois lourde et mécanique, où les scènes prévisibles, les « scènes à faire », les effets télécommandés qui vont du sentimentalisme pour midinettes à la vulgarité facile [...] en passant par les lieux communs les plus éculés, se succèdent selon les règles les plus classiques sans qu'un grain de poésie ou de fantaisie vienne en rompre l'uniformité[10]. »

Son de cloche identique dans la suite de la critique de Pierre Billard : « Nouvellement converti aux subtilités du cinéma de l'âme, Cayatte a la conquérante ardeur des néophytes. Au lieu d'étudier au microscope les infinies nuances de son problème, il en trace à gros traits une esquisse schématique, avec une délicatesse de plombier-zingueur.[...] Comme toujours dans tous ses films, Cayatte qui ignore tout du cœur de l'homme, se laisse emporter par le souci de la démonstration. Brandissant ses preuves, il fonce dans ses plaidoiries : ces échafaudages de mots ne reposent hélas sur aucune réalité[11].»

Que l'expérience de *La Vie conjugale* ne soit pas aussi nouvelle que Cayatte l'ait prétendu, on en conviendra aisément. Des flash-backs correspondant aux deux versions auraient certainement pu s'entremêler dans le même film.

10 *Ibid.*

11 Pierre Billard, op.cit.

Avec le risque toutefois d'un effet de ping-pong. Par ailleurs, sachant que la durée totale des deux films dépasse les trois heures et demie, Cayatte aurait dû alors fortement comprimer son propos. Gageons que le systématisme qui lui a été reproché n'en aurait été que davantage décrié.

Mais, au-delà des reproches de forme, arrêtons-nous plutôt sur le fond de la critique de Pierre Billard. Plaidoirie, nous dit le critique. Mais pour quel contenu ? Comme souvent à propos de cette critique systématiquement adressée à Cayatte, on ne voit pas très bien en quoi consiste la plaidoirie incriminée. Pierre Billard pousse l'argument à un point tel qu'il voit dans le film des éléments qui ne s'y trouvent absolument pas. Selon lui, « Les problèmes du couple sortent littéralement pulvérisés de cet examen : nous n'avons plus devant nous deux êtres qui s'aiment moins et se demandent pourquoi, mais deux ennemis héréditaires dressés l'un contre l'autre avec une hargne méchante. Ce n'est plus un film d'amour, mais un film policier : qui va tuer l'autre le premier [...] Pas un moment du film, un personnage se pose une question sur lui-même, sur la justesse de son attitude, sur ses torts éventuels vis-à-vis de son conjoint [...]Les deux personnages sont profondément antipathiques. Dans les deux versions, apparaissent tantôt le portrait gris, tantôt le portrait rose de deux êtres profondément égoïstes, attachés à leur propre réussite, préoccupés sans cesse de bien-être matériel, deux êtres profondément bourgeois, dans le sens moral du terme, et dont Cayatte n'a pas pu, ou su, ou voulu faire la satire féroce qu'ils méritent[12]. »

Des êtres incapables de prendre l'autre en considération ? Pourtant, tout au long des deux films, les moments de dialogue, les tentatives de comprendre l'autre et de repartir sur de nouvelles bases sont multiples, y compris encore au

---

12 Pierre Billard, op.cit.

moment même où le divorce doit officiellement être prononcé.

Deux êtres profondément égoïstes, obnubilés par leur seule réussite matérielle ? C'est tout le contraire s'agissant de Jean-Marc qui démissionne de son poste d'avocat pourtant très lucratif et qui, à la toute fin du film, séparé définitivement de Françoise, va regagner son emploi obscur de juge des enfants. Quant à Françoise, ce n'est qu'après plusieurs années où elle s'est volontairement effacée derrière son mari que ses désirs de réalisation personnelle et de réussite financière vont peu à peu s'affirmer. Bien que de plus en plus rebutée par ce qu'elle juge être un manque d'ambition chez son mari, elle refuse de le quitter, alors que trois hommes à la position sociale enviable la relancent à plusieurs reprises.

Deux êtres profondément antipathiques ? Présenté au départ comme un jeune noceur sans intérêt, Jean-Marc se révèle un mari aimant, un père attentionné, désireux de se rendre utile dans la cité. Trop tiède, trop gentil, fade et conformiste ? Peut-être. Mais antipathique ? Quant à Françoise, par-delà son goût du lucre, la vivacité, la sensualité que lui confèrent la voix cassée et le regard étincelant de Marie-José Nat, en font un personnage très attachant. Même si elle arbore un profil sage, Françoise dit crânement quand elle veut faire l'amour et se montre d'une grande franchise dans les rapports qu'elle entretient avec les hommes qui la courtisent, Roger (Michel Subor), Philippe (Georges Rivière) et Ettore (Giani Esposito). Pour son malheur, pourrait-on dire, elle a décidé qu'elle serait la femme d'un seul homme. Non par principe ou moralisme mais comme un choix de vie assumé envers et contre tout. Il y a là un petit grain de folie qui, par-delà son apparente normalité, la rend cousine des héroïnes de la Nouvelle Vague.

La condamnation morale de Pierre Billard tout comme le déluge de critiques de Michel Capdenac ne masquent-ils pas la gêne de critiques masculins à aborder de bonne foi ce que *La Vie conjugale* nous dit à propos de la réussite professionnelle de la femme moderne ? La facture de *La Vie conjugale* est classique, mais la thématique qui y est explorée, est novatrice comme l'était la thématique explorée dans *Le Miroir à deux faces*. Elle n'a rien perdu de son actualité.

*

Cette chronique des incompréhensions s'installant progressivement dans un couple ordinaire a été jugée insipide par une partie de la critique mais ce n'est pas rendre justice à ces deux films où la qualité des dialogues dont est crédité Louis Sapin et une myriade de petites scènes, parfois drôles, souvent piquantes, relancent constamment l'intérêt.

Il est vrai que *La Vie conjugale* n'a pas le tranchant des réalisations antérieures du cinéaste. Les mésententes entre Françoise et Jean-Marc, leurs rabibochages suivent un cours sans grande intensité dramatique à l'image de la belle musique romantique que Louiguy, le compositeur attitré de Cayatte, a créé pour ces deux films. Cayatte abandonne en partie ici ce qui a fait sa force, une mise en scène de l'âpreté des rapports humains, sans doute trop en sympathie avec ses créatures.

Il n'en demeure pas moins que ces deux longs métrages durant lesquels les deux protagonistes, bien que toujours intimement persuadés que l'autre est l'amour de leur vie, n'ont de cesse de se manquer, font de *La Vie conjugale* un beau film sur le couple.

Dans leur *Histoire du cinéma français* récemment parue, Denis Zorgniotti et Ulysse Lledo jugent « ingénieux » le concept ayant présidé à la réalisation de ce diptyque et les protagonistes de ce « couple en crise » « modernes et émouvants[13] ».

*

Il paraîtra curieux, voire incongru, qu'on se livre ici à un rapprochement entre *La Vie conjugale* et *Voyage en Italie*, film manifeste de la modernité. Pourtant il nous semble qu'il est intéressant de confronter les deux œuvres.

Aujourd'hui encore, *Voyage en Italie* apparaît en rupture avec le gros de la production cinématographique, y compris au sein de ce qu'il est courant d'appeler « cinéma d'auteur ». On y trouve certes, comme le dit Jacques Lourcelles, « l'inévitable linéarité du récit cinématographique (aussi consubstantielle au cinéma que le déroulement de la pellicule dans l'appareil[14] » , mais ici, comme le dit Fabrice Revault-d'Allonnes, « le film moderne, à la différence du film classique, ne prend pas par la main son spectateur, ne le guide pas par le bout du nez, des yeux et des oreilles, vers un message évident, une thèse explicite .[…]. Il faut reprendre ici une belle et bonne opposition, formulée par Bazin. Le film classique ressemble à un pont, dont chaque élément a été conçu par l'instance énonciatrice-fabricatrice, et on avance dessus avec certitude, assuré du but visé. Le film moderne ressemble aux pierres de la rivière, rencontrées dans la réalité même, et l'on saute de l'une à l'autre avec incertitude, non assuré du but visé.[15] »

La nouveauté fut telle qu'un Rivette a pu écrire, dans sa fameuse « Lettre sur Rossellini » : « Il me semble impos-

13 Denis Zorgniotti, Ulysse Lledo, *Histoire du cinéma français*, tome 4,1960-1969, LettMotif, 2022, p.239.

14 Lourcelles, *op. cit.* , p.1585.

15 Fabrice Revault-d'Allonnes, *Pour le cinéma « moderne »*, Yellow Now, 1994, p.58.

sible de voir *Voyage en Italie* sans éprouver de plein fouet l'évidence que ce film ouvre une brèche, et que le cinéma tout entier y doit passer sous peine de mort[16] ».

Le film ouvrait assurément une brèche. Devait-elle pour autant s'imposer à tous et sous la forme choisie ici par Rossellini ? La chose mérite encore aujourd'hui d'être discutée. S'engager dans cette voie n'était pas sans conséquence.

Le film est clairement exigeant. C'est peu de dire qu'une première vision ne suffit pas à en épuiser la richesse. Sans véritable dramaturgie, le spectateur y est invité à s'imprégner peu à peu d'un ensemble de notations subtiles relatives aux rapports complexes qu'entretiennent Katherine (Ingrid Bergman) et Alex (George Sanders) et qu'entretiennent plus globalement les civilisations du Nord et du Sud. Reconnaissons-le sans détour : un tel cinéma exige une capacité de lecture et de compréhension du matériau mis en scène qui dépasse celle du grand public et même d'une bonne partie du public cultivé. Ce que le cinéma gagne ici en sophistication artistique et intellectuelle, il le perd inévitablement en capacité à toucher un large public.

Voyage en Italie est un film intellectuel. Ce n'est pas une critique. C'est un constat. Cela ne signifie nullement qu'on n'y traite pas des sentiments. Le film au contraire baigne dans le flot d'émotions qui envahit Katherine aussi bien dans ses démêlés sentimentaux que lorsqu'elle découvre Naples et sa population à travers la vitre de sa voiture ou lorsqu'elle visite les musées, les catacombes et les ruines de Pompéi. Mais relier tous ces éléments entre eux, leur donner un sens exige indiscutablement de la part du spectateur un travail réflexif qu'on ne saurait prétendre, sans démagogie, être à la portée de n'importe quel spectateur.

16 Jacques Rivette, « Lettre sur Rossellini », *Cahiers du cinéma* n° 46, avril 1955.

S'il y a indubitablement des moments forts dans *Voyage en Italie* (moments de crise dans le couple, dénouement final de cette crise, chocs émotionnels éprouvés par Katherine durant ses déplacements), le spectateur non averti ne peut manquer d'être désorienté par ce qui lui paraît sans grand rebondissement, sans véritable scénario, un puzzle de scènes dont il ne voit pas clairement la portée. De ce point de vue, le fait que le film s'achève, contre toute attente, sur une sorte de *happy ending* (les deux protagonistes qui étaient allés jusqu'au bout d'une détestation réciproque, se déclarant *in extremis* leur amour au moment où ils sont emportés dans un mouvement de foule à l'occasion d'une procession religieuse), ne peut que désarçonner encore davantage[17].

Il n'en va pas du tout de même avec le film de Cayatte. Tous les conflits et toutes les frustrations qui minent le couple, y sont rapportés et exposés par le menu. Même si le film ne cultive pas une grande intensité dramatique, on y repère dans une limpidité quasi-parfaite les moments clés de la lente décomposition du couple.

Dans *Voyage en Italie*, le lien n'est pas explicitement donné entre la possible mort du couple et les pensées dérangeantes et morbides qui envahissent Katherine, quand elle se remémore sa relation avec un jeune poète décédé, quand elle voit les crânes qui par milliers la regardent dans les catacombes ou quand elle découvre les corps d'un couple enseveli sous la lave à Pompéi. Inversement, dans *La Vie conjugale*, l'ensemble des éléments qui ne se rapportent pas directement à la vie du couple, viennent s'y agréger aisé-

---

17 En fait, le spectateur assiste là à un miracle. Emporté par la commune humanité unie dans sa ferveur religieuse, le couple défait est foudroyé par l'amour. Ce n'est pas Bresson mais Rossellini le grand cinéaste chrétien des années cinquante !

ment. Ce que perd l'œuvre cayattienne en mystère et complexité, elle le gagne en lisibilité et compréhension. Pourquoi devrait-on récuser une option plutôt que l'autre ?

Car, en l'occurrence, l'argument du moderne contre l'ancien a ses limites. On aurait tort ici de confondre, comme cela est si souvent fait, sous le vocable attrape-tout de modernité, deux ordres de réalités bien différentes. L'adjectif moderne est très souvent utilisé pour qualifier tout à la fois la forme et le fond. Les deux plans sont confondus. La forme est nouvelle donc, assure-t-on, le fond aussi est moderne, l'adjectif étant alors entendu comme synonyme de progressiste. Or *Voyage en Italie*, pour aussi novateur qu'il soit dans la forme, n'est guère progressiste sur le fond.

Il y a de quoi amplement s'interroger sur le sous-bassement idéologique du film, à savoir la construction intellectuelle par laquelle Rossellini fait passer les personnages à travers le filtre d'une opposition binaire, civilisation du Nord opposée à civilisation du Sud. Rappelons que Rossellini a théorisé cette opposition sous la forme de l'opposition du « cousu » et du « drapé ». Le « cousu » ici, c'est ce couple anglo-saxon engoncé dans un maintien toujours réservé, sur ses gardes, corseté par les bonnes manières, la politesse et les mondanités. Jamais un mot plus haut que l'autre. Seulement l'ironie, la distance qui confine chez Alex à la plus extrême froideur.

Par ailleurs, ce qui compte pour Alex, c'est le travail, les affaires, la réussite sociale. A travers ce couple de grands bourgeois sont visés la morale protestante, la rétention des émotions, l'ignorance et la suffisance à l'égard de la pauvreté, celle du Sud de l'Italie en particulier. Il suffit d'évoquer cette scène où Alex ne parvient pas à se faire comprendre par une domestique à qui il demande du vin. Face à la femme qui s'exprime « à l'italienne », verbe haut et grands gestes à l'appui. Alex s'exclame : « Comment osez-vous me parler sur ce ton[18] ! »

Alex trouve le vin italien excellent et déclare au réveil : « on dort bien dans ce pays ». Mais son émerveillement s'arrête là. Il n'a nulle envie de découvrir la richesse des musées. Dans un moment de colère, il qualifie l'Italie de « pays de fous et de paresseux ».

Au passage, Rossellini nous indique que la vision d'Alex est aussi celle des aristocrates napolitains chez qui ils sont reçus. Ces ducs, comtes et princesses, totalement oublieux de la misère profonde du peuple qui trime au champ et assure leur domesticité, concèdent volontiers à leurs interlocuteurs étrangers qu'il y a quelque vérité dans le cliché du « dolce farniente », soit dans l'image d'un pays où il est doux de ne rien faire.

Mais, par opposition à la civilisation du Nord, l'Italie possède la beauté du « drapé ». L'Italie, c'est le soleil, les arts, l'art de vivre mais aussi la profondeur d'un passé millénaire. C'est aussi la générosité du petit peuple, la foule qui grouille dans les rues, la liberté dans l'expression, l'ouverture à la vie qui englobe aussi la mort dans un perpétuel recommencement de génération en génération.

Dans le dispositif ainsi construit, Katherine est plus ouverte, plus sensible, plus proche des gens qu'Alex. Sa venue en Italie va exacerber ces dispositions, lui faisant apparaître de plus en plus insupportable la froideur de son époux. Ce n'est pas seulement le fait de voyager ensemble qui va attiser les contradictions du couple qui désormais ne fait plus

18 Lourcelles considère qu'il s'agit là d'une des meilleures scènes du film. La scène est en réalité caricaturale. Il est totalement inimaginable que la femme ne saisisse pas le sens du geste d'Alex qui lui tend son pichet vide.

rien en commun, mais précisément le fait de voyager en Italie. Est palpable la volonté du réalisateur d'arracher Katherine/Ingrid Bergman à la supposée étroitesse de sa culture pour lui permettre de s'épanouir à l'ombre, ou plutôt sous le soleil, de celui qui se veut son mentor.

Il y a lieu ici de se démarquer de la vision par trop irénique que Jacques Lourcelles donne du rapport Nord/Sud selon Rossellini. Selon Lourcelles, la thèse de Rossellini (car il y a bien ici une thèse…) est que « la civilisation en tant que valeur, n'est pas plus au Nord qu'au Sud, n'est pas un dilemme, un choix entre les deux. C'est une souhaitable, et d'ailleurs inévitable union, synthèse, harmonie – à moins que le monde n'aille à sa perte – entre les deux attitudes, les deux regards devant la vie que représentent le Nord et le Sud[19]. » Cette vision n'est pas celle développée par Rossellini. Entre le « cousu » et le « drapé », il y a lutte. Et, dans ce combat, le « drapé » doit absolument l'emporter. A la vérité, les louanges adressées à ce totem de la modernité qu'est *Voyage en Italie*, ignorent combien le film est bâti sur les préjugés nationalistes de son réalisateur.

Quant à la vision du couple et de la femme véhiculée par le film, elle n'est pas davantage progressiste. Bien sûr l'actrice Bergman compose un très beau portrait de femme, comme dans les trois autres chefs-d'œuvre que Rossellini tournera avec elle. Mais, là encore, il y a une thèse et c'est une thèse platement traditionnelle, pour ne pas dire réactionnaire. Le choc émotionnel que procure à Katherine la farandole de poussettes et de femmes enceintes qu'elle découvre dans les rues de Naples, illustre tout à fait clairement qu'elle éprouve à ce moment-là le regret de ne pas avoir d'enfant. Si les choses vont si mal dans son couple, c'est qu'il est sans enfant.

---

19 Lourcelles, *op. cit.* , p. 1586.

De plus, selon Alex, la responsabilité en incombe à Katherine. Alex s'est certainement satisfait de cette situation mais il affirme à la fin du film que c'est elle qui n'a pas voulu avoir de progéniture. Bref, pour n'avoir pas procréé, le couple est stérile et la faute en incomberait à l'épouse. Ajoutons que nous ne savons rien des occupations ordinaires de Katherine. Il se pourrait que Katherine n'ait pas voulu d'enfant pour se consacrer pleinement à une activité professionnelle. Mais nous n'en saurons rien.

*

Dans *la Vie conjugale*, il n'est pas question des affres d'un couple de grands bourgeois. C'est l'univers des couches moyennes où la femme acquiert un niveau d'éducation qui favorise son indépendance, ce qui ne manque pas de provoquer un formidable bouleversement social. C'est à cette réalité que Cayatte a voulu se confronter…sans *happy ending*.

Son propos était certainement plus en prise avec les réalités d'alors que celui de tant de « films modernes », à commencer par ceux de la *Nouvelle Vague*, où il est si peu question du statut professionnel des personnages féminins.

-10-
Un faux-pas

Le Glaive et la balance (1962)

Disons-le tout de suite, il n'y a pas grand-chose qui mérite d'être sauvé dans ce trop long polar (2h13) qui s'efforce laborieusement de réchauffer la recette qui avait assuré le succès de *Justice est faite*. Comme dans le premier « film judiciaire » de Cayatte, *Le Glaive et la balance* s'achève sur une scène de prononcé du verdict. Mais c'est la seule vraie grande scène du film qui, pour le reste, sonne passablement faux.

Il est question d'un kidnapping d'enfant. L'affaire tourne mal pour les deux kidnappeurs qui, poursuivis par la police, vont jusqu'à tuer l'enfant. Leur fuite s'achève au bout d'une jetée où les coupables sont faits comme des rats. Mais surprise ! A cet endroit-là, la police n'arrête pas deux hommes mais trois. L'un d'eux est forcément innocent mais lequel ? Tout le pitch est là car chacun des trois hommes va clamer son innocence et dénoncer les deux autres.

Ni les interrogatoires poussés, ni les enquêtes de personnalité, ni tout ce qui sera mis en lumière quant aux activités passées des trois hommes ne permettront d'établir qui est coupable et qui est innocent. Il ne restera plus aux jurés qu'à conclure, après des heures de délibérations houleuses, qu'aucun des accusés ne peut être condamné.

À mesure que le président du tribunal égrènera ce verdict, lavant, un à un, de toute accusation chacun des accusés, le public du procès, chauffé à blanc, deviendra de plus en plus hystérique.

Dehors, l'émeute gronde. On décide d'exfiltrer, par une sortie dérobée, les accusés désormais libres. Ils sont cachés dans un véhicule utilitaire. Peine perdue, un commando vengeur se rue sur la camionnette et y met le feu. Pendant que les accusés, prisonniers du véhicule, y trouvent la mort, carbonisés, une voix off répète dérisoirement : « le doute doit bénéficier à l'accusé ».

La morale est donc que rien ne saurait justifier la condamnation d'un innocent, même si cela a pour effet d'innocenter deux vrais coupables et finalement aboutit au meurtre de trois personnes… Y-a-t-il là la démonstration d'une thèse comme il est d'usage de le répéter *ad nauseam* à propos des films de Cayatte ? Ce serait, à vrai dire, faire encore trop crédit à ce long métrage dont le défaut rédhibitoire est de nous narrer une histoire invraisemblable. Comment imaginer que tous les moyens de la police et de la justice ne parviennent pas à distinguer un simple promeneur de deux malfaiteurs capables d'un crime aussi odieux que le meurtre d'un enfant ?

Pour donner un semblant de plausibilité à ce scénario, les scénaristes (on retrouve dans cette affaire aux côtés de Cayatte, son vieux complice André Spaak) ont attribué à chacun des trois suspects un profil à peu près égal dans la veulerie. Chacun nous est montré à différentes étapes de sa vie comme ayant été particulièrement abject dans ses rapports avec la gent féminine. Cette dimension du film pourrait nous le rendre sympathique. Sauf que le raisonnement est pour le moins outrancier. Un colossal mépris des femmes est une chose ; le rapt et le meurtre d'un enfant en est une autre.

Comme si cela ne suffisait pas, la distribution s'avère terriblement bancale. Certes Renato Salvatori est crédible en gigolo qui, dégoûté de lui-même, cherche à s'abstraire de sa condition. Comme le dit le juge d'instruction, s'adressant, devant lui, à la femme bourgeoise qui l'entretient et a même tenté de se suicider : « L'intelligence, ce n'est pas son fort. Comment avez-vous pu vouloir mourir pour ce garçon-là ? ». Mais de là à imaginer que Renato ait pu commettre ce crime odieux... Quant aux deux autres accusés, ils sont encore moins plausibles. Jean-Claude Brialy se caricature lui-même en agent immobilier hâbleur. Certes il exploite les charmes de sa maîtresse et de sa sœur pour faire aboutir ses affaires, mais de là à.... C'est encore plus vrai d'Anthony Perkins, dont on se demande bien ce qu'il vient faire ici, lui qui nous est présenté sous les traits d'un peintre abstrait gentiment bohème et sincèrement amoureux.

Ajoutons que quelques séquences très déplaisantes achèvent de miner le film.

Racoleur, le film a pour cadre l'été sur la Côte d'Azur, cadre idéal pour nous dépeindre une jeunesse grégaire, débauchée, hystérisée par l'alcool, le jazz et le rock. Une jeunesse blouson noir version bourgeoise. Cela culmine dans l'intrusion d'un groupe déchaîné dans un restaurant parce qu'on n'y joue pas sa musique, cassant tout et précipitant les convives dans la piscine sans se demander si ceux-ci savent ou non nager. Quel est ici le message ? On préfère ne pas le savoir.

Citons aussi la façon dont nous sont contées les prouesses de François (Renato Salvatori). Il nous est présenté initialement comme un gentil garçon très amoureux d'une douce jeune fille. Mais son amour du ski va provoquer sa dégringolade morale. Pas de sa faute ! Devenu moniteur, ses élèves féminines se l'arrachent, le couvrent de petits cadeaux, veulent toutes sortir avec lui. Lors d'une soirée au restaurant où le chéri de ces dames est l'objet de toutes leurs attentions, survient l'amoureuse éconduite. Il lui hurle : « Je t'ai fait un enfant, ça ne te suffit pas ! ». Il se trouve que les restaurateurs sont les parents de la jeune fille. Ils sont donc aux premières loges pour apprécier la façon dont François traite désormais leur fille. La mère en est révoltée mais pas du tout le père qui juge, lui, qu'il faut bien que jeunesse se passe. On apprendra plus loin dans le film que finalement la jeune fille s'est pendue.

Jusqu'ici, Cayatte et Spaak nous avaient intéressés, même passionnés, par des scénarii noirs. L'âpreté des rapports humains y était disséquée au scalpel. Mais là, il s'agit d'autre chose, quelque chose qui a davantage à voir avec l'humour bête et méchant.

Enfin, la mise en scène sans grand relief (il n'y a guère que dans les dernières minutes que le film acquiert une véritable intensité dramatique) achève de conférer à ce polar le caractère d'un film de série B. Malgré tous ces défauts ou plutôt grâce à eux (?), le film rencontra un grand succès public.

-11-
A l'ombre d'Hitchcock et de Clouzot

Piège pour Cendrillon (1965)

Longtemps ce film est resté invisible. Adapté du roman éponyme de Sébastien Japrisot, *Piège pour Cendrillon* a fait les frais d'une fâcherie entre l'auteur du roman et le cinéaste. Japrisot ne renouvelant plus ses droits, le film ne pouvait plus être diffusé. La situation a évolué récemment à la suite d'une négociation avec les ayants-droits. *Piège pour Cendrillon* a pu être diffusé lors de la rétrospective Cayatte que l'Institut Lumière a programmé à l'automne 2019.

C'est à cette occasion que les rédacteurs de la revue « Revus & corrigés », en particulier son rédacteur en chef, Marc Moquin, ont eu un coup de foudre pour le film. Ils ont demandé, en tant que partenaire de la fondation Jérôme Seydoux-Pathé, à pouvoir le distribuer par leurs propres moyens. Depuis, l'équipe de cette revue cinéphilique de qualité, dévolue à la défense du cinéma patrimonial, a organisé des projections un peu partout en France. Il s'ensuit que, chaperonné par cette revue[1], le film est en train d'acquérir une respectabilité dans le petit monde de la cinéphilie tout à fait nouvelle pour un film de Cayatte.

1 Revue hélas disparue au printemps 2023.

Les critiques élogieuses abondent. *La Septième Obsession*, autre revue cinéphilique, a qualifié le film de « bijou du film noir à la française ». Rose Baldous dans *Les Inrockuptibles*, en a loué « la très grande beauté plastique ». Jérôme Garcina a fait valoir au *Masque et la plume* que « les dialogues de Jean Anouihl y sont très bons et Dany Carrel y est formidable ». Selon Corentin Palanchini d'*Allociné*, « *Piège pour Cendrillon* rappelle les polars hitchcockiens les plus tortueux » et pour Samuel Blumenfeld du *Monde*, c'est « un film inconcevable que personne n'attendait : trop fou, trop hanté, dans une transgression si dérangeante. Cinquante-cinq ans après, il serait temps de venir à la rencontre de cette œuvre si singulière. » Que dire de plus sinon qu'il y a lieu évidemment de se réjouir que Cayatte, ne serait-ce qu'à travers ce seul film, soit enfin reconnu comme un réalisateur majeur capable de réaliser un film d'une grande beauté plastique ...

Ici Cayatte s'aventure sur un terrain qui n'est pas sa marque de fabrique, le thriller psychologique. Pour autant, *Piège pour Cendrillon* n'apparaît pas comme un ovni dans sa filmographie. Au cœur du film, rôde ce sentiment de culpabilité qu'on retrouve dans toute sa filmographie.

*

Le film débute par un intrigant générique : des silhouettes floues ondulent sur l'écran tandis que sourd un thème angoissant du compositeur Louiguy joué aux percussions. On comprend peu à peu qu'il s'agit d'un plan en caméra subjective : une grande brûlée se réveille difficilement après une très lourde opération. Elle ne peut pas parler. Le médecin lui indique qu'elle doit répondre oui par un mouvement de la tête de haut en bas, non de droite à gauche. A mesure que la grande brûlée répond aux questions du chirurgien, la caméra effectue ces mouvements.

On découvre ensuite cette grande brûlée, enveloppée de gaze des pieds à la tête. Michèle (Dany Carrel), puisque c'est ainsi que le médecin lui dit qu'elle s'appelle, a totalement perdu la mémoire. Tout au long du film elle va tenter de se réapproprier son identité. Elle apprend peu à peu qu'elle pourrait bien être en effet Michèle mais tout aussi bien une cousine, Domenica, avec qui elle partageait sa vie peu avant « l'accident ». A cette indétermination en soi déjà terrorisante, s'ajoutera, au fil des séquences, sa découverte progressive de sa dépravation morale, qu'elle ait été Michèle ou Domenica, ainsi que la présence à leurs côtés d'une troisième femme, Jeanne, plus âgée, qui manipulait les deux jeunes filles dans un but purement vénal.

Avant « l'accident » Michèle était très riche ; Domenica très pauvre. Michèle avait fini par haïr Jeanne (Madeleine Robinson impressionnante dans un rôle de gouvernante tyrannique). Jeanne s'était alors tournée vers Domenica (également jouée par Dany Carrel). Les deux femmes s'étaient déterminées à supprimer Michèle pour capter son héritage. Il était prévu que Domenica attire Michèle dans un bungalow où elle serait chloroformée puis asphyxiée pour faire croire à un suicide. Comme Domenica ressemblait trait pour trait à Michèle, elle entendait ensuite se faire passer pour sa cousine. Mais l'affaire dérape. Un incendie embrase le bungalow. Une jeune femme meurt carbonisée ; l'autre en réchappe. Qui est l'une ? Qui est l'autre ? Impossible de le savoir puisque la rescapée a totalement perdu la mémoire.

Le film entrecroise des séquences en flash-back et des séquences au présent où l'on suit la grande brûlée, traumatisée, découvrant avec horreur, au fil de ses rencontres, ce qu'elle a pu être dans le passé. Désespérée, elle finit par se suicider.

*

Ce qui frappe dans ce film très noir, c'est sa polarisation sur un trio de femmes qui s'entredéchire, les hommes de l'entourage étant réduits à des rôles de subalternes ou d'amants complètement chosifiés (Michèle appelant son amant sa « tartine »). Pour autant qu'il fût possible d'être explicite sur un écran à l'époque, les rapports entre Jeanne et Michèle ainsi qu'entre « Mi » et « Do » sont des rapports homosexuels de nature sadomasochiste. Dans un moment de colère, Michèle écrase sa cigarette sur la main de Domenica.

L'ambiance étouffante entre ces trois femmes est encore accentuée par des extérieurs écrasants : un sombre garage souterrain au fond duquel la pauvre Domenica exerce un emploi misérable de secrétaire avant qu'elle ne parvienne à se glisser dans le sillage de Michèle ; un palais florentin, où agonise sous un masque à oxygène la tante richissime qui a élevé Michèle et dont cette dernière doit hériter ; une magnifique villa au Cap d'Antibes mais où, à cause d'une panne, la piscine reste obstinément vide sous un soleil écrasant.

Faut-il considérer, comme on l'a dit, que le film est porteur d'une réflexion sur le thème de l'identité ? En fait, que la rescapée soit « Mi » ou « Do » n'est pas si important[2]. Ce qui compte vraiment aux yeux de la jeune femme, c'est ce qu'on lui rapporte, au fil de ses rencontres, sur son comportement passé. « Mi » et « Do » ayant eu chacune un comportement horrifiant, elle a tout lieu de se sentir coupable, qu'elle ait été l'une ou l'autre. C'est son sentiment de culpabilité qui est au cœur du film. Il l'étreint au point

2 On apprendra que la rescapée est indubitablement Michèle puisqu'à la fin du film elle constate qu'elle a sur la cuisse la trace d'une brûlure qu'avait Michèle, selon ce que lui rappelle avec précision un ancien amant.

qu'elle ne peut y survivre. Ce que nous savons du cinéma cayattien nous incline à penser que c'est sûrement cet élément-là, plus que le thème de l'identité, qui a décidé Cayatte à tourner cette étrange histoire.

Ajoutons que ce thriller psychologique atypique dans la production cayattienne, n'est quand même pas tout à fait déconnecté de tout arrière-plan social et politique. Jeanne est une ancienne ouvrière sortie du rang et Domenica a vécu pauvrement jusqu'à ses retrouvailles avec Michèle. Il y a dans les rapports entre les trois femmes comme un parfum de lutte des classes. Et puis il y a ce personnage de rescapée. Avec ses traces de brûlure sur le corps et son crâne presque rasée, Michèle pourrait être une déportée sortant d'un camp de concentration, une femme tondue à la Libération ou la victime d'un bombardement atomique. Cette silhouette qui hante tout le film, plonge le spectateur dans un profond malaise.

Dany Carrel porte littéralement le film sur ses épaules. Elle interprète avec maestria trois personnages : l'insupportable « Mi » d'avant le drame ; la naïve « Do » que Jeanne va avec succès s'employer à corrompre et la très émouvante rescapée d'après le drame. Cayatte et son chef opérateur Armand Thirard ont utilisé, selon les séquences, un prisme déformant légèrement l'image de l'actrice pour éviter que les trois femmes ne se ressemblent trop. Cerise sur le gâteau, la plastique de Danny Carrel est particulièrement mise en valeur par un somptueux noir et blanc[3].

*

Avec *Piège pour Cendrillon,* se referme cette période si particulière pour Cayatte qui, comme pour tant d'autres

3 Henri-George Clouzot s'en souviendra dans *La Prisonnière.* Danny Carrel y jouera la scène la plus érotique.

« anciens » du cinéma français, a dû faire face à l'irruption de la Nouvelle Vague. Pour beaucoup, ce bouleversement a été vécu comme tellement déstabilisant qu'il les a conduits à une fin de carrière guère remarquable. Cayatte, qui était encore jeune, a su, lui, digérer le coup de boutoir, malgré les attaques dont son cinéma faisait l'objet. Hormis dans *Le Glaive et la balance*, il a su éviter de singer la vague nouvelle. Il a su évoluer dans son style et renouveler ses thématiques.

Mais *Piège pour Cendrillon* ne fut pas un succès critique ni commercial. Sans doute cela a compté dans la décision de Cayatte d'en revenir à un cinéma proche de ce qui avait fait sa singularité au temps de sa tétralogie. Cayatte va donc renouer avec un cinéma puissamment engagé dans le contexte social et politique de la fin des années soixante et des années soixante-dix. Et cette fois, il ne sera plus seul à incarner ce genre de cinéma qu'on prendra l'habitude d'appeler « fiction de gauche ».

Quatrième Partie

Retour à la fiction de gauche

Dans la foulée de Mai 68, le cinéma d'auteur prendra durant quelques années une coloration très politique. Selon une expression de Jean-Luc Godard qui a fait mouche à l'époque, seraient alors apparus les tenants d'un « cinéma politique » et les tenants du « cinéma filmé politiquement ». Schématiquement, les tenants du « cinéma filmé politiquement » reprocheront aux réalisateurs de « films politiques », tels Costa-Gavras, Boisset ou Cayatte, de ne pas remettre en cause la façon même de faire des films, de les produire et de les diffuser. Les tenants du « cinéma politique », créateurs de « fictions de gauche », furent accusés de produire un « cinéma bourgeois » transformant le combat politique en spectacle.

En fait, ces querelles correspondirent à la projection dans le monde du cinéma des vieux débats agitant la gauche entre réformistes et révolutionnaires. Mais, d'une part, les espoirs révolutionnaires refluèrent assez vite. Le découragement gagna progressivement les cinéastes radicaux d'autant que leurs partis pris formels, qui, dans leur expression la plus extrême, impliquaient l'élimination du scénario et des personnages, avaient eu pour effet de les couper complètement du public. D'autre part, l'Union de la Gauche finit par triompher en 1981. L'arrivée de la gauche au pouvoir, depuis si longtemps espérée par le monde du spectacle, loin de relancer les ardeurs politiques des cinéastes, eut paradoxalement un effet démobilisateur. Tout se passa comme si les uns et les autres, réformistes comme révolutionnaires, s'en remirent finalement au nouveau pouvoir. Très peu de films politiques virent le jour dans les années quatre-vingts.

Cayatte, lui, n'attendit pas Mai 68 pour en revenir à la fiction de gauche. Après *Piège pour Cendrillon*, il tourna *Les Risques du Métier* qui fut pour lui l'occasion de labourer à nouveau le sillon de la fragilité de l'individu face à la machine juridiciaro-policière, cette fois, dans le contexte d'une accusation d'agression sexuelle au sein de l'Education Nationale.

Puis, peu avant Mai, Cayatte tourna un autre film engagé mais sur un terrain où on ne l'attendait pas, *Les Chemins de Katmandou.* Le film est une satire du mouvement hippie et un pamphlet contre les drogues. Le film sortit après « les évènements ». A gauche, on n'apprécia pas du tout.

Sans doute un peu pour se faire pardonner, Cayatte tourne alors une fiction de gauche parfaitement politiquement correcte, *Mourir d'aimer,* du moins en apparence. Le film est un énorme succès public (cinq millions d'entrées) dépassant probablement les espérances les plus folles du cinéaste. Il faut dire que Cayatte ne lésina pas sur les moyens pour atteindre ce résultat en bâtissant un mélodrame bien dans l'air du temps avec Annie Girardot dans le rôle de l'enseignante traquée qui finit par se suicider pour cause de liaison avec un de ses élèves encore mineur. Entendons-nous : nous ne nous dissocions ni du mot mélodrame, ni de la grande actrice que fut Annie Girardot. Pas question de suivre ceux pour qui le mélodrame serait parfaitement légitime quand il est question de Douglas Sirk ou de Fassbinder, mais ne saurait être qu'une insulte quand il est question de Cayatte. Nous nous en tenons simplement à l'idée qu'il y a des très bons mélodrames et d'autres qui le sont nettement moins. *Mourir d'aimer* fait partie de la seconde catégorie. Mais il vaut la peine de s'interroger sur les raisons de cet échec cinématographique qui n'en fut pas moins un grand succès populaire[1].

1 cf Chapître 14

-12-
Un professeur dans la tourmente

Les Risques du métier (1967)

Avec *Les Risques du métier*, Cayatte revient à ce qu'il sait le mieux faire depuis *Justice est faite* : un bon scénario basé sur une histoire vraie, un fait de société qui interroge, des trouvailles de mise en scène, des personnages bien dessinés, des acteurs remarquablement dirigés.

Commençons par les acteurs. Première trouvaille : avoir convaincu Jacques Brel d'apparaître pour la première fois à l'écran. Le chanteur interprète ses textes sur scène avec un tel talent de comédien que le spectateur n'est guère surpris de le découvrir excellent dans le rôle d'un instituteur, Jean Doucet, confronté à des accusations d'agressions sexuelles de la part de trois adolescentes.

Les trois jeunes filles sont également parfaites dans ce qui est, pour elles aussi, leur première vraie apparition à l'écran. Trouvaille visuelle de Cayatte : avoir choisi trois actrices dont les magnifiques yeux bleus ne cessent de clamer leur innocence.

Catherine (Delphine Desyeux) et Hélène (Nathalie Nell), sont les meilleures élèves de la classe mais derrière cette façade bouillonnent les tourments de l'adolescence. Catherine est celle qui va déchaîner la tempête. Le film s'ouvre sur un long plan séquence qui la suit, en larmes, le corsage déchiré, s'enfuyant de l'école et traversant le village de Chateaulin en courant jusqu'à chez elle. Un flash-back nous ramène à la séquence qui a précédé cette entrée en matière coup de poing, comme Cayatte les affectionne. A la fin du cours, Jean Doucet, l'instituteur, avait voulu avoir avec elle une explication entre quatre yeux. Depuis quelque temps, Catherine a adopté envers lui une attitude de défiance. Par ailleurs l'instituteur a appris qu'elle possède une photo de lui. Il exige qu'elle la lui rende. Elle la sort de son cartable. Jean Doucet explose : « Petite merdeuse ! ça se trimballe avec une photo de moi en maillot de bain…Tu l'as volée pour épater tes petites copines (il punaise la photo au tableau…ce qui est pour le moins un geste ambigu…) Ah ! Elles vont bien rigoler…Allez, fiche-moi le camp ».

La femme de l'instituteur, Suzanne (Emmanuelle Riva) comprendra tout de suite pourquoi ces quelques mots, qui, à l'époque, ne choquaient certainement pas autant qu'ils le feraient aujourd'hui dans la bouche d'un professeur, auront suffi à murer Catherine dans le mensonge d'une agression sexuelle.

Plus surprenante, même incompréhensible, est l'attitude d'Hélène qui, dans la foulée, prétend, elle aussi, avoir été agressée et même avoir été violée par l'instituteur dans un petit bois le soir de la fête du village. « Nous avons eu des rapports intimes, je le jure ! » affirmera-t-elle sans ciller lors de sa confrontation avec Doucet devant le juge d'instruction.

Et voilà qu'une troisième adolescente, Josette (Chantal Martin) s'y met elle aussi. Oui, l'instituteur l'a caressée partout. Elle aussi possède une photo de Doucet en maillot de bain qu'elle prétend, comme Catherine, avoir reçu des mains du maître. « Vous êtes un maniaque » décoche alors à Doucet l'inspecteur qui mène l'enquête.

Le maire du village (René Dary) a beau multiplier les démarches auprès des jeunes filles et de leurs parents, persuadé que toutes ces histoires ne peuvent pas être vraies, c'est peine perdue. Les adolescentes maintiennent absolument leurs versions. Leurs parents les soutiennent. La mécanique juridiciaro-policière se referme sur l'instituteur, arrêté, injurié, placé en détention, menacé d'une peine de prison à perpétuité.

Heureusement, il y a un maillon faible, Brigitte (Christine Simon), la meilleure amie d'Hélène. Hélène lui a caché qu'elle a depuis peu une relation avec un jeune ouvrier portugais, Miguel (Michel Buades), qui travaille dans l'entreprise de son père. Pour rien au monde Hélène ne voudrait que son père, un homme tyrannique et violent, l'apprenne. Elle préfère accuser l'instituteur que pourtant elle aime beaucoup, de lui avoir donné rendez-vous dans le petit bois plutôt que de devoir reconnaître que ce soir-là elle était avec Miguel. Brigitte qui l'a deviné, craque. Le « complot » s'écroule comme un château de cartes. Il ne reste plus que trois jeunes filles en pleurs.

Hélène est celle qui a porté les accusations les plus graves. Elle n'en est pas moins la plus attachante des trois jeunes filles. Dans le bonus du DVD sorti en 2013, Nathalie Nell indique qu'elle n'avait pas eu à beaucoup forcer le trait pour interpréter Hélène. Comme cette dernière, elle était à dix-sept « révoltée contre la vie », meurtrie par le divorce de ses parents. Hélène, sous son allure sage de bonne élève, est en rébellion contre son père, cet homme qui trompe et détruit sa mère à petit feu. Qu'elle soit tombée amoureuse de Miguel ne saurait surprendre. Dans le contexte du racisme anti-portugais des années soixante, coucher avec Miguel était la pire insulte qu'elle pouvait infliger fantasmatiquement à son père.

Un autre personnage féminin émeut, Suzanne (Emmanuelle Riva), la femme de l'instituteur. Avec elle, on renoue avec le fil rouge de la culpabilité cayattienne. Alors que Jean Doucet est un bloc qui se bat comme un beau diable contre ses accusateurs, Suzanne, d'emblée, se sent coupable. Tout ça est arrivé parce qu'ils n'ont pas réussi à avoir d'enfant. Sans enfant, son mari est perçu dans le village non comme un père mais comme un séducteur potentiel. Elle sait aussi qu'on lui reproche de se tenir à l'écart de la communauté villageoise. Il est vrai qu'à la différence de son mari, la vie à Chateaulin l'ennuie. Quand son mari se fait une joie de participer à la fête de la bourgade, elle préfère rester à la maison écouter une retransmission du festival de Bayreuth ! Elle voudrait qu'ils aillent vivre ailleurs. Désespérée, Suzanne ira jusqu'à proposer à une jeune femme que Doucet avait aidée, de déclarer que c'est avec elle que son mari avait rendez-vous lors du fameux soir dans le petit bois.

*

Le film est un succès auprès du public et, pour une fois, la critique se montre plutôt favorable. Il reçoit la médaille d'or du cinéma français en 1967.

Même s'il n'y a pas véritablement de suspense, puisque la première accusation d'agression sexuelle apparaît d'emblée comme une fabrication et que l'instituteur nous est d'un bout à l'autre présenté comme le meilleur des hommes, la détermination des jeunes filles dans le maintien de leurs récits finit par créer une pointe d'angoisse chez le spectateur. Comment Doucet va-t-il parvenir à se sortir de ce guêpier ? Et puis, quand même, comme le dit très bien Nathalie Nell dans son interview, la rumeur, le soupçon, aujourd'hui dirions-nous les fake news, laissent toujours un doute. Et si c'était vrai ? Suzanne par instants ne peut s'empêcher de se poser la question. On retrouvera cette thématique du soupçon et de ses effets délétères dans un film ultérieur de Cayatte, *Il n'y a pas de fumée sans feu* (1973).

Finalement Doucet parvient à se disculper en tendant un piège à Catherine. Lors de la reconstitution de la fameuse altercation avec elle à l'origine de toute l'affaire, il s'accuse tout à coup, à la surprise générale. Oui, avoue-t-il, il l'a agressée. Oui, il s'est effectivement jeté sur Catherine. Il obtient alors de pouvoir rejouer la scène avec la violence qu'il déclare maintenant avoir été la sienne. Totalement paniquée, Catherine se débat et se précipite hors de la classe… sans rien dans les mains. Or les parents de Catherine confirment qu'elle était bien rentrée ce jour-là de l'école avec son cartable. Elle avait donc pris le temps de rassembler ses affaires.

Pour un peu, *Les Risques du métier* aurait pu prendre un tour chabrolien : un coin de province, des menteuses prêtes à envoyer leur bon maître à la potence pour préserver leurs petits secrets, la rumeur qui s'amplifie, des parents qui se réjouissent de pouvoir jouer aux redresseurs de torts devant les média, tout un village qui se tourne contre le couple qui dénote. Tel n'était pas toutefois l'objectif de Cayatte dont le souci premier, à travers le récit d'une histoire vraie, était d'alerter une nouvelle fois sur la facilité avec laquelle se commet une injustice. Dès lors l'instituteur se devait d'être irréprochable. Il est toutefois permis de regretter que le personnage de Jacques Brel soit un peu trop lisse. Face à ces jeunes filles en fleur, qui nourrissent à son égard sentiments et désirs mêlés, Doucet ne paraît pas le moins du monde troublé. Il n'y a qu'un seul moment où le cinéaste laisse entrevoir qu'il ne les regarde pas complètement comme des gamines. Doucet aime prendre des photos. Lors de la fête du village, son objectif se pose sur les jeunes filles qui attirent les regards en dansant le jerk. Arrêt sur image. Instant fugace durant lequel sans doute le cinéaste lui-même s'identifie à l'instituteur. Mais Cayatte n'a pas voulu aller plus loin dans cette direction. Le message ne pouvait tolérer la moindre ambigüité.

N'en minimisons pas pour autant l'intérêt du film. On s'y laisse captiver d'un bout à l'autre. Et la petite musique qu'on y entend, à l'heure des emballements vengeurs sur les réseaux sociaux, est plus que jamais d'actualité. Serait-il encore possible de tourner aujourd'hui L*es Risques du métier* ?

Pour la bonne bouche, citons le critique Jean-Michel Frodon qui, bien que jugeant le film très manipulateur, estima, curieusement, qu'avec *Les Risques du métier,* Cayatte témoigna « d'une réelle sensibilité aux problèmes de l'heure (le malaise dans l'Education) qui allaient exploser l'année suivante[1] ». Voilà qui ne manque pas de sel. Il est de bon ton de reconnaître à Godard d'avoir eu la prescience de Mai 68 pour avoir tourné *La Chinoise*. Cayatte aurait eu, lui aussi, cette prescience pour avoir tourné *les Risques du métier*. Etonnant !

*

Les « suppléments » qui accompagnent l'édition DVD 2013 des *Risques du métier,* méritent d'être évoqués quant aux souvenirs que gardent les actrices du tournage, Nathalie Nell, Delphine Desyeux, toutes deux très jeunes à l'époque ainsi qu'Emmanuelle Riva et Nadine Alari qui interprète la mère d'Hélène. Chacune y dit le grand bonheur que fut

---

1 J-M, Frodon, *Le Cinéma français. De la Nouvelle Vague à nos jours,* Ed. Cahiers du cinéma, *2010*, p.290.

pour elles de tourner avec Cayatte. « Très courtois », « respectueux », « calme », « sérieux », « sachant obtenir le meilleur de ses acteurs » « pas du tout dictateur, alors que certains réalisateurs se flattent de l'être », tels sont les qualificatifs qui reviennent dans la bouche des actrices. Nathalie Nell salue un cinéma classique mais fort, direct et qui va droit au but. Nadine Alari comprend que « l'extrême vent de fraîcheur qu'a apporté la Nouvelle Vague ait éclipsé sur le moment un réalisateur comme Cayatte » mais pense qu'il est un cinéaste appelé à « reprendre sa place » tant certains de ses films tiennent le coup et continuent de faire écho aux problèmes d'aujourd'hui.

Ces remarques élogieuses à l'égard du metteur en scène viennent conforter l'image d'un tournage heureux et apaisé. Avec le recul, *Les Risques du métier* paraissent correspondre à un climax positif dans la trajectoire du cinéaste. On y sent le plaisir du cinéaste à avoir développé ce scénario original. Même les anti-Cayatte se sont laissé embarquer dans cette histoire rondement menée. Et puis, même si le fond de toute cette histoire est bien sombre, la vie dans ce petit coin de province qui fait un peu vieille France, paraît quand même bien sympathique à la lumière de l'été. Pour une fois, un film cayattien s'achève sur un dénouement relativement heureux. Certes le couple Doucet n'imagine pas pouvoir rester plus longtemps vivre à Châteaulin. Mais le professeur a sauvé sa tête. Quant aux jeunes filles, on leur pardonne bien volontiers.

Hélas, ce moment de grâce pour le cinéaste ne va pas durer. Dès le film suivant, *Les Chemins de Katmandou,* la critique va lui retomber dessus à bras raccourcis. Et, cette fois, ce ne sera pas seulement la manière qui lui sera reprochée, mais aussi le fond qui va déplaire.

-13-
Contre les paradis artificiels

Les Chemins de Katmandou (1969)

J'imagine sans peine quelle aurait été ma réaction si j'avais eu l'occasion de voir ce film à sa sortie, moi qui, à dix-sept ans, me consumais dans l'écoute répétitive de mes groupes pop préférés et la lecture du mensuel *Rock & Folk*. J'aurais été révolté par la vision grotesque donnée par Cayatte du mouvement hippie, lequel mouvement m'apparaissait alors comme le seul idéal de vie possible.

L'été 69, « faisant la route », je me souviens avoir échoué à Avignon sur l'île de la Berthelasse transformée en vaste camping sauvage. L'expérience m'avait passablement dégrisé. On y nageait dans les ordures. La nuit, résonnaient les cris effrayants de campeurs emportés dans un *bad trip.* Mais ce mauvais souvenir n'aurait certainement pas suffi à me rallier au message de Cayatte. D'autant que j'aurais certainement été encore plus révulsé par sa vision désabusée de Mai 68. Le générique du film s'ouvre en effet sur des images d'archives de la révolte étudiante parmi lesquelles le cinéaste a inséré des plans d'Olivier (Renaud Verley), principal protagoniste du film, en combattant des barricades. Après ces plans soumis à un filtre rouge témoignant de l'exaltation du moment, la retombée sur terre est brutale.

Un mot domine le commentaire : les révoltés de Mai ont été les « cocus » de l'Histoire. Un charcutier haineux agite ce mot sous le nez d'Olivier. Ce dernier détruit sa vitrine.

Dès cet instant, je me serais rangé derrière la critique qui a prévalu à l'époque : l'homme de gauche qu'était Cayatte, était devenu un « vieux con » qui ne comprenait plus rien à la jeunesse.

N'ayant finalement découvert ce film que depuis peu, mon regard est tout autre. Pour autant, il y a lieu quand même de s'interroger sur ce qu'a voulu faire Cayatte à cette occasion.

Dans le long entretien qu'il avait accordé à Guy Braucourt en 69, entretien réalisé pour partie sur le plateau même du tournage des *Chemins de Katmandou,* le cinéaste avait restitué le processus par lequel le film avait pris corps. Cette interview, tout à fait intéressante sur la façon de travailler du cinéaste, montre que le caractère pour le moins composite du scénario fut le produit de réorientations successives motivées par plusieurs rencontres[1].

Au départ, il y a le projet d'un film sur le sort des enfants abandonnés. Mais Cayatte apprend que Truffaut a déjà l'intention de produire un film sur cette thématique. Ce sera *L'Enfance nue* de Maurice Pialat à propos d'un garçon placé dans une famille d'accueil. Un pan de ce projet initial est toutefois resté dans *Les Chemins de Katmandou.* Dégoûté de l'issue de Mai 68, Olivier a décidé que sa nouvelle « philosophie » sera celle du gagneur égoïste cherchant à se faire un maximum de fric. Dans sa quête d'enrichissement, lui qui a été un enfant abandonné par son père, va commencer par vouloir le retrouver avec l'idée de lui arracher une somme équivalente au montant des pensions alimentaires qu'il aurait dû verser à sa mère ! Or ce père est devenu une

1 Guy Braucourt, *op. cit.* , pp 108-114.

sorte d'aventurier qui accompagne des richissimes touristes dans la chasse au tigre. D'où le départ d'Olivier pour l'Inde. Une fois sur place, Olivier découvrira que son père n'est qu'un personnage resté immature, sans la moindre fortune, exploité par son associé trafiquant de statuettes népalaises, Ted (Serge Gainsbourg).

La mise en scène de ce premier argument, qui occupe un bon tiers du film, est pour le moins outrancière. Nous avons là une succession de saynètes dans lesquelles tous les personnages sont vraiment des minables : la mère d'Olivier (Elsa Martinelli) est une femme faible qui vit sous l'emprise d'un puant patron de pub, son père est un irresponsable (David O'Brien), Olivier, combattant déçu de Mai 68, ne pense plus qu'à l'argent, Ted est un parfait grigou sans scrupules. Cayatte semble se ficher de la vraisemblance. Olivier est montré, traversant le continent indien…à pied. Lorsqu'il se présente à son père tout à trac, le père, pas le moins du monde déstabilisé, interpelle sa maîtresse avec cette formule : « Yvonne, venez voir, c'est formidable, c'est mon fils ! » sur le ton de « venez voir cette belle rose qui a fleuri ce matin dans le jardin ».

Le doute est permis : Cayatte, emporté par un scénario de bric et de broc, a-t-il complètement perdu pied au fil de cet étrange parcours en Inde et au Népal ? Pour la critique qui a détesté le film à sa sortie, cela n'a pas fait l'ombre d'un doute.

Sauf que le film repose aussi sur une réelle dramaturgie dont Cayatte a explicité la source précisément. Arrivé au Népal, le cinéaste découvre la réalité de la « condition hippie ». Il y rencontre « une jeune fille de dix-sept ans qui m'a causé un des chocs les plus bouleversants de mon existence[2]. Comme des milliers d'adolescents, elle était partie à

---

2 *Ibid.* , p. 111.

la poursuite d'un grand rêve : voir Dieu en face, et pour cela elle avait voulu aller à Katmandou parce que c'était là, que, dit-on, Bouddha est né, parce que là lui apparaissaient être les sources de la sagesse [...] Arrivée à Katmandou, elle n'a rien vu du tout [...] elle s'est retrouvée dans cet espèce de pourrissoir où viennent s'entasser, croupir, crever des milliers de garçons et de filles qui disparaissent sans laisser de traces chaque année. Et j'ai vu cette fille qui avait été ravissante, devenue une véritable épave, faisant ses besoins dans la rue, se prostituant pour trois roupies, vendant son sang comme le font là-bas ces jeunes gens que l'on saigne comme des cochons sans se soucier de leur santé[3] ».

Cette jeune fille que Cayatte parviendra à faire rapatrier en France, sera dans le film Jane (Jane Birkin) qu'Olivier rencontrera, aimera, parviendra à arracher aux griffes de la drogue mais non à celles de Ted qui précipitera sa mort.

Alerter sur les ravages de la drogue (Cayatte estimant fatal, dans un tel univers de misère et de promiscuité, le passage du haschich à la cocaïne puis à l'héroïne), tel est le propos au cœur du film.

La trajectoire de Jane n'est pas la seule dimension dramatique du film. On a prétendu que la vision de l'Inde et du Népal rapportée par Cayatte était une vision exotique de pacotille. Ce n'est pas exact. Ici intervient une autre strate du récit, dont Cayatte identifie cette fois la source dans la rencontre d'étudiants appartenant à une ONG aidant des paysans parias à creuser des puits. Dans le film, Patrick (Jean-Paul Tribout), un ancien ami d'Olivier, lui fait découvrir son engagement. « Je suis là parce que j'en avais marre d'entendre les gens faire des laïus contre la faim et passer leur temps à bouffer dans des banquets. Et les jeunes, c'était pareil : ils veulent transformer le monde à coups de dis-

3 *Ibid.* , p. 111-112.

cours et de phrases. Alors j'ai voulu foutre le camp et faire quelque chose avec mes mains. »

Les images tournées dans le village indien où intervient Patrick sont quasi documentaires. Elles témoignent dignement de l'extrême pauvreté des populations. Finalement la force de conviction de Patrick vaincra les résistances d'Olivier puisque celui-ci, après la mort de Jane, viendra le rejoindre construire des puits.

Nulle dérision, nulle caricature non plus quand Cayatte filme à de nombreuses reprises les fêtes religieuses népalaises. N'en est que plus manifeste la religiosité de pacotille dans laquelle baigne la communauté hippie. Proprement pathétique est d'ailleurs l'incompréhension à laquelle se heurtent les hippies de la part des Népalais qui ricanent des étrangers même quand ceux-ci se trouvent, sous leurs yeux, à l'article de la mort.

Ainsi le propos de Cayatte dépasse largement la caricature qui en a été faite. Cayatte n'a pas voulu stigmatiser la jeunesse. Il a dressé, selon ses propres termes, « un panorama de la jeunesse depuis les chemins de la violence à ceux de la non-violence hippie, de l'action qui veut détruire le monde à la démission égoïste qui fait se replier sur soi-même, des rêves idéalistes et un peu mystiques aux réalisations altruistes[4]. »

A l'égard des hippies, le cinéaste use de la moquerie. Le film prend alors l'allure d'un récit d'aventures kitch, multipliant les personnages bouffons, telle cette bourgeoise américaine d'âge mur qui vient à Katmandou pour profiter de la « philosophie amour libre » et, bien sûr, Jane, qui, avant que le récit ne prenne un tour dramatique, incarne la jeune fille-fleur nageant dans le délire baba cool.

---

4 *Ibid.* , p.114.

La dérision avec laquelle Cayatte met en scène ces jeunes fascinés par le mysticisme oriental, est proprement ravageuse. Un groupe d'entre eux s'installe pour la nuit en haut d'un temple. Pour une raison qu'il est inutile de rapporter ici, Olivier veut les en chasser. Il ouste brutalement tout le monde, s'empare d'une guitare et la balance violemment. Les hippies rebroussent chemin sans un mot de protestation.

Lors de leur première rencontre, Jane assure à Olivier qu'elle se réjouit que son petit copain du moment soit parti coucher avec une autre. Olivier, révulsé, lui fiche une claque (tant de claques distribuées aux femmes dans les films de ces années-là !). Il n'en faut pas plus pour que Jane tombe vraiment amoureuse.

Mais, peu à peu, la satire devient nettement moins drôle : le visage barbouillé de poudre de riz (trouvaille de mise en scène), les silhouettes à longs cheveux ne sont plus que des morts-vivants.

Est-ce qu'on a là la quintessence d'un film réactionnaire ? C'est ce que pense Cédric Lépine, auteur d'une critique des *Chemins de Katmandou* parue sur le site de Médiapart le 13 octobre 2015 à l'occasion de la sortie du film en DVD. Cédric Lépine y stigmatise « l'esprit résolument bourgeois d'Olivier (ses valeurs reposent sur la propriété et le non partage de ses biens comme de ses plaisirs). Olivier affirme par là son opposition à la révolution sexuelle, frappant sa bien-aimée pour lui faire rendre raison, justifiant implicitement la violence conjugale, sous le prétexte que les hippies sont certes séduisants mais restent des êtres puérils à prendre en charge ». Conclusion de Cédric Lépine : « Le film n'en reste pas moins une réelle curiosité concentrant l'appréhension d'une partie de la société française à l'égard de la jeunesse qu'elle ne comprend plus ». C'est bien là la tonalité critique avec laquelle, depuis sa parution, le film a été accueilli à gauche. Pour Jean-Michel Frodon, « Dans *Les Chemins de Katmandou,* Cayatte, qui se penche avec une bienveillance pateline sur le sort des adolescents partis chercher vers l'Orient de nouveaux mythes et dans le haschich de nouveaux rêves, joue en réalité sur les frayeurs des parents déboussolés par les lubies de leurs rejetons[5] ».

La critique n'a pas voulu entendre qu'au travers de cette BD aux couleurs pop, plaisamment mise en musique par Serge Gainsbourg, Cayatte montrait courageusement que le chemin de Katmandou se révélait pour beaucoup de ceux qui le tentaient, une tragique impasse.

Les Chemins de Katmandou ont même puissamment contribué à réveiller le parti pris anti-Cayatte qui avait eu tendance à s'étioler à mesure que les philippiques Nouvelle Vague anti-cinéma de papa avaient perdu de leur actualité. Le succès, y compris critique, des *Risques du métier* prouvait qu'un Cayatte de bon aloi était finalement en mesure de rallier à peu près tous les suffrages. Avec *Les Chemins de Katmandou,* Cayatte retomba en disgrâce.

Cette fois ce n'était plus seulement la manière du cinéaste, son cinéma un peu à l'estomac, qui révulsait une partie de la critique mais son positionnement idéologique. Dans cette période de grandes tensions politiques, le désaccord idéologique devenait autrement plus grave que les désaccords artistiques.

Cayatte ne pouvait ignorer ce qui lui en coûterait de s'en prendre à une certaine intelligentsia de gauche, qui, depuis Mai 68, embouchait les trompettes de la radicalité, quand elle n'en faisait pas directement commerce. Il en rajouta néanmoins en faisant, par exemple, de l'amant de la mère

5 Jean-Michel Frodon, *op. cit.* , p. 290.

d'Olivier un éclatant représentant de la nouvelle bourgeoisie. L'homme est un patron de pub branché (Marc Michel). On le voit diriger un tournage publicitaire à caractère pop. L'homme fait preuve d'un évident savoir-faire. C'est un artiste à sa manière mais on devine que cette forme d'expression exaspère le cinéaste. L'homme ne tarde pas à se révéler dictatorial et particulièrement méprisant pour les femmes qu'il traite comme son cheptel. On retrouvera Marc Michel dans un rôle équivalent (cette fois il sera un couturier à la mode) et tout aussi antipathique dans *Il n'y a pas de fumée sans feu* (1973). Au travers de tels personnages, le cinéaste a clairement entendu stigmatiser ceux qui exploitent le filon « esprit de mai » dans un sens libertaire et jouissif à des fins consuméristes.

Cayatte a réalisé une « fiction de gauche »…incluant un sous-texte critique à l'égard d'une certaine gauche. Autrement dit, il a aggravé son cas.

Même si *Les Chemins de Katmandou* s'achève sur une scène de grand guignol (Olivier et Ted s'affrontant à mort parce que Ted a abusé de Jane, laquelle, terrifiée sous l'effet de la drogue que lui a administrée Ted, se défenestre), le film mérite d'être vu. Il n'est pas une simple curiosité dans la filmographie du cinéaste.

-14-
L'esprit de Mai

Mourir d'Aimer (1971)

Comment ne pas éprouver quelque scrupule à porter le fer contre un film hommage à la mémoire d'une enseignante acculée au suicide parce que liée à un de ses élèves ? Mais, oui, c'est plutôt en termes socio-politiques et non en termes artistiques qu'on saluera ici le plus grand succès public de Cayatte.

Le film est calqué sur « l'affaire Gabrielle Russier » qui avait suscité en 1969 une énorme émotion. Âgée de trente ans, Gabrielle Russier était professeure de lettres à Marseille. Prônant une pédagogie non-autoritaire, elle développe des relations amicales hors milieu scolaire avec certains de ses élèves lycéens. Une liaison naît avec l'un d'eux, Christian Rossi, alors âgé de seize ans. Les parents du jeune homme, des universitaires, pourtant très engagés à gauche, portent plainte pour détournement de mineur. En 1969, le code civil fixait à dix-huit ans la limite au délit de « détournement de mineur », délit qui est constitué par le fait de soustraire un mineur aux adultes ayant autorité sur lui. Gabrielle Russier est inculpée et emprisonnée à titre préventif à deux reprises. Finalement elle est condamnée à un an de prison avec sursis mais le Parquet fait appel. La jeune femme est suspendue de ses fonctions d'enseignante. Après un séjour en maison de repos, elle se suicide.

Sa mort suscite une immense émotion et un intense *débat de société*. Des livres paraissent. Charles Aznavour compose la chanson « Mourir d'aimer ». « Le message est simple, autant qu'éternel : un amour interdit par la société a été brisé[1]. » Le Président de la République, alors Georges Pompidou, interrogé à la fin d'une conférence de presse, cite un vers de Paul Eluard : « Comprenne qui voudra, moi, mon remords, ce fut la victime raisonnable au regard d'enfant perdu ».

Mais c'est le film de Cayatte qui va ancrer définitivement le fait divers dans la mémoire collective. Même si le film est tourné à Rouen alors que le drame s'était noué à Marseille, le cinéaste revendique sans détour avoir voulu restituer « l'affaire Russier ». S'étant entouré du concours de l'avocat de Russier, maître Albert Naud, et de Pierre Dumayet qui rencontra de nombreux protagonistes du drame, Cayatte bâtit avec eux un scénario dont la trame respecte le déroulement des faits. Mais le martyre de Danièle Guénot, l'enseignante interprétée par Annie Girardot, a pour effet de transformer rétrospectivement Gabrielle Russier en sainte laïque écrasée par l'hypocrisie de tous les pouvoirs politiques, judiciaires, médicaux, parentaux…

Comme l'analyse Yann Dehée, le public qui va voir en masse le film (5,2 millions d'entrées), vient chercher dans cette représentation, la possibilité de revivre le drame pour *in fine*, après avoir compati, pouvoir se libérer du sentiment de faute collective. « Plus qu'un élément d'influence de l'opinion, largement acquise au propos de Cayatte, c'est plutôt de la classique *catharsis* aristotélicienne qu'il faudrait

1 Yannick Dehée, *op.cit.*, p. 96.

parler ici[2] ». Le film anticipe sur ce qui, dans les années à venir, deviendra un élément clé de la fonction télévisuelle.

Mais le film est aussi indéniablement politique. Certes on peut conclure que « le film perturbe sans révolutionner, indigne sans mobiliser, et fait passer la faute sans l'excuser [3]». Mais on a aussi pu dire qu'avec ce film, c'est l'esprit de Mai qui avait, avec un temps de retard, atteint la France profonde. C'est en effet en province que le film réalise des scores impressionnants. « Les jeunes qui y envoient leurs parents, y trouvent l'occasion de faire évoluer les mentalités dans une société conformiste[4] ».

Pour atteindre un tel succès populaire, Cayatte n'a pas lésiné sur les moyens. La force émotionnelle d'Annie Girardot constitue évidemment l'atout majeur du film mais Cayatte mobilisa beaucoup d'autres ingrédients pour mettre définitivement les spectateurs dans sa poche. Lorsque l'assistante sociale (Marthe Villalonga) puis le juge d'instruction (Claude Serval) découvrent qui est Gérard, le jeune homme dont Danièle Guénot s'est éprise, ils ne peuvent manquer de trahir leur surprise tant l'acteur choisi (Bruno Pradal), grand, barbu, ne correspond guère à un ado de dix-sept ans. Comme le remarque un certain Sorel sur le site *SensCritique*, « Bruno Pradal surjoue le lycéen impétueux alors qu'il a plutôt la dégaine d'un étudiant en philosophie ». Quant au groupe de lycéens que Danièle emmène au café ou convie chez elle, ils sont remarquablement gentils, très loin de ceux qu'on a appelé durant les évènements de Mai *les enragés*.

Le principal écueil à contourner dans cette affaire était la sexualité. Aussi la mise en scène s'est-elle contentée de

2 *Ibid.*

3 *Ibid.* , p. 97.

4 *Ibid.* , p. 96.

baisers, certes de plus en plus appuyés au fil des péripéties de plus en plus douloureuses imposées aux deux amants mais, tout de même, leur relation paraît bien chaste dans ces années où se déverse sur les écrans une vague de films érotiques. Plus gênant encore, la sexualité n'est véritablement évoquée dans le film qu'au travers des jeux sadomasochistes entre deux lesbiennes auxquels Danièle est confrontée quand elle doit partager leur cellule. La ficelle est vraiment très grosse : au couple Danièle/Gérard, le romantisme ; aux prisonnières lesbiennes, une sexualité dégradante.

Trop, c'est trop, a-t-on envie de dire, rejoignant pour l'occasion les critiques traditionnellement hostiles à Cayatte. Interrogeons-nous tout de même sur le reproche plus général que Jean-Michel Frodon adresse au cinéma politique à travers son jugement sur *Mourir d'aimer* : « Les méchants y sont si méchants qu'ils ne risquent pas d'indisposer qui que ce soit, et les victimes si pures qu'elles en deviennent parfaitement irréelles [5] ».

S'il ne fait pas de doute que l'accumulation d'ingrédients exagérés de la part du réalisateur a pour effet ici de nuire à la crédibilité de son propos, on ne saurait pousser la fausse naïveté jusqu'à prétendre qu'un cinéma politique digne de ce nom devrait être un cinéma objectif. Un documentaire, fût-il le plus scrupuleux à vouloir présenter un point de vue équilibré, prend toujours parti d'une façon ou d'une autre. *A fortiori*, dès lors qu'une fiction se veut engagée, elle met forcément en scène des bons et des méchants. Par essence « la fiction de gauche » se voulant dénonciatrice, on voit mal comment elle pourrait échapper totalement à ce qui pourra toujours être dénoncé comme une forme de manichéisme. Au demeurant pourquoi les bons et les méchants qui ont toute leur place dans les westerns, les policiers et peu ou

5 Jean-Michel Frodon, *op. cit.* , p. 290-291.

prou dans toute fiction, ne devraient-ils pas avoir la leur dans le cinéma politique ? Il n'y a pas lieu de sacraliser ce genre qui relève, comme les autres genres, du spectacle. Le cinéma politique, sauf exception, n'est pas destiné à faire œuvre d'historien mais à provoquer, rouvrir des sujets enfouis, questionner, mettre le doigt là où ça fait mal, susciter le débat.

Il reste que si les méchants ne sont que des sinistres caricatures et les bons si purs qu'ils en deviennent parfaitement incolores, c'est l'efficacité même du propos qui en pâtit.

Qu'en est-il exactement dans *Mourir d'aimer* ? Le reproche de manichéisme ne s'adresse pas tant à la façon dont y sont dépeints les méchants, soit les représentants de l'ordre, qu'à la façon dont sont mis en scène les « bons contestataires ». Sans doute le portrait des défenseurs de la morale est à charge mais comment en serait-il autrement au regard du drame ? Le juge d'instruction (Claude Serval) sonne juste quand il tonne : « En Mai les enfants se sont pris pour des adultes mais la loi est restée la loi » et menace Danièle de se voir retirer ses enfants si elle ne coopère pas avec les autorités. Le proviseur (André Reybaz) sonne juste également quand, s'appuyant sur une pétition de parents hostiles à Danièle, il martèle qu'il est absolument déterminé à « faire cesser le scandale ».

Quant aux parents de Gérard, sans lesquels rien de tout cela ne serait survenu, ils sont malheureusement parfaitement crédibles. Au départ, ils sont charmés par Danièle à qui ils confient volontiers leurs deux enfants pour des sorties. Mais, à partir du jour où leur fils leur apprend la tournure qu'a pris sa relation avec l'enseignante, ils deviennent complètement hystériques allant jusqu'à faire interner Gérard en hôpital psychiatrique parce qu'il aurait été « envoûté » par « cette sorcière ». Or c'est bien ainsi que les choses se sont passées.

C'est du côté des « bons » que ça pêche. Danièle est d'un bout à l'autre la victime immolée sur l'autel de la bêtise. La seule provocation à laquelle elle se livre (un peu stupide, il faut bien le dire) consiste à demander à Gérard au restaurant de verser la totalité d'un pichet de vin dans son verre, ce qui a pour effet que le liquide se répand sur toute la table. Elle justifie son geste par une référence au poète allemand Rilke qui a raconté l'histoire d'un chevalier ayant ainsi déversé le vin par-dessus sa coupe parce que sa femme l'avait exaspéré. Dans le cas d'espèce, c'est la société qui l'exaspère, précise-t-elle à Gérard quelque peu déconcerté par ce geste incongru, annonciateur (?) du geste final par lequel elle répandra son sang. Pour le reste, le chemin de croix de Danièle est complet. Quand elle se retrouve en prison, la mère courage qu'elle est, prend sous son aile une jeune droguée. Cette dernière, enfin entourée d'un peu d'affection, retrouve goût à la vie mais, le jour de sa libération, nargue Danièle en lui disant qu'elle compte se droguer à nouveau le soir même. Cet ultime échec brise les dernières ressources morales de l'enseignante.

Pour autant, même si le manichéisme est à l'évidence ici poussé trop loin, ce n'est pas cela qui fragilise définitivement la réalisation. Là où le film pêche par-dessus tout, c'est que le couple Danièle/Gérard n'est guère crédible. Bruno Pradal est un jeune acteur plein de bonne volonté mais assez terne. Surtout, aucune chimie ne semble unir les amants. Impossible de croire que Danièle Guénot/Annie Girardot éprouve une vraie passion pour ce jeune homme. Et inversement. Il y a manifestement erreur de casting.

Certes, quand Danièle, à la toute fin du film, rentrant de son séjour en maison de santé, se retrouve seule dans une gare de Rouen entièrement vide un soir d'août, alors qu'elle pensait y être attendue, et qu'elle trouve sa boîte aux lettres, elle aussi, complètement vide, le film serre le cœur. (Heureux ceux qui ne sont pas rentrés d'un voyage un soir d'été sans que personne ne les attende et sans le moindre courrier dans leur boîte aux lettres !). Dans cette séquence, qui précède le suicide, Annie Girardot est véritablement émouvante. C'est, hélas, à peu près la seule.

A diverses reprises Annie Girardot est filmée arborant un visage profondément triste et même pleurant en gros plan[6]. Nombreux sont les critiques, ayant aimé ou non le film, qui ont souligné la performance de l'actrice. Mais, pour qu'elle fût bouleversante, il eût fallu qu'on la sente véritablement amoureuse.

Tout au long du film, trouvaille narrative, le drame est commenté par un dialogue en voix off réunissant Gérard et un homme qui semble être un journaliste. Apparemment l'interviewer pose au jeune homme les questions que Cayatte lui-même, dans le cadre de la préparation de son film, a pu poser directement à Christian Rossi. Or, dès le premier échange, s'introduit un gros malaise chez le spectateur. La voix off interroge Gérard sur le premier moment d'entrée en classe où lui et ses amis ont fait la connaissance de Danièle : « Vous l'avez prise pour une nouvelle ? » - « Oui, on a compris qu'elle était prof, quand on l'a vue prendre sa place ». Comment y croire ! Au moment du tournage, Annie Girardot est toute proche de la quarantaine. Le doute n'était guère permis sur son statut au vu de sa seule silhouette.

Dans une interview donnée à l'époque, Cayatte avait résumé le choc qu'avait représenté pour lui l'affaire Russier en disant : « Gabrielle Russier avait trente ans mais en pa-

---

6 Sur son site *FrenchFilms.org*, le critique anglophone James Travers relève que ces gros plans ne sont pas sans évoquer ceux de la Jeanne d'Arc de Dreyer. Le rapprochement apparaît d'autant plus pertinent que Cayatte a choisi Rouen pour y tourner le martyre de Danièle Guénot.

raissait vingt-cinq ; Christian Rossi avait dix-huit ans mais en paraissait vingt ». Le cinéaste trichait quelque peu car si Christian Rossi avait eu dix-huit ans, ses parents n'auraient pas pu porter plainte et il n'y aurait pas eu de procès. En revanche les témoignages concordent sur le fait qu'il faisait plus vieux que son âge. De ce point de vue le choix de Bruno Pradal se défendait, à défaut d'être un bon choix. Mais il n'était évidemment pas possible de prétendre qu'à près de quarante ans, Annie Girardot en paraissait vingt-cinq. En outre les témoignages s'accordent pour décrire Gabrielle Russier comme une jeune femme introvertie, pas très sûre d'elle-même. Tout le contraire d'une Annie Girardot, qui, avant que les mâchoires du monstre juridiciaro-policier ne se referment sur elle, apparaît comme une enseignante très à l'aise. Dans ses rapports avec Bruno, elle fait finalement plutôt figure de mère que d'amante.

Tout cela n'a pas empêché le film, bénéficiant du retentissement sociétal de « l'affaire Russier », d'être un grand succès commercial. Certes, le découpage serré et véridique des rebondissements de l'affaire assure au film la traditionnelle efficacité que même ses détracteurs reconnaissent à Cayatte. Mais malgré tous les ingrédients mobilisés, ou plutôt à cause d'eux, le film ne convainc pas. Il est trop politiquement correct. Cayatte avait été atteint par les violentes critiques venues de la gauche à propos des *Chemins de Katmandou.* On peut penser qu'avec *Mourir d'aimer* il a voulu se faire pardonner. Cette fois, l'objectif du cinéaste fut donc de fournir une image sympathique de la contestation. Mais il en a trop fait.

On peut d'ailleurs se demander si, consciemment ou à son insu, il ne s'est pas trahi dans cet excès de bonnes intentions. Non seulement le couple Girardot/Bruno Pradal ne matche guère mais c'est toute l'image donnée de la

« contestation » qui sème le trouble. Les jeunes contestataires sont particulièrement fades. Quand Danièle est mise sur la touche, ils jettent à terre leurs manuels dans un geste collectif de révolte face à la nouvelle prof de français qu'on leur impose mais leur rébellion s'arrête à peu près là. Ah si ! Ils organisent une manif en Mai 68. Mais le principal slogan qu'ils arborent à cette occasion, est « Nous sommes l'avenir » ! A côté de quelques pancartes au contenu attendu, les calicots affichent : « Libérez l'expression », « Créez », « Vive nous ! ». Cayatte craignait-il que le rappel des réels mots d'ordre de Mai ravive de tels mauvais souvenirs dans la « majorité silencieuse » que l'accueil du film aurait pu en pâtir ? Ou plutôt la puérilité de ces slogans ne montre-t-elle pas que l'esprit de Mai n'a pas particulièrement soufflé sur le cinéaste ? Le générique des *Chemins de Katmandou* avait ouvertement raillé les combattants des barricades. Ici Cayatte trahissait le peu de crédit qu'il accordait aux jeunes gens de province qui leur avaient emboité le pas par pur mimétisme.

De son côté, Danièle Guénot a accroché sur les murs de son appartement les slogans les plus gentillets de Mai 68 : « Vivre, c'est aimer », « Le bonheur est une idée neuve », etc... Quant à Bruno, il a tapissé sa chambre, comme il est d'usage, avec les portraits de Lénine, Marx, Ho Chi Minh, Che Guevara alors que rien n'indique dans le film qu'il soit un tant soit peu politisé. On a dit : Cayatte a accumulé tous les clichés sur Mai 68, cela sonne complètement faux. Mais n'est-ce pas plutôt qu'en mettant en avant de tels clichés Cayatte moque ce qu'il estime être une fausse révolution ? La plupart des critiques et des cinéphiles ont préféré voir ce qui les arrangeait. Cayatte était, à leurs yeux, désormais complètement *out*. Mais *out* parce que ne comprenant plus rien à l'époque ou bien *out* parce que manifestant clairement un désaccord avec l'air du temps ? En fait *Les Chemins de*

Katmandou et *Mourir d'aimer* peuvent être vus comme relevant de la même veine. Ils illustrent à la fois la curiosité de Cayatte vis-à-vis des nouvelles aspirations apparues dans la jeunesse mais aussi une critique des voies empruntées par les jeunes révoltés. D'où deux films où les jeunes, qu'ils soient hippies ou contestataires, sont à la fois pris en compte et moqués. Dans *Mourir d'aimer*, le film oppose schématiquement les « bons » et les « méchants ». Mais les « bons » aussi en prennent pour leur grade. C'est toute l'ambiguïté du film qui est de cœur avec les amants contre les conservateurs obtus mais qui trahit à tout le moins de l'agacement à l'égard de ce couple soixante-huitard si mal assorti. De ce point de vue, le choix d'un acteur aussi peu convaincant que Bruno Pradal peut s'analyser comme un acte manqué.

La nature profonde du ressenti de Cayatte à l'égard de certains aspects de « l'esprit de Mai » est particulièrement manifeste à propos du père de Gérard. C'est à se demander si l'élément qui a été véritablement moteur dans l'envie du cinéaste de faire revivre l'affaire Russier, n'a pas été le profil éminemment contradictoire des parents de Christian Rossi. Il s'agissait en effet d'un couple d'universitaires très engagés à gauche. Dans cet esprit, Cayatte a fait du père de Gérard un libraire d'extrême-gauche. On le voit coller une affichette sur la vitrine de sa librairie : « Avez-vous lu Lénine ? ». Sa librairie a l'apparence d'un local politique. Il y tire des tracts. Quand un cortège passe sous les fenêtres de l'appartement familial, il se précipite au balcon criant « Unité, unité ! » et applaudit à tout rompre. Or c'est le même homme qui va employer tous les moyens pour parvenir à briser la relation de son fils avec Danièle, qu'il qualifie de « salope » et de « putain ». A son fils qui le met face de ses contradictions, il réplique en hurlant : « La révolution n'a rien à voir avec vos saloperies…C'est la révolution en chambre que vous faites ! ». Face à son inflexibilité, un de ses amis finira par lui dire : « La prochaine fois que tu prendras en public la défense des libertés individuelles, si quelqu'un te traite de salaud, ce sera moi ! ».

Jacques Siclier a jugé « très mauvais » l'acteur François Simon qui officie dans le rôle du père. Ne serait-ce pas plutôt que le critique a été ulcéré par ce portrait-charge d'un intellectuel de gauche ? Cayatte a pris ici à l'évidence un malin plaisir à régler des comptes. Si les velléités révolutionnaires des jeunes l'agacent, il en veut plus encore à certains adultes qui jouent les boutefeus, radicaux en paroles alors qu'ils sont parfois très réacs dans les actes… et, le plus souvent, très hostiles à son cinéma.

Voilà qui nous amène à reconsidérer quelque peu notre impression première. Nous évoquions un film manqué parce que peu crédible dans la reconstitution du drame de Gabrielle Russier. En faisant de Danièle Guénot une sainte laïque, Cayatte en a trop fait. Mais cette mise en scène trop démonstratrice finit par mettre la puce à l'oreille. Cayatte a été révolté par l'injustice à la base du drame mais le peu d'enthousiasme qu'il met dans la peinture des contestataires et la férocité avec laquelle il peint des parents de gauche hystériquement répressifs, trahit une réticence cachée, à tout le moins vis-à-vis de l'exploitation qui a pu être faite de cette affaire.

A défaut de convaincre, *Mourir d'aimer*, ce film hommage qui, à l'analyse, se révèle quelque peu miné de l'intérieur, mérite donc notre indulgence.

*

A propos de *Mourir d'aimer,* le critique Jean-Michel Frodon a développé une critique globale du cinéma de Cayatte. Selon lui, la constante de ce cinéma serait de prendre la défense de l'individu contre la société. Plutôt que de voir là tout simplement l'expression d'une préoccupation humaniste de bon aloi quant à la fragilité intrinsèque de l'individu face à la puissance de la société et de l'Etat, J-M Frodon y voit la promotion d'un individualisme mortifère. « Cayatte est, depuis longtemps, à l'unisson de l'individualisme qui a été une idée-force de Mai-68 (et qui est à l'œuvre dans la quasi-totalité de ses films plaidoyers). Sous l'étiquette libertaire, cette attitude passe pour une forme avancée de contestation. Il faudra du temps pour se rendre compte, qu'assenée telle quelle, elle contribue aussi à détruire les solidarités et les communautés, les repères éthiques et historiques[7]. »

Ainsi, d'un côté, les films de Cayatte seraient si simplistes qu'ils ne seraient nullement capables de troubler les spectateurs. Mais d'un autre côté, le cinéaste porterait une responsabilité particulière dans le développement d'un individualisme destructeur des solidarités et des repères éthiques. Les deux points de vue paraissent difficilement conciliables.

Plus sérieusement, il est tout à fait inexact de soutenir que Cayatte aurait été au diapason du courant libéral-libertaire, avatar du mouvement de Mai. Au contraire, comme on l'a vu, un film comme *Les Chemins de Katmandou* dénonce justement chez les enfants de Mai la tentation du repli dans un consumérisme cynique ou la recherche de pseudo-solutions individuelles à base de religiosité frelatée et de paradis artificiels.

7 *Ibid.* , p.292.

Cinquième Partie

Dans et contre l'air du temps

Après *Mourir d'aimer*, Cayatte va réaliser cinq films dans les années soixante-dix : *Il n'y a pas de fumée sans feu* (1971), *Verdict* (1974), *A Chacun son enfer* (1976), *Raison d'Etat* (1978) et *L'Amour en question* (1978).

La critique, comme toujours, va déplorer une mise en scène trop appuyée[1]. Pour notre part, nous dirons plutôt que manque, dans cette production des années soixante-dix, le parfum d'humour et de dérision, tantôt explicite tantôt sous-jacent, qui, entremêlé à la véhémence du propos, donnait toute sa force au style cayattien, particulièrement dans les films des années cinquante mais y compris encore dans un film comme *Les Chemins de Katmandou.* L'esprit de sérieux y gagne du terrain. La crédibilité du cinéma cayattien

1 C'est un argument souvent invoqué pour décrire Cayatte comme un cinéaste antimoderne. Selon cette approche, l'essence de la « modernité » résiderait dans la mise en crise de la représentation. La « modernité » offrirait au spectateur les moyens de ne plus succomber à l'illusionnisme cinématographique et stimulerait ses capacités réflexives. Mais on peut tout aussi bien soutenir que par le biais de l'artifice que constitue une mise en scène appuyée, outrée, caricaturale ou mélodramatique, le spectateur est aussi mis dans une position où est stimulé son esprit critique par la distance ainsi créée avec l'illusion de la représentation.

n'en sort pas pour autant renforcée. Au contraire, la disparition de l'humour et de la dérision incline à penser, paradoxalement, qu'au fond Cayatte croit de moins en moins aux belles histoires de gauche qu'on attend de lui. Certes, il ne pense pas que les combats qu'il mène encore, ne soient pas justes. Ainsi s'attaquera-t-il avec courage, dans *Raison d'Etat*, au sujet difficile de l'implication de la France dans le commerce des armes. Ce n'est pas non plus qu'il a perdu la main. Ses scénarii sont bien ficelés. La mise en scène est efficace. Le spectacle est de qualité. Mais, justement, cela sonne comme un spectacle. Le cinéaste n'a plus la même force de conviction. Son cinéma en couleurs n'a pas le même tranchant que son cinéma en noir et blanc. Sentiment de lassitude ou effet du vieillissement, une certaine distance s'est instaurée.

Dès *Nous sommes tous des assassins*, Jacques Lourcelles avait souligné le pessimisme du cinéma de Cayatte. Le critique s'était demandé si ce pessimisme, qui, estimait-il, « donnait du relief à sa peinture », n'allait pas « à l'encontre des intentions généreuses et réformatrices de l'auteur[2]. »

De fait, le pessimisme est patent dans l'ensemble de la filmographie cayattienne. Dans les prétoires, les accusés sont toujours condamnés à tort. Soit ils ne sont pas coupables, soit ils ne sont pas vraiment responsables. Dans *Avant le déluge*, c'est plutôt les parents qui mériteraient d'être sur le banc des accusés. Quand, contre toute attente, les accusés sont innocentés, la foule les attend pour les lyncher à la sortie (*Le Glaive et la balance)*. La seule fois où l'accusé s'en tire sans condamnation, dans *Verdict*, c'est cette fois-là qu'il aurait dû être condamné.

---

2 Jacques Lourcelles, *op. cit.* , p. 1043.

Hors des prétoires, hormis dans les quelques films de divertissement que le cinéaste a tourné dans les années quarante, il n'y a jamais de *Happy Ending*. Le plus souvent, le film s'achève en tragédie. Au mieux, il flotte un parfum de profond désenchantement. Peut-être Roger va-t-il entamer une nouvelle vie quand il repasse le Rhin, mais, pour l'heure, il lui a fallu rompre avec sa femme et sa belle-mère tant le retour dans sa famille l'a déçu. Doucet a sauvé sa tête mais ni lui ni sa compagne n'imagine pouvoir demeurer plus longtemps dans la bourgade.

Le cinéma cayattien des années soixante-dix exhalera un pessimisme encore plus manifeste. Dans les interviews que le cinéaste accorde ces années-là, Cayatte ne manque pas de dire qu'il est devenu insensible aux critiques qui lui sont perpétuellement faites. On le croit volontiers. Mais cela peut aussi s'entendre comme l'expression désormais bien ancrée d'un sentiment d'impuissance à faire bouger les choses à travers son cinéma... à commencer par la mauvaise presse qui lui est constamment faite.

Il faut dire que la période se prête à une certaine désespérance. La rébellion de Mai 68 s'est achevée sur un retour en force d'un pouvoir de droite passablement répressif. La gauche échoue encore en 1974. Il semble qu'elle ne parviendra jamais à incarner l'alternance. Certes c'est dans ces années-là que s'épanouit un certain *cinéma politique* (Costa-Gavras, Yves Boisset, René Vautier,...). Enfin la fiction de gauche a droit de cité et le public suit. Comme beaucoup d'autres, Cayatte va en profiter. Mais ce cinéma politique est un cinéma noir. A l'image des fictions américaines où, après le Watergate et la déroute vietnamienne, des pouvoirs maléfiques s'emploient dans l'ombre à détruire la démocratie, le cinéma politique français sera volontiers complotiste. Cayatte cédera à ce penchant dans *Raison d'Etat*.

Dans ce contexte, s'ajoute désormais, pour le cinéaste, son décalage avec une certaine gauche qui, à l'époque, tient le haut du pavé sur le plan idéologique. Il est en guerre avec elle depuis l'accueil reçu par les *Chemins de Katmandou.* Il a laissé percer son malaise dans *Mourir d'aimer*. Son positionnement est devenu contradictoire : il entend toujours faire un cinéma de gauche mais ne se sent plus tout à fait à l'aise « dans ses baskets » de cinéaste engagé. Il va aggraver son cas avec *A Chacun son enfer*, un film où sont rassemblés tous les ingrédients de nature à le faire vomir par cette gauche qui l'agace. Bien entendu, en retour, il sera descendu en flammes. Pour la presse culturelle de gauche, il ne sera plus seulement un mauvais cinéaste, il sera un renégat.

Au fond, l'image qu'on garde de lui, en tant que réalisateur roboratif de « fictions de gauche » et qu'il entretient lui-même, est trompeuse. Dans ces années-là, la trame de ses scénarii reste sociale et politique mais Cayatte ne s'intéresse plus qu'assez mollement à la portée de ses intrigues politico-policières.

Ce qui semble vraiment primer désormais pour lui, par-delà son plaisir toujours intact à tourner des histoires, c'est le travail avec les acteurs. Il s'entoure en effet, dans ces années-là, d'une pléiade d'acteurs de grand talent : Bibi Andersson, Michel Auclair, Michel Bouquet, Mireille Darc, Bernard Fresson, Jean Gabin, Michel Galabru, Annie Girardot, François Périer, Sophia Loren, Monica Vitti, Jean Yanne. Dans les rôles qu'il leur donne, beaucoup d'entre eux sont à leur meilleur.

Son actrice fétiche est Annie Girardot. Après *Mourir d'aimer*, il lui redonne le rôle féminin principal dans *Il n'y a pas de fumée sans feu*, *A Chacun son enfer* et *L'Amour en question.* Cela peut sembler un choix opportuniste et commercial : Annie Girardot est alors la plus populaire des actrices françaises. Cayatte lui doit son plus grand succès public. Mais il y a plus. Dans *Il n'y a pas de fumée sans feu* et *A Chacun son enfer*, ce n'est pas seulement Annie Girardot qu'il emploie, c'est aussi le couple qu'elle constitue alors à la ville avec Bernard Fresson. C'est un « jeu » troublant. Le couple se trouve confronté à des situations-limite. Dans *Il n'y a pas de fumée sans feu*, il fait face à une machination politique. Par le moyen d'une photo truquée mais dont le truquage se révèle indétectable, le personnage d'Annie Girardot est accusé d'être une partouzeuse. Peu à peu le poison s'installe dans le couple. Dans *A Chacun son enfer*, la situation est encore plus terrible à vivre pour le couple puisqu'il y subit le kidnapping et le meurtre d'un enfant.

Dans *Mourir d'aimer*, le couple Annie Girardot/Bruno Pradal ne matchait guère. Là le couple Girardot/Fresson matche magnifiquement. Trop peut-être ! Bernard Fresson a coutume de jouer des rôles entiers. Il y apparaît à fleur de peau, sanguin, bagarreur, jaloux... comme le décrivent dans la vraie vie les biographes d'Annie Girardot. Cayatte semble avoir été fasciné par la possibilité de mettre en scène leur intimité.

Dans ces années-là, Cayatte revient aussi à « la scène judiciaire ». A nouveau, il relance ses critiques contre l'institution. Mais, à travers le scénario pour le moins rocambolesque de *Verdict*, on perçoit que c'est surtout le plaisir de mettre face à face Jean Gabin et Sophia Loren qui lui a fait tourner ce film. Dans *L'Amour en question* il entreprend de comparer la justice française et la justice anglaise mais, là aussi, il s'agit plutôt d'un décor qui lui donne surtout l'occasion de brosser un portrait de deux femmes qui s'affrontent, la juge d'instruction (Annie Girardot) et l'inculpée (Bibi Andersson).

Ainsi, si Cayatte donne le change ces années-là avec ses intrigues politico-policières, il est loisible de considérer que ses véritables centres d'intérêt sont ailleurs. Mais, à soixante-dix ans, le vieux lutteur n'a pas dit son dernier mot. Comme beaucoup d'autres à l'époque, il va se tourner vers la télévision. Au début des années quatre-vingts, il réalisera quatre « fictions de gauche » qui, cette fois, seront vues par des millions de téléspectateurs… sans avoir à subir, au préalable, le filtre critique de la presse.

-15-
La photo qui tue

Il n'y a pas de fumée sans feu (1973)

Il n'y a pas de fumée sans feu est un film tout à fait représentatif de la veine « fiction de gauche » telle qu'elle s'est épanouie dans le cinéma français des années soixante-dix. On y retrouve à peu près tous les éléments du genre sous la forme d'un thriller politique.

Nous sommes à Chavigny, une grande municipalité de la banlieue parisienne. (Le film est tourné à Garges-lès-Gonesses). Le maire, un certain Boussard (André Falcon) est affilié au parti au pouvoir. C'est donc, à cette époque, sans ambiguïté possible un maire de droite. Le film s'ouvre sur une séquence choc, la plus spectaculaire qu'ait tourné Cayatte en guise d'introduction. Des colleurs d'affiches de l'opposition sont pourchassés par un commando de nervis. Une voiture catapulte délibérément un colleur d'affiche à vélo. L'homme est tué sur le coup.

Cette entrée en matière était un rappel transparent du meurtre d'un colleur d'affiches, militant du parti socialiste, survenu à Puteaux lors des élections municipales de 1971. Nous sommes en effet à une période où il est fréquent que les collages nocturnes donnent lieu à des violentes bagarres entre groupes de militants. De ce point de vue, notre vie politique apparaît aujourd'hui plus policée. Les guéguerres entre colleurs d'affiches ont beaucoup perdu de leur acuité. Mais c'est aussi que l'affichage électoral a, lui aussi, beaucoup perdu de son importance au profit des outils numériques.

La mort de ce militant, doublé d'un autre décès particulièrement suspect, conduit un citoyen non encarté politiquement, le docteur Michel Peyrac (Bernard Fresson) à se présenter contre le maire qu'il n'hésitera pas à qualifier publiquement d'assassin.

A la mairie, un homme de l'ombre, un dénommé Morlaix (Michel Bouquet) est le préposé aux coups tordus. C'est lui qui a recours à la violence et au meurtre. C'est à lui que va revenir la charge de concevoir une machination capable de discréditer Peyrac. Il a appris que sa femme, Sylvie Peyrac (Annie Girardot), est très amie avec la femme d'un couturier parisien à la mode, Olga Leroy (Mireille Darc). Or le couple Leroy a la particularité d'organiser, nuitamment, des « partouzes » dans leur riche propriété.

Sylvie Peyrac se rend souvent chez son amie…en journée, cela va sans dire. Elle y est assidument courtisée par un jeune homme, Ulrich Berl (Mathieu Carrère), ami du couple. Sylvie Peyrac laisse dire, amusée, et se laisse même prendre en photo sous toutes les coutures.

Ulrich est assez particulier. C'est un artiste spécialisé dans des compositions érotiques. Tombé sous le charme de Sylvie Peyrac, il a tapissé sa chambre de photos-montages dans lesquels la tête de madame Peyrac vient se poser sur des corps de femmes nues dans toutes les positions possibles. Il assiste aux parties fines de ses hôtes mais seulement en voyeur, prenant des photos à travers une glace sans tain.

Morlaix, l'âme damnée du maire, apprend l'existence de ce personnage et découvre que ce dernier se fait fort de produire des photos tellement bien truquées que la manipulation est totalement indétectable. Saisissant le parti que pourrait retirer Boussard d'une photo truquée de Sylvie Peyrac en tant que participante à une soirée échangiste, Morlaix saute sur sa proie. Avec un sens parfait de l'ellipse, Cayatte le filme exposant en marchant de dos son projet dans le bureau du maire, puis, se retournant, le voici, cette fois, marchant de face, exposant à Ulrich, dans l'appartement de celui-ci, ce qu'il attend de lui moyennant finances et menaces s'il ne s'exécute pas.

Rappelons que nous sommes alors dans un contexte qui voit déferler sur les écrans la mode des films érotiques. Tout le cinéma s'en trouve imprégné. Il n'est pas douteux que Cayatte, comme beaucoup d'autres réalisateurs à l'époque, exploite ici le filon à des fins commerciales. Rappelons aussi qu'à cette période avaient couru des rumeurs diffamatoires sur la vie sexuelle de la femme du président de la République. Est-ce pour cet aspect du scénario que le tournage d'*Il n'y a pas de fumée sans feu* eut à connaître de sérieux problèmes avec la censure ? Les responsables politiques de l'époque le démentirent et Cayatte assura que son scénario n'avait nullement voulu provoquer un tel rapprochement. Quoiqu'il en soit, comment ne pas être agacé par cette complaisance, si courante au cinéma (Cayatte n'est pas le seul à y recourir et la chose reste encore aujourd'hui d'actualité), consistant à mélanger sexe et politique. A croire que la mise en images de la corruption politique ne saurait suffire, à elle seule, à révolter le spectateur, il faut encore que soient associées à la corruption, des pratiques sexuelles jugées malsaines, pour que le spectateur soit véritablement scandalisé.

Bien sûr, Cayatte, pour sa défense, ne manquerait pas de faire valoir que le propos de son film fut précisément de condamner le recours sordide à la dénonciation d'une pratique sexuelle pour discréditer un adversaire…Et il pourrait ajouter qu'il a fait d'Olga Leroy, un personnage positif. Non seulement il apparaîtra qu'Olga participe aux soirées échangistes plus pour faire plaisir à son mari que par goût personnel, mais surtout que c'est grâce aux efforts qu'elle déploiera, que Michel Peyrac parviendra à s'extirper d'une autre machination cette fois directement ourdie contre lui.

Par ailleurs, il apparaît que l'ingrédient sexuel n'est pas utilisé ici seulement pour pimenter la sauce. Deux éléments intéressants en découlent. En premier lieu le personnage d'Ulrich, photographe voyeur, ne manque pas d'intriguer à plusieurs titres. C'est un créateur. Pour aussi curieuse que paraisse l'utilisation qu'il fait des photos de Sylvie Peyrac, ses photos-montages n'en ont pas moins une certaine qualité formelle. Dans son labo, Ulrich ne manque pas d'apparaître comme un double du cinéaste dans sa salle de montage. Un double qui manipule des images érotiques à partir des photos qu'il a prises de celle qui est alors l'actrice fétiche du réalisateur...

Ce n'est pas le seul élément troublant. La scène fait aussi irrésistiblement penser à des séquences du dernier film réalisé par Henri-Georges Clouzot, « La Prisonnière ». Ce film, sorti en 1968, ne rencontra guère les faveurs de la critique et du public[1]. Cayatte, ami et admirateur de Clouzot, déclara

1 *La Prisonnière* est un film très sous-estimé. Sans doute la relation à caractère sadomasochiste au cœur du film entre Josée (Elisabeth Wiener) et le collectionneur d'art Stan Hassler (Laurent Terzieff) n'emporte pas la conviction mais certains aspects du film, notamment la façon dont Clouzot met en scène sa fascination pour l'art cinétique ainsi que la séquence de délire visuel qui s'empare de Josée après sa tentative de suicide, sont vraiment extraordinaires. Dans *La Prisonnière*, Clouzot a

pour sa part avoir beaucoup aimé le film. Ulrich, manipulant ses appareils dans l'obscurité de son labo photo, fait beaucoup penser au personnage central de *La Prisonnière*, Stan Hassler joué par Laurent Terzieff. Comme Ulrich, et comme le pratiquait Clouzot dans la vraie vie, Stan réalise des travaux photographiques érotico-artistiques. Il lui faut pour jouir recourir au succédané de la photo érotique réalisée dans une théâtralité sadomasochiste[2].

Tout se passe donc comme si, derrière Ulrich, se profilaient les figures du réalisateur en général et plus particulièrement celles de Cayatte et de Clouzot. Cette séquence peut être vue comme une façon pour Cayatte de témoigner de sa proximité d'avec Clouzot, mais elle peut aussi être vue comme une façon de le concurrencer sur son propre terrain pour mieux mettre en lumière ce qui les sépare. Le personnage d'Ulrich est quand même sensiblement différent de celui de Stan. Stan est un personnage dominateur. Il l'est en tant que patron galeriste « exploitant » des artistes cinétiques qu'il n'aime pas particulièrement, puisqu'aucune œuvre de ceux-ci ne figure dans son appartement. Il l'est aussi dans la mesure où ses plaisirs de voyeur s'accompagnent de pulsions sadomasochistes. Stan est incapable d'aimer. Il ne supportera pas longtemps que la relation qu'il noue avec Josée (Elisabeth Wiener) prenne un caractère sentimental. Les femmes ne peuvent pour lui qu'être chosifiées dans des rapports de domination. Inversement Ulrich nous est au fond présenté comme un gentil garçon. Ulrich est sincèrement séduit par Sylvie Peyrac. Ulrich est révulsé

---

pu réinvestir une partie des recherches formelles qu'il avait développées pour le film *L'enfer* qu'il n'était pas parvenu à mener à bien.

2 Clouzot disait à propos de *La Prisonnière* : « Ce film est le plus proche de moi, le plus sincère, celui où je me livre le plus ».Interview par José-Louis Bocquet et Marc Godin, *in Clouzot cinéaste*, La Table Ronde, p.468.

par ce que lui demande Morlaix. S'il cède, c'est qu'en bon personnage cayattien, il se sent coupable. Morlaix a fait son enquête. Son chantage s'appuie sur le fait qu'une jeune fille qu'Ulrich avait conduite un soir chez les Leroy, s'est ensuite suicidée.

Cette séquence peut également se lire comme un hommage à la force des mystifications engendrées par le cinéma. La mystification à laquelle se livre Ulrich/Cayatte est tellement parfaite que même les experts des laboratoires officiels les plus pointus qui seront sollicités par le docteur Peyrac, ne parviendront pas à déceler le trucage. La conclusion de tous les experts sera que la photo est authentique. Force troublante du cinéma…qui va se révéler cadeau empoisonné. Face à cette image truquée mais que les experts les plus compétents disent être vraie, le doute ne va pas manquer de s'insinuer progressivement dans l'esprit du docteur Peyrac.

Le docteur Peyrac, Bernard Fresson parfait dans le rôle, est un homme sincère, direct, entier. Michel Peyrac est l'opposé d'Ulrich qui vit dans ses fantasmes. (De même, dans *La Prisonnière*, Bernard Fresson, qui jouait le compagnon de Josée, était présenté comme un artiste cinétique sincère et entier, à l'opposé de Stan). Le couple Peyrac est un couple qui s'aime. Michel Peyrac s'engage dans la bagarre électorale parce que sa compagne l'assure qu'elle sera totalement à ses côtés. Mais, dès la réception de la fameuse photo, la belle assurance du couple se fissure. « Ne me regarde pas comme ça ! » lui lance Sylvie. Quand celui-ci réalise que la photo truquée a pour cadre la propriété des Leroy, Michel ne peut pas s'empêcher de s'exclamer « Bravo ! ». Il a beau se corriger aussitôt : « Je ne sais pas pourquoi je dis ça », le mal est fait. Sylvie dégringole sur la pente des dénégations : « Ce n'est pas moi qui suis sur la photo ! Je ne suis pas toujours fourrée chez les Leroy ! Ulrich n'est pas mon petit copain ! ».

Michel Peyrac, *in fine* emprisonné à l'issue d'une machination en vertu de laquelle lui est imputé le meurtre d'Ulrich, confesse à Sylvie dont on mesure le désespoir sur le reflet de son visage dans la vitre du parloir : « Cette photo m'obsède, j'ai beau me dire qu'elle est fausse, je n'arrive pas à y croire tout à fait. J'ai besoin d'entendre quelqu'un me dire qu'elle est fausse ». Sylvie finit par tenter de se suicider.

Olga parviendra à prouver en haut lieu que toute cette affaire ne reposait que sur une succession de coups montés. C'est l'occasion pour Cayatte d'apporter, une première fois, sa pierre à la vision complotiste du pouvoir très à la mode dans le cinéma politique de ces années-là. Bien que parfaitement informé des méfaits de ses représentants locaux, le plus haut sommet de l'Etat étouffe le scandale. Les instigateurs sont dédouanés. Le maire de Chavigny est seulement prié de se retirer. C'est le machiavélique Morlaix qui devient tête de liste. Libéré, Michel Peyrac, lui, a perdu la foi. Plus question de mener campagne. Ses doutes l'obsèdent toujours. Son seul objectif désormais est de comprendre quelle nouvelle machination est à l'œuvre dans le fait qu'il a été libéré.

Dans la veine « fiction de gauche années soixante-dix », *Il n'y a pas de fumée sans feu* est certainement le film de Cayatte le plus réussi. Il se voit décerner un Ours d'argent mérité au festival de Berlin en 1973.

-16-
Portrait de femme

Verdict (1974)

André Léoni (Michel Albertini) est un jeune homme aux lourds antécédents familiaux. Son père a été un gangster corse abattu par la police après avoir tué un brigadier. Mais sa mère, Térésa Léoni (Sophia Loren) a tout fait pour le tenir à l'écart des influences du milieu. Elle a étroitement cornaqué son fils sur lequel elle exerce une sorte d'emprise. Si bien que parmi les gosses de riches qu'il fréquente, André fait figure de « fils à maman ». Une camarade, Annie Chartier (Muriel Catala), qu'il a amenée chez lui, pousse même la moquerie jusqu'à le provoquer sexuellement après s'être parée d'habits de sa mère. Exaspéré, André la repousse brutalement. Elle heurte le sol et perd connaissance. Il veut la déposer à l'hôpital mais, paniqué, finalement précipite la jeune fille dans le Rhône. Un témoin l'identifie formellement comme étant celui qui a jeté le corps. Il est écroué.

Sa mère, elle, est absolument persuadée qu'il est innocent. Elle entend plaider sa cause auprès du président de la Cour d'assises de Lyon, un magistrat connu pour sa rigueur et sa sévérité, le juge Leguen (Jean Gabin). Celui-ci l'éconduit sèchement le jour où elle se présente chez lui.

Au premier jour du procès, elle comprend que les jeux sont faits : le président rudoie sans vergogne l'accusé, persuadé à l'évidence de sa culpabilité. Alors elle décide « une folie » : elle fait enlever l'épouse du magistrat. « Acquittez mon fils et je vous rendrai votre femme à l'issue du procès ! ».

Eberlué par cette audace mais surtout très inquiet pour sa femme qui a un absolu besoin de se voir administrer sa dose d'insuline chaque jour, le magistrat cède. Dès lors, à la grande surprise de l'avocat général et des média, le juge Leguen se radoucit en séance et multiplie les commentaires de nature à jeter le doute dans l'esprit des jurés quant à la culpabilité de l'accusé.

Un soir, Leguen s'invite chez Térésa. Le magistrat est fasciné par la détermination de la mère et la beauté de la femme. La conversation s'engage, un peu irréelle. Une sorte de complicité s'installe entre eux. Il fera tout pour disculper le fils si elle fait tout pour bien traiter sa femme. Mais Nicole Leguen (Gisèle Casadesus) ne l'entend pas ainsi. Elle ne peut pas accepter que son mari se déshonore pour la sauver. Elle casse ses ampoules médicamenteuses et décide de se laisser mourir.

L'heure est à la délibération des jurés. Les dés sont largement pipés. Térésa s'est même employée dans le cours du procès à acheter le témoignage d'un témoin crucial. Le juge Leguen sort le grand jeu lors du délibéré. Il lit et relit le fameux article 353 du code pénal, article infâme selon Cayatte puisqu'il incite le juré à se prononcer non pas strictement à partir des faits mais sur son « intime conviction ». Le juge clame sa révolte contre cet article et entraîne les jurés à voter « l'acquittement en signe de protestation contre le 353 ».

A l'énoncé du verdict, comme dans *Le Glaive et la balance,* le public est sidéré. Mais, cette fois, la protestation ne tourne pas à l'émeute. Le public est essentiellement constitué des proches de la très bourgeoise famille Chartier.

Térésa a gagné mais elle s'effondre quand elle découvre le corps sans vie de Nicole Leguen.

Le lendemain, c'est la levée d'écrou. Térésa se précipite au-devant d'André, lequel est abject avec elle. Il lui avoue son crime. Il désavoue son aide. Il ne veut plus la voir.

Térésa conduit Leguen jusqu'au seuil de la maison où sa femme a été séquestrée puis lance sa voiture s'écraser contre un mur.

*

Le moins qu'on puisse dire est que le scénario concocté par Cayatte et Henri Coupon, était tiré par les cheveux. Le film vaut surtout par la rencontre des deux monstres sacrés, Jean Gabin et Sophia Loren. Jean Gabin, dans une de ses dernières apparitions à l'écran, s'impose dans un rôle tout en retenue. Mais c'est surtout Sophia Loren, frémissante, qui crève l'écran. Rien que pour elle le film mérite d'être vu. Pour le reste, on retrouve avec plaisir, dans le décor cayattien par excellence d'un tribunal, une série de seconds rôles, hommes de robe ou témoins au procès, convaincants même si l'histoire ne l'est guère. On retrouve aussi avec grand plaisir une musique composée par l'excellent Louiguy. Compositeur attitré de Cayatte jusqu'à *Piège pour Cendrillon,* il réapparaît ici avec une composition très *seventies* qui colle comme un gant à ce thriller psychologique[1].

Sophia Loren qui a maintenant quarante ans, n'est plus la starlette de ses débuts. Dans ce film, elle ne joue aucunement sur la séduction. Elle est tout simplement impressionnante dans ce rôle de mère aveugle sur la véritable

1 Regrettons qu'à ce jour *Verdict* n'ait pas fait l'objet d'une édition DVD. Le film est néanmoins visible sur *youtube.*

personnalité de son fils. Son personnage nous invite à un commentaire sur la place des femmes dans le cinéma de Cayatte.

En premier lieu, relevons le nombre considérable de grandes actrices qui figurent dans cette filmographie :

- Danielle Darrieux dans *La Fausse maîtresse*
- Maria Casarès dans *Roger-la-Honte*
- Renée Saint-Cyr dans *Pierre et Jean*
- Ginette Leclerc dans *Le Dernier sou*
- Martine Carol et Anouk Aimée dans *Les Amants de Vérone*
- Madeleine Sologne et Jeanine Darcey dans *Le Dessous des cartes*
- Claude Nollier, Dita Parlo et Valentine Tessier dans *Justice est faite*
- Marina Vlady dans *Avant le Déluge*
- Nelly Borgeaud, Danièle Delorme, Léa Padovani dans *Le Dossier noir*
- Michèle Morgan dans *Le Miroir à deux faces*
- Nicole Courcel dans *Le Passage du Rhin*
- Marie-José Nat dans *La Vie conjugale*
- Dany Carrel, Madeleine Robinson dans *Piège pour Cendrillon*
- Emmanuelle Riva, Nathalie Nell, Nadine Alari dans *Les Risques du métier*
- Jane Birkin dans *Les Chemins de Katmandou*
- Annie Girardot dans *Mourir d'aimer, Il n'y a pas de*

fumée sans feu, A Chacun son enfer et *L'amour en question*

- Mireille Darc dans *Il n'y a pas de fumée sans feu*
- Monica Vitti dans *La Raison d'Etat*
- Sophia Loren dans *Verdict*
- Bibi Andersson dans *L'Amour en question*

Liste non exhaustive car omettant de nombreux excellents seconds rôles ! Il y a là un casting de rêve. Et, à ma connaissance, aucune de ces actrices dont certaines figurent parmi les plus grandes, n'a regretté d'avoir tourné avec Cayatte. Anouk Aimée et Marina Vlady lui doivent d'avoir lancé leur carrière.

Dans tous ces rôles, les « garces » et les séductrices traîtresses comme on en rencontre si souvent dans le cinéma français, sont quasi-inexistantes. Il n'y a guère que Madeleine Sologne dans *Le Dessous des cartes* et Dany Carrel et Madeline Robinson dans *Piège pour Cendrillon* qui endossent ce costume. Ginette Leclerc aussi dans *Le Dernier sou* mais le film narre justement son parcours de rédemption. Quant aux méchantes ados qui accusent leur professeur dans *Les Risques du métier*, elles finissent par craquer et on leur pardonne bien volontiers.

Hormis quelques seconds rôles à qui Cayatte a demandé d'exposer leur nudité quelques secondes, concession commerciale qui s'impose dans les années soixante-dix, il n'y a guère que dans *Piège pour Cendrillon* où la mise en valeur de la plastique d'une actrice, Dany Carrel, constitue un atout majeur du film. Même Jane Birkin dans *Les Chemins de Katmandou* n'est guère déshabillée. Marie-José Nat dans *La Vie conjugale* se lance dans un strip-tease devant son mari. Mais le spectateur ne la voit qu'en ombre chinoise. C'est à peu près tout ce que nous offre le cinéaste au chapitre de l'érotisme.

Dans les films de Cayatte, les femmes ne sont pas là pour faire joli. Elles ont une forte personnalité. Pratiquement toutes endossent des rôles à haute intensité dramatique. Elles sont éprises d'autonomie et de liberté. Chez plusieurs d'entre elles, la dimension féministe est manifeste. C'est particulièrement le cas dans les personnages interprétés par Claude Nollier dans *Justice est faite*, Nelly Borgeaud dans *Le Dossier noir*, Marie-José Nat dans *La Vie conjugale* et Annie Girardot dans *Mourir d'aimer*.

Sans doute le caractère général du constat dressé ici devrait être soumis à un examen plus approfondi comme l'y invitent les travaux qui se développent désormais dans le champ du cinéma sur la thématique des rapports de genre.

Par exemple, il y aurait lieu de se demander dans quelle mesure le cinéma de Cayatte, né durant l'Occupation et s'étant épanoui durant l'Après-guerre, peut être vu à travers la grille de lecture défendue par Noël Burch et Geneviève Sellier dans leur livre « La Drôle de guerre des sexes du cinéma français ». A titre de synthèse grossière de cet ouvrage appuyé sur une connaissance encyclopédique du cinéma français des années trente à cinquante, rappelons ici que les auteurs y développent la thèse selon laquelle le poids du patriarcat, très présent dans le cinéma des années trente, a eu tendance à se diluer sur les écrans durant la période de l'Occupation, période de débâcle de la virilité suite aux échecs militaires et à l'absence des hommes, mais n'a pas tardé à être réinstauré spectaculairement dès la Libération.

En effet, dans la France de Vichy, prolifèrent sur les écrans des Mère Courage à la sauce pétainiste et des jeunes filles douces et fidèles mais aussi, parfois, des figures nouvelles de femmes entreprenantes et autonomes. Burch et Sellier citent, parmi d'autres exemples, le personnage d'acrobate incarné par Danielle Darrieux dans *La Fausse maîtresse* de Cayatte. Comme on l'a dit précédemment, *La Fausse maîtresse*, premier film réalisé par Cayatte, n'est qu'un aimable divertissement conforme au cinéma aseptisé qu'entendaient promouvoir les dirigeants allemands de la société *Continental* au sein de laquelle Cayatte a œuvré ces années-là mais Burch et Sellier relèvent néanmoins que l'acrobate Danielle Darrieux s'y distingue par son audace.

« Faisant irruption dans une salle de gymnastique masculine, elle se montre capable d'extirper à un journaliste de feuille à scandales la promesse de rétractation d'un article diffamatoire, en usant de l'intimidation physique (elle rattrape sa proie, en se balançant au bout d'une corde, comme Tarzan)[2] .»

Le cinéma de Cayatte durant l'Occupation s'inscrirait donc dans le mouvement de dilution du patriarcat repéré par Burch et Sellier. Ces auteurs sont-ils en revanche fondés à prétendre que le cinéma de Cayatte n'échappe pas au mouvement de réinstauration de l'ordre patriarcal dans le cinéma de l'après-guerre ? Les deux seuls éléments sur lesquels ils s'appuient, le premier se rapportant au sort d'Angelo (Serge Reggiani) dans *Les Amants de Vérone*, le second en rapport avec la façon dont est présentée la responsabilité des parents dans *Avant le déluge*, ne sont pas vraiment convaincants. Il n'apparaît guère qu'Angelo soit victimisé par des femmes maléfiques. Quant aux parents stigmatisés dans *Avant le déluge,* il n'apparait guère que leur responsabilité soit inégalement partagée. « Bernard

2 Noël Burch, Geneviève Sellier, *La Drôle de guerre des sexes du cinéma français, 1930-1956*, L'Harmattan, 2019, p. 123.

Blier, le père militant, mais veuf sera finalement absous » nous disent les auteurs « alors que Isa Miranda, la mère coquette qui cherche à retenir son amant au lieu d'élever son fils, reste impardonnable[3] ». Mais dans le film, les parents jugés responsables sont quatre. Il y a aussi Line Noro qui, à force d'étouffer son fils, en a fait un être faible au point que, pris de panique, il va tirer sur un veilleur de nuit. Mais il y a aussi Balpêtré, terriblement antisémite dont l'influence sur son fils conduit celui-ci à considérer que son ami doit être tué car « un Juif finit toujours par trahir ». S'il fallait absolument déterminer qui est le parent dont l'éducation est moralement la plus défaillante, ce serait sans aucun doute Balpêtré qui devrait être désigné. En tout état de cause, parmi ces quatre parents que le film accuse, il y a égalité des sexes.

Le Cayatte de l'immédiat après-guerre s'est-il pour autant abstenu de mettre en scène une parfaite garce manipulant un amoureux transi ? Pas tout à fait : Madeleine Sologne, dans *Le dessous des cartes* (1947), fait tourner en bourrique Serge Reggiani jusqu'à ce que celui-ci s'intéresse enfin à celle qui l'a toujours aimé.

3 *Ibid*, p.286.

-17-
Face au mal

A Chacun son enfer (1977)

Sur le site *IMDb,* on trouve cette excellente formulation du pitch d'*A chacun son enfer* : « Après que sa fille a été kidnappée et tuée, une mère découvre qu'il peut y avoir quelque chose même pire que « le pire » ». Le tueur de sa fille est son propre fils. »

Dans les interviews du réalisateur à l'occasion de la sortie du film, Cayatte s'est défendu d'avoir recherché un succès de scandale. « Aucune image violente dans mon film. Tout est intérieur ». Ses détracteurs l'ont vu autrement. C'est peu dire que ceux-ci ont rejeté le film. Il y a même lieu d'être quelque peu surpris par le caractère extrêmement moralisant des arguments utilisés.

Pour Jacques Siclier : « Selon que l'on accepte ou non cette conception du spectacle, et, pour notre part, nous ne l'acceptons pas, on jugera Annie Girardot bouleversante ou insupportable. [...] Cayatte l'a poussée dans la voie d'un pathétique qui devient indécent et gênant tant il met à nu des réactions intimes, qui devraient, pourtant, commander le respect[1]. »

---

1 Jacques Siclier, Journal *Le Monde* du 5 février 1977.

Et le critique d'ajouter : « Cayatte montre au passage une meute de photographes, de journalistes, de badauds affamés d'information sensationnelle. Et, sans doute, condamne-t-il ce comportement. Son attitude est-elle moralement plus acceptable lorsqu'il livre au public de cinéma le jeu exhibitionniste d'une telle souffrance[2]? »

Les avis plus récents de cinéphiles qu'on peut recueillir ici ou là sur des sites consacrés au cinéma, sont, eux aussi, tranchés. Si certains disent combien ce film les a touchés, sur le site *SensCritique*, Frankyfockers écrit : « J'adore Cayatte, c'est pour moi un immense cinéaste, et ça fait des années que je tente de le réhabiliter auprès de ceux qui ne voient en lui qu'un cinéaste à thèse. Mais, en revanche, ce film là je ne peux pas le défendre. Le film a des qualités de mise en scène parfois et Annie Girardot est assez extraordinaire face au rôle impossible qui lui a été confié. Malgré cela le film est indéfendable. [...]. Cayatte génère un suspense insoutenable et malsain qui n'est acceptable moralement que si in fine on retrouve la petite fille vivante. Générer un suspense pareil pour retrouver une fillette morte est impardonnable. »

Il est indéniable que le film est difficile à supporter. Dès les premiers instants, le drame est maximal. Au mépris des règles de la circulation, Madeleine Girard (Annie Girardot) se précipite à TF1 pour obtenir d'y diffuser en direct un appel pathétique au ravisseur de sa fille. Revenue chez elle, où déjà la foule des journalistes et des curieux assiège sa maison, elle s'enferme avec Bernard, son compagnon (Bernard Fresson), dans l'attente d'un coup de téléphone du ravisseur. Nuit épuisante où ne cesse de les déranger des appels de proches qui viennent aux nouvelles ; nuit terrible où vient les retrou-

2 *Ibid.*

ver le triste sire qu'est le père de Bernard (Fernand Ledoux) qui n'hésite pas à prétendre que Madeleine est responsable.

Au petit matin, Michel (Stéphane Hillel), le fils de Madeleine, apporte une lettre non timbrée supposée avoir été déposée durant la nuit dans la boîte aux lettres. Y sont consignés le montant de la rançon exigée et la marche à suivre pour récupérer nuitamment la fillette. Madeleine se rend seul au lieu de rendez-vous guidée par la voix du ravisseur qui lui parvient par *talkie-walkie*. Survient alors le moment atroce où Madeleine, au lieu de retrouver sa fille vivante, découvre son corps jeté dans un sac poubelle. Comme l'écrit l'internaute Val Cancun, « le film est surtout une terrible claque dans la gueule, à l'image des deux minutes de silence absolu qui accompagnent Annie Girardot se rapprochant du sac bleu abandonné, plus effrayantes et déstabilisantes que bien des productions horrifiques et tous leurs effets spectaculaires. »

Ramenant le corps sans vie de sa fille, Madeleine, éperdue de douleur, provoque un accident. Les passants la reconnaissent. La police survient. Les forces de l'ordre lui arrachent violemment le corps de l'enfant. « C'est la loi », répètent-t-ils froidement à Madeleine qui refuse de s'en séparer, « votre fille appartient désormais à la justice ».

L'autopsie révèle que l'enfant est morte étranglée peu après avoir été enlevée. Il ne servait donc à rien de verser une rançon. Sans pudeur, le père de Bernard déplore bruyamment que cet argent ait été livré au ravisseur en pure perte.

Bernard, lui, comprend que si le ravisseur a tué immédiatement la fillette, c'est parce qu'elle connaissait son agresseur. Il ne pouvait pas la libérer sans se dénoncer. Telle est aussi la conviction du commissaire (Hardy Kruger) qui mène l'enquête. Fixant intensément Madeleine, celui-ci la laisse faire elle-même le cheminement mental qui va l'amener à découvrir que le tueur est son propre fils.

Comprenant qu'il est démasqué, le doux Michel, très attentionné jusqu'ici auprès de sa mère, révèle tout à coup un tout autre visage. Oui, il a tué parce qu'il n'a jamais supporté la famille que sa mère a recomposée avec Bernard, « ce porc » ! Il se félicite haut et fort (« Quelle jouissance ! ») d'avoir pu se venger en assénant à sa mère et à son compagnon le coup le plus terrible qu'il pouvait leur porter.

Quand sa mère, après s'être ruée sur lui, lui intime l'ordre de monter en voiture, Michel pense qu'elle l'emmène se dénoncer à la police, comme il le lui a, lui-même, demandé. Mais Madeleine les précipite tous les deux contre un engin de chantier.

*

Qu'est-ce qui a bien pu pousser Cayatte à tourner un tel scénario ? La seule envie de mettre en images une tragédie moderne, comme il le dit dans une courte interview qu'on trouve sur le Net ? Un retour sur le contexte de l'époque est ici nécessaire. Comme il aime à le faire, Cayatte s'est, pour ce film, à nouveau emparé d'un fait divers très récent : le meurtre en 1976, après kidnapping, d'un petit garçon de neuf ans, Philippe Bertrand. Le petit Bertrand avait été retrouvé étranglé dans un hôtel sordide. Le meurtrier, Patrick Henry, fut rapidement découvert. Il était une connaissance des parents. Sa motivation était purement crapuleuse. Il entendait éponger ses dettes avec l'argent de la rançon. Patrick Henry échappera à la peine capitale grâce à la défense de Robert Badinter. A l'issue de vingt-quatre années d'emprisonnement durant lesquelles il se comportera en prisonnier modèle, il sera libéré mais ne tardera pas à retourner à la case prison pour des délits de droit commun.

« L'affaire Patrick Henry » est donc sensiblement différente du scénario d'*A chacun son enfer* mais la parenté est évidente. Cayatte a entendu surfer sur l'immense écho que les média avaient donné à cette affaire. Mais il y a un autre élément qui doit d'être pris en compte dans l'intérêt de Cayatte pour cette histoire criminelle. Ce fait divers s'était inscrit dans un contexte politique bien particulier. C'est à cette époque que le thème de l'insécurité et son instrumentalisation politique ont commencé à faire des ravages. Symboliquement, un moment télévisuel est resté dans les mémoires comme ayant été parfaitement synchrone avec l'émergence de ce climat. Le jour où le corps du petit Bertrand fut retrouvé, Roger Gicquel, présentateur du JT sur TF1, ouvrit le journal avec ces mots : « La France a peur ». Pourtant, dans son commentaire, il indiquait lui-même que le dernier cas semblable remontait à 1964. A l'évidence, la France ne connaissait pas une épidémie de meurtres d'enfants. L'exploitation télévisuelle qui a été faite de ce fait divers, est alors devenue une référence rituelle à gauche pour stigmatiser un certain discours de droite et d'extrême-droite, qui n'a fait depuis que croître et embellir.

Mais là où la gauche fit erreur, ce fut de considérer que le procès de l'insécurité était purement et simplement un rideau de fumée idéologique. Longtemps elle s'aveugla sur la réalité du développement d'une importante délinquance de proximité. Selon elle, ce n'était pas l'insécurité qui était un problème mais seulement le sentiment d'insécurité qui s'accroissait en raison des manipulations de l'opinion. Comprenant tardivement qu'elle faisait l'autruche, la gauche eut beaucoup de mal ensuite à se débarrasser du reproche d'angélisme.

Cayatte ne pouvait ignorer cette grande bataille idéologique qui s'engageait alors. Son film est donc aussi une manière de se situer dans ce contexte. Il savait pertinemment que traiter un tel sujet serait perçu à gauche comme symptomatique de sa dégénérescence politique et artistique. Non seulement on allait l'accuser, comme à la sortie de *Mourir d'aimer*, d'exploiter à des fins purement commerciales un tragique fait divers ; non seulement on allait lui reprocher d'avoir concocté à nouveau un écœurant mélodrame avec Annie Girardot tirant les larmes mais, plus gravement, on allait prétendre qu'il avait décidé d'apporter sa caution aux ardeurs répressives du gouvernement de droite et de tous ceux qui, au lendemain de l'assassinat du petit Philippe Bertrand, réclamaient la mort pour l'assassin[3].

Or, en premier lieu, rappelons que ce n'était pas la première fois que Cayatte évoquait le cas sordide d'un rapt d'enfant et son assassinat. Cayatte avait déjà montré sa sensibilité particulière à cette thématique en en faisant le point de départ du scénario de son film *Le Glaive et la balance.*

Ensuite, il ne nous apparaît nullement que Cayatte serait devenu réactionnaire à la fin des années soixante-dix. Quelques années plus tard, parmi les quatre téléfilms qu'il va réaliser pour l'émission « Les Dossiers de l'écran », deux d'entre eux auront le courage de revenir sur les tragiques impasses auxquelles avaient conduit les errements de la classe politique en Algérie.

En revanche, il nous est déjà apparu, et *A chacun son enfer* en apporte une nouvelle illustration, que, depuis la fin des années soixante, Cayatte s'est efforcé de faire entendre une voix dissonante par rapport à certains effluves qu'il ju-

---

3 Dans cette affaire, le spectre des partisans de la peine de mort était particulièrement large…On y comptait le propre père de l'assassin…et l'assassin lui-même, Patrick Henry, qui, avant d'être démasqué, avait fait valoir devant les micros que la peine de mort était dans un cas pareil parfaitement justifiée…

geait excessives dans le monde intellectuel et de la culture. On verra d'ailleurs plus loin qu'il semble avoir voulu tirer encore une salve en direction de *l'esprit de Mai* dans *L'amour en question*, son dernier film sur grand écran. Ici Cayatte a manifestement entendu se démarquer avec éclat d'une certaine idéologie libertaire/libérale détournant le regard ou se réfugiant dans des théories lénifiantes face à des réalités perturbantes. Oui, le Mal existe, semble vouloir nous rappeler le cinéaste, un mal radical, sans explication, sans excuse possible. Sans doute convient-il, comme il le fait dans le film, de dénoncer le comportement des média et celui de la foule alléchée par le sang, mais il est légitime et même nécessaire que le cinéma ne détourne pas les yeux devant des faits terribles et la souffrance indicible qu'ils provoquent. En clair, les média exploitent peut-être outrageusement les peurs mais les peurs ne sont pas toutes imaginaires.

Alors un mélodrame ? Oui mais à condition de préciser que le film met en images avec force et dignité cette effroyable tragédie. Certes, dans *A chacun son enfer*, Annie Girardot pleure beaucoup. Mais, alors que les larmes de l'actrice nous laissaient froid dans *Mourir d'aimer* tant sa passion pour le jeune Gérard était peu crédible, impossible ici de résister à l'expression du désespoir d'une mère dans laquelle chacun peut aisément se reconnaître. Une même mention admirative mérite d'être décernée à Bernard Fresson, frémissant d'angoisse et de colère.

D'*Il n'y a pas de fumée sans feu* à *A chacun son enfer*, Girardot et Fresson, alors unis dans la vie, formèrent, sous la direction de Cayatte, un couple singulièrement crédible. Dans ce drame où règne du début à la fin une extrême tension, les tempéraments de ces deux acteurs et l'alchimie entre eux font merveille. On peut toutefois se demander s'il n'y avait pas, de la part du cinéaste, plus qu'un soupçon de perversité en soumettant le couple à de pareilles épreuves. Le film sortit l'année où le couple se sépara dans la violence.

Face à un tel tandem, Stéphane Hillel, qui interprète le fils criminel, apparaît bien pâle. A sa décharge, il faut dire qu'il lui était demandé l'impossible : se métamorphoser en monstre en un éclair, lui qui n'avait été, tout au long du film, qu'un gentil garçon effacé. Il s'ensuit que la séquence finale de révélation du coupable n'a pas du tout la même force paroxystique que celle où Madeleine Girard découvre le corps de sa fille.

Concluons sur une note anecdotique mais intrigante. Une internaute cinéphile a rapporté un échange qu'elle aurait eu avec Annie Girardot en 2006 à propos d'*A chacun son enfer*. Faisant connaître à l'actrice son regret de ne pas avoir pu revoir le film, Annie Girardot lui aurait répondu que c'est elle-même qui s'opposait à sa rediffusion en raison du désaccord qui l'avait opposé au réalisateur à propos de la fin du film[4]. Ce différend, avait précisé l'actrice, avait entraîné sa brouille avec Cayatte. Le propos de l'internaute s'achève avec ces quelques mots frustrants : « Je ne révélerai pas ce qu'elle m'a dit…mais j'espère qu'elle changera d'avis ». Rappelons que le film se termine par le suicide de Madeleine entraînant également son fils criminel dans la mort. Ce suicide témoigne du désespoir absolu de Madeleine mais il peut aussi être compris comme l'expression d'un terrible sentiment de culpabilité. Est-ce cela qui est apparu totalement inacceptable à Annie Girardot ? Si tel est le cas, c'était évidemment mal connaître Cayatte que de penser qu'il aurait pu modifier son scénario pour ne pas laisser penser que Madeleine puisse être ravagée par un tel sentiment.

4 Une édition DVD du film est finalement parue en 2020.

-18-
Contre le commerce des armes

La Raison d'Etat (1978)

Ce film est une production franco-italienne qui réunit dans les rôles principaux quatre grands comédiens : Michel Bouquet et Jean Yanne, excellents dans le rôle des méchants ; François Périer et Monica Vitti excellents dans le rôle des gentils.

Le sujet en est le rôle de la France en tant que troisième nation exportatrice d'armes dans le monde. Bien que le film mette en scène l'affrontement entre un groupement pacifiste (le pot de terre) et l'Etat français (le pot de fer), *La Raison d'Etat* n'est pas porteur d'un combat abstrait en faveur du désarmement. Cayatte ne dénonce pas en soi le fait que la France produise et exporte des armes mais les conditions opaques dans lesquelles ce commerce s'effectue. C'est cette opacité qui fait le lit d'opérations criminelles de grande envergure dont les Etats, la France en l'occurrence, se rendent coupables.

Ici, en apparence, l'Etat français répond à une commande de l'Etat italien. Un contrat est passé en bonne et due forme. Mais il est entendu secrètement que les armes iront à un intermédiaire qui se chargera de les faire parvenir en Afrique aux combattants du Zanin, une province rebelle au sein de la république du Tongo.

Or la France arme officiellement le gouvernement du Tongo. Ainsi Jean-Philippe Leroi (Jean Yanne), directeur de l'armement, est l'interlocuteur du président du Tongo alors que Francis Jobin (Michel Bouquet), directeur des services secrets, est, lui, l'interlocuteur du chef des rebelles. Comme le fait valoir Jobin à Leroi, voilà qui correspond parfaitement aux intérêts bien compris de la Nation tant sur le plan commercial que sur le plan politique puisque, quelle que soit l'issue du conflit, la France sera du côté du vainqueur.

Mais un avion de la Croix-Rouge transportant cent quarante enfants est abattu dans le ciel du Zanin. Il apparaît que le tir est parti depuis la zone rebelle et, selon les premiers éléments recueillis par l'enquête, que le projectile qui a détruit l'aéronef est de fabrication française. Panique maximale du côté des autorités françaises déterminées à tout faire pour étouffer la vérité.

Quand la nouvelle éclate, le professeur Marrot (François Périer) qui est un biologiste internationalement reconnu, vient d'arriver à Rome pour un colloque. Il y est accueilli par une consœur, Angela Ravelli (Monica Vitti) avec laquelle il entretient une tendre amitié amoureuse depuis de longues années. Parallèlement à ses activités de recherche, le professeur Marrot est profondément engagé dans l'activité militante contre le commerce des armes. Il est contacté par un journaliste italien qui lui remet des documents apportant la preuve des livraisons d'armes françaises au Zanin. Marrot décide immédiatement de remonter sur Paris avec la ferme intention de faire éclater le scandale. Sur la route, les services secrets français l'assassinent, maquillant sa mort en accident, et récupèrent les documents compromettants.

Angela Ravelli, totalement bouleversée par ce qui est, sans aucun doute à ses yeux, un crime d'Etat, décide de reprendre le flambeau du combat mené par son ami, qui, avant son départ pour Paris, lui avait confié un double du dossier. Elle convainc les amis pacifistes du professeur de maintenir la conférence de presse qui était prévue.

La conférence n'aura pas lieu : Angela Ravelli est enlevée, séquestrée et soumise à un terrible chantage. Soit elle reconnaît s'être faite manipuler sur la base de fausses informations, soit l'Etat français monte contre elle un procès la faisant passer pour une espionne travaillant pour le compte d'un pays étranger. Face à son refus de collaborer, la menace de sa liquidation pure et simple se précise. Elle fait finalement l'objet d'une transaction avec la CIA. Mais à peine arrivée sur le sol américain, elle est assassinée. Tout porte à croire que ce sont les services secrets français qui ont été à la manœuvre.

Leroi convainc le président du Tongo d'assumer la responsabilité du tir fatidique contre la promesse de la fin de l'aide française aux rebelles.

*

Reconnaissons-le, on est tenté, au moins dans un premier temps, de suivre Thomas Ferenczi qui, dans sa critique du film parue dans l'édition du journal *Le Monde* du 3 mai 1978, porte un regard peu enthousiaste sur cet avant-dernier opus cayattien sur grand écran. Voilà, écrit-il, « comme on s'y attend de la part du cinéaste, à nouveau un pamphlet un peu simpliste contre une des tares de notre société, cette fois-ci le commerce des armes, par le truchement d'un solide mélodrame aux ficelles bien grosses et de personnages carrés, les méchants d'un côté, les bons de l'autre ; bref le vieux style, celui d'un didactisme qui n'a pas peur d'en faire trop et qui est parfois efficace : question de métier. [...] L'histoire est sans mystère, les sentiments sans nuances et la démonstration sans faiblesse : les Etats, et la France en particulier, sont des monstres sanguinaires qui, par une absurde surenchère, encouragent les tueries sur toute la planète. Reste une aventure policière vivement menée, au rythme effréné des séries américaines dont la télévision est si prodigue. Dans les limites du genre, André Cayatte retrouve comme une seconde jeunesse. »

Mais, posons-nous la question, combien de films français se sont attaqués frontalement à cette question du commerce des armes ? Cette « tare » est-elle si bien connue qu'il n'y aurait pas lieu d'y revenir ? Disons plutôt qu'elle est tellement bien connue qu'on fait tout pour en parler le moins possible. Trop méchant le personnage joué par Jean Yanne ? N'est-ce pas plutôt que la caricature est ici criante de vérité. Trop machiavélique le personnage de Michel Bouquet ? Sont-ils si rares les conflits où l'on trouve des armes françaises des deux côtés des camps qui s'affrontent ? N'est-ce pas alors un peu facile de dénoncer « un pamphlet un peu simpliste » ? N'est-ce pas, de la part d'en journal progressiste, un peu à côté de la plaque que de discréditer une des rares tentatives de mettre sur la place publique ce sujet difficile ?

Au demeurant le film fait preuve d'une certaine ambiguïté à travers le personnage campé par Jean Yanne. Certes le haut-fonctionnaire fait preuve d'un cynisme absolu mais il préférerait régler le cas d'Angela Ravelli en douceur. Pour la dissuader de reprendre le flambeau du professeur Marrot, il développe auprès d'elle un argumentaire redoutable en faveur du commerce des armes avec comme argument ultime l'assentiment que cette politique rencontre dans la population désireuse avant tout de préserver les centaines de milliers d'emploi concernés.

Pourtant, malgré ces bonnes raisons de soutenir le film, il faut bien convenir qu'il n'emporte qu'à moitié l'adhésion[1]. Pour être précis, disons que la deuxième moitié du film ne tient pas les promesses de la première. Dans la première moitié, François Périer campe avec brio un personnage de savant lanceur d'alerte tout à fait crédible. Hélas, assassiné, il disparaît. Place à Monica Vitti[2]. L'actrice est certes émouvante dans l'expression farouche de sa volonté de poursuivre le combat de son ami mais, il faut bien le dire, pas vraiment convaincante. Angela Ravelli le disait régulièrement à son confrère, non sans se sentir coupable : accaparée par sa vie personnelle, son fils et ses recherches, elle ne pouvait pas de surcroît imaginer se mobiliser, comme lui, pour une grande cause. Aussi la voir se transformer en pasionaria du combat anti-armes, qui plus est sur le sol français, laisse sceptique. Quant à son enlèvement par les services secrets français alors qu'elle est une universitaire italienne reconnue internationalement, puis sa liquidation physique à la suite d'un marché passé par l'Etat français avec la CIA, comment y croire ?

Un intéressant article paru dans le mensuel *Positif* a récemment mis en lumière combien un certain état d'esprit complotiste s'était emparé de tout un pan de la production française dans les années soixante-dix[3]. Dans *I comme Icare* (1979), Henri Verneuil s'inspira de l'assassinat du Président Kennedy pour brosser le portrait d'une société

1 Ajoutons que le film pâtit par ailleurs d'avoir fait l'objet d'une édition DVD par Gaumont non restaurée.

2 Sans doute doit-on aux conditions franco-italiennes de production du film le fait que le scénario se devait d'accorder une place de premier plan à la star.

3 Raphaël Sergent, « Peur sur la vile ou la chute d'Icare, La théorie du complot dans le cinéma français des années 1970 », *Positif* n°723, p.44-47.

dominée par un pouvoir aussi maléfique qu'insaisissable. Le procureur qui mène l'enquête (Yves Montand) y paie de sa vie la recherche de la vérité. On retrouve cette thématique de la radicale impuissance du héros face à des pouvoirs aussi terribles qu'insaisissables dans des films aussi divers que *L'Héritier* de Philippe Labro (1973) *Le Silencieux* de Claude Pinoteau (1973), *Le Secret* de Robert Enrico (1974), *Espion, lève-toi* d'Yves Boisset (1982), *Mort d'un pourri* de Georges Lautner (1977), *Un Papillon sur l'épaule* de Jacques Deray (1978) ou encore *Dossier 51* de Michel Deville (1978). « Une même fatalité tragique imprègne ces films où la mort est omniprésente.[4] »

Sans doute peut-on voir à travers ces films et le succès qu'ils ont rencontré, l'expression d'un pessimisme alors largement partagé dans la société. A l'utopie libertaire des « années soixante-huit » a succédé le retour à l'ordre. A gauche, sur la scène internationale, l'écrasement de l'expérience chilienne a traumatisé les esprits. En France, la crise économique est venue mettre fin à une longue période de croissance. Le chômage est monté en flèche. Les politiques d'austérité et l'obsession de la sécurité s'imposent progressivement. Des scandales politico-financiers éclatent régulièrement. Il semble dans cette période que la gauche ne pourra jamais parvenir au pouvoir.

Déjà, dans *Il n'y a pas de fumée sans feu*, les machinations dont était victime le couple Peyrac (Fresson/Girardot), fleuraient bon un certain état d'esprit complotiste. Cayatte aggrave son cas dans *La Raison d'Etat*.

---

4 Idem, p.46.

-19-
Deux femmes s'affrontent

L'Amour en question (1978)

C'est le dernier opus cayattien pour le grand écran. Pour les critiques et les cinéphiles qui n'ont jamais goûté la production du cinéaste, comment résister à la tentation de l'enterrer définitivement ! Dans une critique parue le 20 juillet 2017 sur le site *DVDclassik*, Florian Bezaud est catégorique :

« Dernier film d'André Cayatte, *L'Amour en question* est passé plutôt inaperçu. Il faut dire que son œuvre est sur le déclin depuis la fin des années 1960, et son passage progressif au téléfilm le détournera du grand écran (comme bien des réalisateurs de cette époque). Dernier tour de piste, donc, avec ce polar convenu, tant dans sa forme que dans sa construction ».

Conclusion : « Un scénario sans grand intérêt, une dénonciation trop creuse des institutions judiciaires (qu'elles soient françaises ou britanniques), une construction trop attendue...*L'Amour en question* a tout d'un banal téléfilm. Aucune promesse n'est tenue, et les acteurs, par manque de direction, n'entrent jamais vraiment dans leur rôle. Il en ressort une impression de gâchis, au vu des capacités d'André Cayatte, qui tire sa révérence d'une bien triste manière ».

Dans sa critique, à trois reprises, Florian Bezaud évoque la télévision. Pour le cinéphile de base comme pour le réalisateur au sommet (Cf. Godard), la télévision, c'est le Mal. Qualifier le dernier Cayatte pour grand écran de téléfilm, c'est donc attribuer à *l'Amour en question* la marque de l'infamie.

Pour notre part, nous évoquerons plus loin les téléfilms que Cayatte a réalisés dans les années quatre-vingts avec la même considération que nous avons portée à ses films sur grand écran. Est-ce que *L'Amour en question* aurait pu être le premier des téléfilms cayattiens ? La seule question qui nous intéresse, est de savoir si un film, qu'il soit réalisé pour le cinéma, la télévision ou aujourd'hui pour nos écrans d'ordinateurs, est bon ou mauvais.

Cela étant dit, nous ne prétendrons pas que *L'Amour en question* compte au nombre des meilleurs Cayatte mais en relever les points faibles ne saurait dispenser d'en relever quelques points forts[1].

C'est un thriller qui se veut aussi un drame psychologique en même temps qu'une énième dénonciation des mœurs judiciaires. Ces trois aspects s'avèrent d'un intérêt inégal. La dimension thriller est assurément la dimension la plus faible. La dimension judiciaire retient l'attention parce que la façon dont la juge est progressivement amenée à ré-

1 Un des points faibles est assurément la musique du film, la plus mauvaise de toute la filmographie cayattienne. Quelques notes pseudo-romantiques traînent sur des nappes de synthétiseur qui avaient sans doute à l'époque le goût de la nouveauté mais qui ont aujourd'hui terriblement vieillies. Circonstance aggravante, le générique final est assorti d'une chanson mélo interprétée par Georgette Lemaire qui en fait des tonnes. Comment ne pas regretter la musique de Louiguy, ce compositeur d'origine italienne à qui l'on doit des chefs d'œuvres comme « La Vie en rose » et auquel Cayatte a eu la riche idée de confier la musique d'une dizaine de ses films.

viser sa perception des faits, interpelle le spectateur. Mais c'est la dimension « drame psychologique » qui est la plus intéressante. Au cœur du film, il y a une confrontation, retenue mais tendue, entre deux femmes fort différentes, la juge et la femme de l'architecte assassiné.

La juge Suzanne Corbier (Annie Girardot) est chargée d'enquêter sur le meurtre d'un riche architecte, Philippe Dumais. Elle soupçonne rapidement l'amant de la femme de l'architecte. Celui-ci est un citoyen britannique. La veille du meurtre, Tom Hastings (John Steiner) avait acheté deux billets pour Londres. Tout porte à croire qu'il escomptait fuir la France en compagnie de Catherine Dumais (Bibi Andersson). Face à la juge, Hastings nie et se mure dans le silence. Faute d'éléments probants, la justice française laisse Hastings quitter le sol français.

La justice anglaise prend le relais. Un procès a lieu à Londres. Hastings y est acquitté. En France, la question à laquelle reste confrontée Suzanne Corbier, est celle de l'éventuelle complicité de Catherine Dumais. De nombreux éléments laissent penser qu'elle l'était. C'est du moins ce dont Suzanne Corbier est persuadée. Les éléments qu'elle réunit contre Catherine Dumais vont servir de base à l'accusation lors du procès de celle-ci. Mais, surprise, lors du procès, Suzanne Corbier, qui a demandé à être entendue, fait part aux jurés de sa nouvelle conviction : Catherine Dumais n'est pour rien dans le meurtre de son mari. Tom Hastings, désormais parfaitement libre de ses mouvements, est, lui aussi, présent au procès. Lui aussi veut témoigner. L'homme qui s'est montré jusqu'ici fort déplaisant (l'acteur John Steiner affiche une morgue britannique très convaincante à l'égard des autorités françaises...), affiche à la barre une tout autre attitude. Emu et solennel, il avoue avoir tué Philippe Dumais par amour pour Catherine. Celle-ci, il l'assure, n'était nullement complice. L'avocat général a beau jeu de souligner que Tom Hastings ne risque rien désormais puisqu'il a été innocenté en Grande-Bretagne. Ni le témoignage de Suzanne Corbier ni celui de Tom Hastings ne convainquent le jury. Catherine Dumais est condamnée à cinq ans de prison.

On ne saurait trop en vouloir au scénario qui en vaut bien un autre mais relevons tout de même qu'il est dépourvu de tout suspense. Il ne fait aucun doute dès le départ que le meurtrier est Tom Hastings et que Catherine Dumais n'est pas complice. Un maigre rebondissement lance un moment la justice sur la fausse piste d'un gitan qui, depuis sa prison, s'accuse du meurtre. En réalité l'homme s'accuse seulement pour tenter une évasion à la faveur de son transfert. Un commando de complices tente d'intercepter le fourgon cellulaire, lequel fourgon finit dans un ravin. Cette scène d'action est plutôt superflue. Elle est aussi gênante dans sa façon d'illustrer le cliché du gang gitan bête et méchant.

Ce n'est pas le seul élément du scénario qui laisse à désirer. Quand Catherine Dumais retrouve pour la première fois son amant après le crime, elle lui dit d'emblée : « C'est toi qui l'as tué, je t'ai reconnu, c'était ton allure, c'était ta démarche ». Le moins qu'on puisse dire est que Tom se disculpe auprès d'elle avec une facilité déconcertante. Il suffit qu'il affirme qu'elle n'a pas pu voir son visage pour que les doutes de Catherine fondent. Autre scène particulièrement bancale : à la veille du crime, Tom cherche absolument à s'entretenir avec Philippe Dumais. C'est pour exiger que ce dernier ordonne à Catherine de le quitter ! Selon Tom, puisque Philippe est devenu impuissant à la suite de problèmes de santé, il devrait vouloir le bonheur de sa femme en l'enjoignant de partir vivre avec lui ! La scène, qui s'achève par un échange de mots d'oiseaux, est grotesque.

Nettement plus réussi est la vision aigre-douce qui est donnée des rapports franco-anglais. Lorsqu'il est interrogé par la juge Corbier, Tom Hastings se fait accompagner par le consul anglais de Nice. Celui-ci (Vernon Dobtcheff) se montre extrêmement méfiant, prêt à tout moment à contredire la juge. La défiance qui existe entre les autorités des deux pays, est palpable. Traduction comique de cette méfiance : du côté français, le procureur, joué par Michel Galabru, est extrêmement inquiet quant aux initiatives que prend la juge Corbier ; il voit poindre à tout moment le risque d'une crise diplomatique car « dès qu'on a un Anglais dans l'affaire, ça redevient *Jeanne d'Arc* ou *Waterloo* ».

La dimension proprement judiciaire du film recouvre deux aspects : une mise en miroir des pratiques françaises et britanniques et le portrait que brosse Cayatte du travail de la juge Corbier. La confrontation France/Grande Bretagne en matière de procès criminel, constitue une des originalités du film. Jean de Baroncelli, critique cinéma du journal *Le Monde*, écrit, lors de la sortie de *L'Amour en question* : « Le vrai sujet du film : Cayatte analyse, compare, oppose deux systèmes judiciaires différents : celui d'Outre-Manche, soucieux avant tout de protéger les droits des individus et le nôtre, qui, au lieu de s'en tenir aux faits et à la réalité concrète, laisse trop souvent le champ libre aux « abstractions psychologiques » et aux spéculations de la presse.[2] » Le critique ajoute : « Le titre du film primitivement choisi de *Justices* (« justices » au pluriel) eût certainement été plus adéquat que *L'Amour en question.* »

On conviendra avec le critique que le titre finalement retenu ne fut guère heureux. Sans doute a-t-il prévalu pour des raisons commerciales. Toutefois l'opposition entre les deux systèmes judiciaires n'est pas autant au cœur du film que

2 Journal *Le Monde* en date du 21 octobre 1978.

l'estime Jean de Baroncelli. Si le critique le juge ainsi, c'est, comme en témoigne la suite de son papier, parce qu'une fois encore le préjugé anti-cayattien est ici à l'œuvre. Jean de Baroncelli poursuit : « Comme toujours chez Cayatte, le problème posé est intéressant. Comme trop souvent, hélas ! La fièvre dialectique du cinéaste le conduit sur le chemin du schématisme et de l'abstraction ». Reprenant à son compte l'antienne bazinienne, Jean de Baroncelli conclut que les personnages, en dépit ici de « l'autorité » d'Annie Girardot et de « la sensibilité » de Bibi Andersson, « ne nous touchent pas vraiment parce qu'ils ne sont qu'un pion sur un échiquier, et que leur vérité humaine compte moins pour Cayatte que le rôle qu'ils jouent dans sa démonstration. *L'Amour en question* a la rigueur, l'impeccable cohérence d'un théorème. Mais il en a aussi la froideur. Difficile de s'emballer pour un théorème. »

« Abstraction », « rigueur », « impeccable cohérence », « théorème », voilà bien des grands mots ! S'ils permettent au critique de nourrir l'éternel procès du film à thèse, ils s'appliquent en réalité bien mal à une « démonstration » qui manque autant de rigueur que de cohérence. On ne peut en effet qu'être surpris par le propos de Cayatte. On avait cru comprendre, cf. *Le Verdict*, que le péché capital du système pénal français était le fameux article 353 du Code de procédure pénale qui, au bout du bout, incite le juré d'assises à s'en remettre à son intime conviction. Par conséquent on aurait pu s'attendre à ce que Cayatte présente sous un jour favorable une procédure pénale britannique décrite comme plus strictement attachée à la mise en valeur de la seule vérité des faits. Eh bien, pas du tout ! Le procès de Tom Hastings en Angleterre est tourné en dérision. Les témoins français les plus à même d'apporter des éléments corroborant la culpabilité d'Hastings y sont, les uns après les autres, ridiculisés. Exemple, le témoignage de la femme de ménage

(Marthe Villalonga) qui assure avoir vu Hastings déposer dans un tiroir un pistolet, est discrédité parce qu'à cinq mètres, lui montre-t-on, elle aurait pu confondre un pistolet avec un manche de caméra ! Aucun élément de preuve apporté par les témoins français qui défilent à la barre, ne résiste aux arguments spécieux des magistrats anglais.

Qu'a donc alors voulu « prouver » Cayatte par ce jeu de massacre qui semble contredire ses combats contre la justice française ? En fait l'exercice n'est pas complètement vain. Il semble même qu'on puisse y voir le fond de la pensée du cinéaste. Il y a une cohérence entre la façon dont il traite de la justice dès *Justice est faite* et dans cet ultime opus. C'est que, selon lui, le drame de la justice a finalement peu à voir avec les particularités juridiques des différents « systèmes » judiciaires que se sont donné les Etats. Le problème fondamental est celui de la fermeture d'esprit, des préjugés, des *a priori* dont font preuve les individus, professionnels ou simples citoyens, auxquels les nations s'en remettent pour rendre la justice. Ici les Anglais ont été ulcérés par la façon dont la presse française a fait ses gros titres sur Tom Hastings, condamné avant même d'avoir été jugé. Innocenter Hastings est devenu pour eux une question d'honneur. Inversement, c'est en raison de son comportement jugé moralement scandaleux que Catherine Dumais va être jugée complice malgré la faiblesse des charges et les dénégations de son amant. Sortant du tribunal après le prononcé du verdict, la juge Corbier laissera tomber : « Deux erreurs judiciaires pour une même affaire, c'est un record difficile à battre ! ». Ce sera la conclusion de cette fiction.

Mais si l'on ne peut pas croire à la Justice, il existe quand même des justes, y compris dans l'appareil judiciaire. La juge Corbier est de ceux-là. Sobre, rigoureuse, précise, respectueuse des uns et des autres, la juge Corbier est une excellente professionnelle. (Eu égard à la façon dont Annie Girardot habite le personnage, on se demande comment Florian Bezaud a pu voir ici des « acteurs qui, par manque de direction, n'entrent jamais vraiment dans le rôle » !). Mais la juge Corbier, aveuglée par les « tics » de son métier, se trompe en « raisonnant trop logiquement ».

Certes Catherine Dumais a menti. Elle a prétendu qu'au moment du meurtre, elle avait vu deux hommes s'enfuir. Il y a quelques mois son mari avait été agressé au même endroit par deux hommes. Son mari s'était défendu, les deux hommes avaient été arrêtés. En prétendant avoir vu deux hommes le soir du crime, elle a voulu égarer la police sur la piste d'une vengeance alors qu'elle était à peu près sûre d'avoir reconnu son amant. Sur ce point, Catherine Dumais est formellement démentie, au cours de l'enquête, par un voisin témoin du meurtre. Il n'a pas vu, le soir du crime, deux hommes, mais un seul. L'autre élément qui va finir de convaincre Suzanne Corbier, c'est ce que Catherine Dumais lui rapporte quant au « pacte » qui aurait été passé entre elle et son mari. Celui-ci, devenu impuissant, l'aurait expressément encouragé à avoir des amants. Suzanne Corbier a manifestement du mal à accepter qu'un tel pacte puisse exister entre mari et femme et, davantage encore, à croire Catherine quand celle-ci lui affirme qu'elle continuait néanmoins d'aimer exclusivement son mari. C'est la dimension « drame psychologique » du film. Catherine, elle, suspecte Suzanne Corbier, qu'elle voit comme une femme plutôt coincée, de prendre un plaisir pervers à fouiller son intimité jusqu'aux « traces » que laissent ses passages dans le lit de Tom.

Catherine, tantôt abattue, triste, fatiguée, agacée, ironique, agressive est une femme traquée. On a dit Bibi Andersson assez peu crédible dans le rôle (« parce que mal dirigée » Florian Bezaud dixit). Ne serait-ce pas plutôt que les intonations d'une actrice dont le français n'est pas la langue maternelle, suscitent toujours à un moment ou un autre une petite gêne chez l'auditeur gaulois ? La même chose pourrait être dite à propos de Sophia Loren dans *Verdict*. En fait la confrontation entre une Suzanne Corbier/Annie Girardot sûre d'elle-même et une Catherine Dumais/ Bibi Andersson, fragile parce que suspecte mais aussi parce qu'incarnée par une étrangère qu'on sent ne pas être parfaitement chez elle dans l'univers français, dégage une réelle émotion.

Une fois encore, dans cette fiction cayattienne, les sentiments de culpabilité s'entremêlent : chez la juge Corbier dont le rapport sera à la base de la décision des juges de condamner Catherine...Et plus encore chez Catherine qui déclare à son avocat être finalement indifférente par rapport au verdict parce qu'elle se juge profondément responsable de tout ce qui est arrivé.

Il est tentant de voir, dans ces derniers mots de Catherine, la morale tirée par le réalisateur. Dans un échange avec elle, Suzanne Corbier avait tenu à préciser qu'elle aussi avait aimé deux hommes mais que « ç'avait été l'un après l'autre ». Il y a lieu de se demander si, avec cette dernière fiction sur grand écran, Cayatte n'a pas voulu encore décocher une flèche en direction de *l'esprit de Mai*. Dans les années soixante-dix, la mode est aux couples « ouverts ». La jalousie est volontiers stigmatisée comme un sentiment honteux, l'important serait qu'entre mari et femme on se dise tout. Probablement Cayatte ne partage nullement cet engouement. Les malheurs de Catherine Dumais paraissent nous alerter sur les déconvenues auxquelles s'exposent les couples qui s'engagent dans cette voie.

-20-

Les quatre téléfilms d'André Cayatte

André Cayatte réalisa quatre téléfilms au début des années 80, chacun spécialement conçu pour être diffusé dans le cadre de l'émission *Les Dossiers de l'Ecran*[1].

Dans l'Histoire de la télévision française, *Les Dossiers de l'Ecran* font figure d'institution. L'émission fut créée par Armand Jammot, un homme que Cayatte connaissait bien puisqu'ils avaient collaboré sur le film *Le Passage du Rhin.* Elle fut diffusée sur la 2ème chaîne de l'ORTF puis sur Antenne 2 de 1967 à 1991. Sa programmation fut hebdomadaire jusqu'en 1981. Au total furent réalisés 880 numéros des *Dossiers de l'écran*

La nouveauté des *Dossiers de l'écran* consistait à diffuser en début de soirée un film portant sur un sujet de société ou d'Histoire, lequel film faisait ensuite l'objet d'un débat en direct avec un plateau d'invités. Une telle formule ne pouvait manquer de séduire Cayatte : le film introductif lui permettait de défendre haut et fort un point de vue mais un point de vue soumis ensuite à discussion critique.

1 Il est possible de visionner ces téléfilms, après demande, sur l'un des sites de l'Institut National de l'Audiovisuel (INA).

Certainement le fait que son film atteignait directement des millions de téléspectateurs sans avoir à passer préalablement par le filtre de la critique toujours globalement peu amène à son égard, représenta pour le cinéaste un attrait supplémentaire.

Cet intérêt pour la télévision comme outil moderne de connaissance et de débat n'est pas sans rappeler le parcours d'un autre grand cinéaste, Roberto Rossellini, qui, après avoir été pionnier du cinéma moderne, se tourna vers la télévision pour laquelle il réalisa quatorze téléfilms dans une perspective éducative et didactique.

-I-

La faute

Dossier de l'écran du 16 février 1980 consacré à la responsabilité médicale

Premier des quatre téléfilms réalisés par Cayatte, *La Faute* est aussi le plus réussi. Le film campe un chirurgien accusé d'une erreur de diagnostic s'étant avérée fatale pour une de ses patientes.

Le thème de la responsabilité médicale est un thème qui manifestement ne laissait pas Cayatte indifférent, puisqu'il se trouvait déjà au cœur d'*Œil pour œil.* Ici, la réussite du film repose en grande partie sur l'excellente prestation de Michel Duchaussoy en chirurgien extrêmement fiable mais qui n'en commet pas moins une erreur fatidique en raison d'un fâcheux concours de circonstances. Le jour de l'erreur, l'homme est assailli par des problèmes familiaux et par la prise en charge particulièrement dramatique d'un enfant malade. A cela s'ajoutent de multiples causes de dérangements et de sollicitations.

Au final, difficile de ne pas se sentir du côté du médecin même si indubitablement sa responsabilité est engagée.

*

Avec *La Faute*, Cayatte, associé pour la fabrication du scénario à Henri Coupon, donne chair une nouvelle fois à une terrible histoire de culpabilité. Tous les ingrédients y sont. Leroi est un médecin comme nous en rêvons tous : courtois, chaleureux, extrêmement compétent et concentré sur ses responsabilités professionnelles. Il *care* vraiment pour ses patients. Lorsqu'un enfant de ses amis est opéré par un confrère, sur la bande son, Cayatte fait entendre le souffle épuisé de l'enfant qui poursuit Leroy pendant qu'il continue à vaquer à ses diverses occupations. Le stress est là, intimement partagé par le médecin…et par le téléspectateur. Finalement l'enfant est sauvé. Le couple ami tombe dans les bras du médecin. Mais, le même jour, il y a l'erreur humaine…

Tout l'intérêt du téléfilm est de faire toucher du doigt, par petites touches, ce que peut-être le quotidien d'un grand chirurgien. Or nul ne peut rester indifférent face au travail d'un homme à qui chacun est amené à s'en remettre complètement à un moment ou à un autre de son existence.

-II-

Les avocats du diable

Dossier de l'écran diffusé le 19 mai 1981

« L'Avocat est-il complice ? »

Pourquoi ce titre *Les avocats du diable* ? Le téléfilm se veut un hommage aux avocats qui prennent des risques, prêts à assumer jusqu'au bout leur rôle de défenseur, y compris quand l'accusé est perçu comme l'auteur de crimes épouvantables et/ou défend une cause et des méthodes que la presque totalité de la population réprouve absolument. Dans le cas d'espèce, il va s'agir de la cause des Algériens en lutte pour l'indépendance qui furent en leur temps appelés terroristes comme le furent, un peu plus tôt, les résistants français.

Maître Pierre Chabrier (Laurent Malet) est un fils de famille, qui fait ses premières armes en qualité d'avocat stagiaire au sein du très bourgeois cabinet de Maître Jules Corvisart (Raymond Géronce). Mais Pierre Chabrier est commis d'office pour défendre un travailleur algérien qui s'est fait agresser par deux paras. C'est le début d'un processus qui va le conduire à devenir peu à peu l'un de ces avocats qu'on appelait à la fin des années cinquante « les avocats du FLN ».

Les faits d'agression ne sont pas contestés. Maître Orsini-Belcour (Michel Auclair), le défenseur des deux paras, avocat spécialisé dans la défense des partisans de « l'Algérie française », justifie leurs actes : l'Algérien aurait méchamment toisé les bérets rouges et a refusé de crier « Vive la France » quand les soldats lui en ont intimé l'ordre !

Chabrier perd son sang-froid et prend vivement à partie ses collègues magistrats quand il s'aperçoit que, contre toute attente, le procès se retourne contre la victime. Emoi dans le landerneau judiciaire : Chabrier se fait remonter les bretelles par son bâtonnier qui lui demande « de respecter la partition ». « Ici c'est un peu comme à la messe ou au concert ». Ahmed Mechtir, la victime, est finalement condamné à 25 000 francs d'amende avec sursis. Chabrier et sa femme (attachante Anne-Marie Philippe) sont écœurés.

L'avocat est maintenant approché par un aumônier qui lui demande d'accepter de défendre un homme du FLN accusé d'avoir tué un gardien de prison lors d'une mutinerie. Chabrier hésite puis accepte. L'homme est condamné à mort. Chabrier revient de l'exécution bouleversé, désormais totalement décidé à tout faire pour empêcher « une horreur pareille ».

Dans sa défense des militants du FLN menacés de la peine capitale, Chabrier met en avant qu'il assume ce rôle au nom des droits de la défense et non en fonction d'un ralliement à leur cause. Peine perdue. Il est viré du cabinet de Maître Corvisart, perd ses clients, devient vite un pestiféré au palais. Seul Maître Orsini-Belcour lui témoigne de la sympathie…

Il radicalise sa position en adoptant une stratégie de « défense de rupture » comme le revendiquait à l'époque l'avocat Jacques Vergès. Quand il est amené à défendre un universitaire algérien accusé d'avoir incendié du matériel militaire, Chabrier décide de le défendre en tant que prisonnier de guerre. L'avocat revendique pour son client l'immunité à ce titre. Le président du tribunal militaire tente de le convaincre qu'une telle défense est le meilleur moyen d'envoyer son client à la mort. Chabrier maintient. Victoire ! Son client n'est condamné qu'à la prison à perpétuité ! Il faut dire que nous sommes alors, en cette année 62, en pleins pourparlers de paix et que, même dans les conseils de guerre, on se demande s'il est bien nécessaire encore de couper des têtes. Cette nuit-là, la voiture du couple est plastiquée.

La police perquisitionne chez le couple. Chabrier avait pris des photos de condamnés à mort, sans doute pour conserver leur mémoire et/ou les donner aux familles. Les autorités se concertent. Comme il n'est pas certain que cela soit pénalement répréhensible, bien que ces clichés soient parus par la suite dans les organes de propagande du FLN, l'idée est de le faire d'abord sanctionner par l'Ordre des avocats.

C'est Orsini-Belcour, son rival lors du procès de l'Algérien agressé par les paras, qui se porte volontaire pour le défendre. Orsini-Belcour (dont le nom même fleure bon l'Algérie française…) délivre à cette occasion une vibrante plaidoirie en faveur des « avocats du diable ». Il rappelle insolemment à ses pairs que ce sont ces avocats-là qui font la gloire du barreau quand la grande majorité des confrères assurent, eux, leur fonction « en charentaises ».

Les deux hommes se quittent chaleureusement. Maintenant que les accords d'Evian sont signés, ça va être au tour d'Orsini-Belcour d'assurer la défense des *desesperados* de l'OAS.

*

Certainement le film d'André Cayatte pêchait par un certain nombre d'effets très appuyés, mais le scénario concocté avec Henri Coupon, un avocat à l'époque encore en exercice, était pertinent à plus d'un titre.

L'élément le plus fort consistait à avoir fait le choix de situer le film dans le contexte de la guerre d'Algérie, période pendant laquelle les droits de la défense avaient été foulés aux pieds par les plus hautes institutions de l'Etat.

De nombreux téléspectateurs s'émurent d'ailleurs qu'une « opération de réhabilitation du FLN » fut ce soir-là engagée subrepticement sur le petit écran à l'occasion d'un débat sur la fonction d'avocat. Le présentateur, Gilles Schneider, éluda, prétendant qu'il n'avait été question, avec ce film, que de donner un exemple parmi d'autres. Mais le fait est que le film de Cayatte permit à Gisèle Halimi de justifier son action d'avocate politique en faveur des détenus du FLN comme elle n'en avait jamais eu jusqu'ici l'occasion. Comment ne pas faire le parallèle entre Maître Chabrier et Maître Halimi qui rapporta la haine à laquelle elle fut confrontée, elle qui fut surnommée « la putain du FLN » ?

Sur le plateau, personne ne se dissocia d'Halimi alors qu'à l'époque, comme Chabrier, elle s'était sentie bien seule parmi ses confrères [2]...comme le fut, de son côté, Jacques Isorni, également présent sur le plateau, quand menacé d'une radiation, il chercha à son tour un avocat pour assurer sa défense devant son Ordre.

Le film donnait par ailleurs une image positive des militants algériens vus non plus comme des terroristes mais comme des patriotes. Avait-on déjà présenté les choses de cette façon dans une fiction à la télévision ?

2 Gisèle Halimi, *Avocate irrespectueuse*, Plon, 2002, p.64.

-III-

Des yeux pour pleurer

Dossier de l'écran du 7 septembre 1982

« Mort d'une entreprise »

Ce téléfilm s'attacha à démontrer comment les lois qui régissent les activités commerciales peuvent aisément, dans les mains de professionnels et d'auxiliaires de justice malveillants, conduire à la ruine du petit entrepreneur le plus honnête du monde.

Odette Rouvet (Françoise Brion), fille d'un petit propriétaire d'imprimerie, s'est mariée avec l'un des employés de son père, Claude Balland. Le couple Balland a repris l'entreprise familiale. Les affaires marchent bien. L'entente est parfaite entre patrons et ouvriers. Chacun a à cœur le développement de l'entreprise. Sous l'impulsion de Claude (Maurice Biraud), il est décidé de passer à une étape supérieure en investissant dans du matériel d'imprimerie dernier cri.

Mais le plus gros client de l'entreprise en vient à ne pas honorer dans les délais convenus le paiement de ses commandes Le tribunal de commerce, alerté sur les difficultés de l'entreprise familiale, ordonne une enquête d'information. Le syndic de faillite Pierre Ricart (Jacques Dacmine) en profite pour donner à cette enquête banale une publicité maximale. Par-là, il provoque à dessein un mouvement de panique chez les créanciers et les fournisseurs.

Les époux Balland accumulent les dettes, doivent emprunter auprès de proches sans pouvoir les rembourser et hypothèquent la maison de madame Balland mère.

Pierre Rycart accule le couple à la faillite et à la ruine. Dans un premier temps, est imposé au couple un système de location-gérance qui a pour effet de les écarter de la direction de l'entreprise. Pour finir, le syndic Rycart procède à la liquidation de l'entreprise. Tout le matériel de l'entreprise est vendu pour une bouchée de pain ou détruit devant les ouvriers catastrophés.

En vertu de dispositions complexes, les époux Balland sont eux-mêmes traduits en justice. Dans l'arène du tribunal, ils ont beau jeu de démontrer la perfidie de Pierre Rycart mais rien n'y fait, l'homme a pignon sur rue.

Ces épreuves dévastent la famille Balland. Odette a les nerfs solides. Elle se bat comme un beau diable jusqu'au bout. Mais Claude, qu'Odette décrit comme un « homme simple », un « manuel », s'en veut terriblement d'avoir poussé à l'investissement coûteux à partir duquel tous leurs ennuis ont commencé. Un soir il précipite délibérément sa voiture contre un arbre.

*

Des Yeux pour pleurer est assurément le plus faible des quatre téléfilms cayattiens. Le sujet abordé était à l'évidence un sujet important et s'y coltiner était courageux. Mais c'était une gageure que de vouloir restituer en à peine plus d'une heure les mécanismes complexes qui régissent le sauvetage ou la disparition d'une entreprise.

Dès lors, le propos ne manque pas d'apparaître à la fois simpliste et opaque. Simpliste parce que le téléspectateur ne peut qu'être de cœur avec le couple d'honnêtes travailleurs face à un syndic malfaisant ; opaque parce qu'il est vite perdu dans la mise en branle du dédale des procédures judiciaires.

Par ailleurs, la mise en scène plutôt terne n'arrange rien. Pour autant, Jacques Dacqmine, en charognard toujours courtois, fait parfaitement l'affaire. Françoise Brion campe avec justesse une femme combative. Et c'est encore un de ces drames de la culpabilité que nous narre André Cayatte à travers le personnage effacé interprété par Maurice Biraud.

A l'heure du débat, les professionnels et auxiliaires de justice, à commencer par les représentants des syndics de faillite et des administrateurs, eurent beau jeu d'affirmer haut et fort que cette histoire travestissait complètement leur rôle social.

Sophia Loren dans *Verdict*, Annie Girardot dans *A Chacun son enfer*, Maurice Biraud dans *Des yeux pour pleurer* se suicident tous les trois en précipitant leur voiture respectivement contre un mur, contre un engin de chantier et contre un arbre. Décidemment, dans ces années-là, la voiture est devenue pour Cayatte le moyen rêvé pour se suicider…

-IV-

Retour à Cherchell

Dossier de l'écran du 5 avril 1983

Pour ceux d'Algérie que reste-t-il du passé ?

A nouveau Cayatte aborda, dans ce dernier téléfilm, les blessures mal refermées de la guerre d'Algérie.

Nous sommes vingt ans après la fin de la guerre. La première partie du film nous fait partager le quotidien banal d'un couple de rapatriés qui s'est installé à Paris. Lui, Marcel Aubert (Maurice Biraud) est comptable ; elle, Josette Aubert (Catherine Rouvel) est une « femme au foyer ». Le couple s'aime mais un profond voile de tristesse s'est abattu sur leur vie commune. Non seulement ils ont tout abandonné du jour au lendemain en Algérie mais là-bas est enterré leur fils, soldat tué pendant la guerre.

La joyeuse parenthèse du pot de départ à la retraite de Marcel s'est rapidement refermée. Le voilà maintenant désœuvré dans un Paris triste et gris à pleurer. Quand il passe voir son deuxième fils, il se heurte à la complète indifférence de celui qui est devenu un homme que la réussite sociale accapare complètement.

C'est décidé ! Marcel retournera là-bas, ne serait-ce que pour nettoyer et refleurir le caveau familial. Mais il ira seul car les derniers souvenirs que « Jo » a gardés de leur vie en Algérie, sont tellement terrifiants qu'elle ne peut pas croire Marcel quand celui-ci lui affirme qu'y revenir est désormais sans danger.

Plusieurs flash-backs témoignent alors de ce que furent les dernières heures de la famille Aubert en Algérie : l'écho des attentats aveugles de l'OAS, l'exaltation des partisans algériens juchés sur leurs camions, les menaces, la fuite protégée tant bien que mal par des militaires aux abois, les assassinats de harkis.

Arrivé sur place, Marcel va se recueillir sur les tombes, celle de la famille Aubert mais aussi celle de la famille de sa femme qui, née Sheller, était la fille d'un riche colon. Puis le voilà devant la porte de son ancienne maison, incapable de sonner. Il y revient néanmoins le lendemain et là il tombe sur un jeune couple algérien qui lui fait le meilleur accueil. Non seulement on lui fait visiter toute la maison mais on l'invite le soir à dîner et, comble de la gentillesse, ses hôtes parviennent à retrouver la piste (grâce à la collaboration du poste de police local !) de plusieurs anciens amis algériens de Marcel. D'où une grande soirée couscous et force rigolades entre vieux copains de jeunesse. Ultime attention : le couple invite Marcel à passer la nuit dans ce qui fut la chambre conjugale des époux Aubert.

Cette partie tire beaucoup sur la corde sensible. Cayatte entend visiblement promouvoir la réconciliation franco-algérienne. Le tableau est trop beau pour sonner tout à fait vrai.

Sur le départ, Marcel fait un ultime passage au cimetière en compagnie de son meilleur ami de l'époque, Mouloud, avec lequel il avait connu la fraternité des armes durant la Seconde guerre mondiale. Ils se recueillent sur la tombe de Victor Noblet, le maître d'école dont ils ont tous deux gardé un vif souvenir. Victor Noblet était un socialiste. Un flash-back nous transporte alors dans les années trente, au temps du Front populaire. Lors d'une fête de mariage, Victor Noblet se confronte violemment au colon Sheller. Noblet défend le projet de loi Blum-Violette qui a pour objectif d'accorder la nationalité et le droit de vote aux élites algériennes. Les convives le tournent en dérision : « Et pourquoi pas aussi accorder des congés payés à Fatima ?! ». Victor Noblet leur lance : « La loi Violette vous donne une dernière chance ». Il ne recueille que des quolibets.

Maurice Violette avait été gouverneur général en Algérie, mais, en 1927, avait été contraint par les colons de se démettre. Violette expliquait que les « indigènes » aspiraient à une patrie et que si les Français ne leur donnaient pas la leur, alors ils en créeraient une autre. Le projet de loi Violette-Blum avait été défait sous la pression des colons.

Mouloud : « Lui, il avait compris »

Marcel : « On a été con »

*

Retour à Cherchell interpella vivement les téléspectateurs pieds noirs. Ceux qui rapportèrent avoir fait, eux aussi, un « pèlerinage » sur leur terre natale, se reconnurent plutôt bien dans le téléfilm, soulignant tous l'excellent accueil qu'ils avaient reçu sur place auprès d'anciens amis et connaissances. De leur côté, des universitaires algériens expliquèrent que la population arabe qui a maintenant recouvré le sentiment de sa dignité, appréhende le Français qui revient, non comme son ancien ennemi mais comme un ancien proche à qui on est heureux de montrer les changements intervenus depuis son départ.

Sixième Partie

D'un film à l'autre

-21-
Cayatte en filigrane

Sus au machisme !

Cayatte est particulièrement sensible au machisme ordinaire auquel se heurtent les héroïnes de ses fictions.

C'est patent dès *Justice est faite* où Elsa Lundenstein est condamnée essentiellement en raison de l'image négative, que se font plusieurs jurés masculins d'une femme d'origine étrangère non mariée qui assume sans faux-fuyant sa vie amoureuse. Cela l'est plus encore dans presque toute la filmographie cayattienne à partir de la fin des années cinquante. *Le Miroir à deux faces* est particulièrement éloquent à cet égard puisque le film est bâti sur la dénonciation de la folie à laquelle est susceptible de conduire un machisme exacerbé. Bourvil tue le chirurgien qui a débarrassé sa femme du terrible handicap que représentait pour elle sa laideur. Le film aurait pu tout aussi bien s'achever sur un féminicide.

Dans *La Vie conjugale*, ce sont tous les mauvais coups, petits ou grands, du machisme ordinaire qui sont mis à nu. Le ressort du film repose sur la négation par Jean-Marc des désirs de réalisation personnelle de Françoise, d'abord en la renvoyant brutalement à sa condition d'épouse et de mère, ensuite en lui pourrissant la vie par l'exaspération grandissante qui le gagne lorsque sa femme prend son envol professionnel. Mais les autres hommes qui courtisent Françoise en prétendant être d'un autre bois, n'en sont pas moins machistes à leur manière. Roger devait être son premier amant, elle le lui a promis, mais il se montre tellement dominateur au moment de passer à l'acte qu'elle s'enfuit. Philippe se montre très galant mais son premier mouvement, après l'accident provoqué par Françoise pour ne pas se laisser caresser par son moniteur d'auto-école, est de croire que l'accident est survenu parce que la jeune femme était consentante. Quant à Jean-Marc, il s'exclame : « Quand un homme se permet de peloter une femme, c'est que celle-ci l'a encouragé » !

Philippe, bel entrepreneur sûr de son charme, sait faire habilement miroiter son offre d'une vie professionnelle et sociale enviable. Mais Françoise récuse l'offre quand elle comprend que Philipe entend tout décider pour elle. Quant aux autres hommes qui apparaissent dans le film, ils constituent autant d'exemples d'une masculinité odieuse : l'ami médecin auquel Françoise s'adresse, un instant tentée de se faire avorter, entend se faire payer en nature ; le père de Françoise propose crûment à Jean-Marc de prendre des vacances entre hommes à Deauville pour chasser à leur aise « dans le poulailler » ; le patron de l'agence de pub où Françoise va gagner ses galons, assume un droit de cuissage sur son personnel féminin au vu et au su de tous. Seul échappe à ce prisme, Ettore, l'aristocrate florentin, amoureux transi, qui paraît complètement déphasé dans cet univers masculiniste.

Ce topos réapparaîtra pleinement dans les films des années 70, particulièrement dans les quatre films dont le personnage principal sera incarné par Annie Girardot. Dans chacun de ces films, le personnage féminin, conforme à ce qu'inspire l'actrice Girardot, sera une femme de caractère, loyale, franche, entière, tantôt amante passionnée (*Mourir d'aimer*), tantôt épouse aimante (*Il n'y a pas de fumée sans feu, A chacun son enfer*), tantôt professionnelle émérite (*L'amour en question*). Mais chaque fois elle se trouvera confrontée à la violence masculine.

Dans *Mourir d'aimer*, elle est « l'enseignante fautive » que juges, professeurs, proviseur condamnent avec d'autant plus d'acharnement qu'ils se sont sentis contestés en Mai 68. Dans *Il n'y a pas de fumée sans feu*, elle est celle à travers laquelle on cherche à atteindre son mari en diffusant une photo truquée la faisant passer pour une partouzeuse. Dans *L'amour en question*, elle est la juge d'instruction dont la parole est balayée par les magistrats à l'occasion du procès de Catherine Dumais qu'elle a un temps accusée mais dont elle est maintenant convaincue de l'innocence. La violence des hommes, si présente dans sa vie sociale, contamine aussi son intimité. Dans il n'y a pas de fumée sans feu, son compagnon ne parvient pas à croire que la photo qui l'incrimine, soit un montage. Dans *A chacun son enfer*, le père de son compagnon (Fernand Ledoux) va jusqu'à prétendre qu'elle est responsable si sa fille a été enlevée et, comble du comble, il s'avère que c'est son propre fils qui est l'assassin de sa fille parce qu'il n'a pas pu admettre que sa mère se remette avec un autre homme.

Georges Rivière ou les amours contrariés

Dans le cinéma cayattien, certaines configurations récurrentes dans les rapports hommes/femmes ne manquent pas d'intriguer. Il en est ainsi des amours contrariés des deux personnages incarnés par Georges Rivière, Jean dans *Le Passage du Rhin* et Philippe dans *La Vie conjugale.*

A l'évidence l'acteur Rivière a impressionné Cayatte. Georges Rivière, c'est d'abord une belle stature. Sur ce plan, il n'est pas interdit d'entrevoir entre l'acteur et le réalisateur un faux air de ressemblance[1]. De là à penser que Cayatte a mis beaucoup de lui-même dans les deux personnages incarnés par l'acteur et les situations à bien des égards similaires auxquelles il les a confrontés…

Dans les deux films, l'acteur incarne une sorte de modèle. Dans *Le Passage du Rhin*, Jean est un prisonnier, qui a le courage de s'évader (c'était le cas d'André Cayatte), rejoint la résistance et finit par être choisi comme directeur du grand journal du soir où il travaillait avant-guerre. C'est un héros.

Dans *La Vie conjugale*, Philippe est patron d'une entreprise qui exporte dans le monde entier. Il n'est pas seulement un fabricant, il est aussi un artiste spécialisé dans la ferronnerie d'art (On peut avoir été un avocat et néanmoins être un grand artiste…). Dans la région, son entregent est considérable. Comme, pour parvenir à conquérir Françoise, il faut que le couple Françoise/Jean-Marc demeure sur place, il convainc le patronat local d'accepter de prendre en insertion des jeunes délinquants qui sont suivis par Jean-Marc en qualité de juge pour enfants. C'est un décideur, un leader, mais aussi un manipulateur…

La beauté physique et le rôle social assurent à Jean et à Philippe un grand succès auprès des femmes. Mais, en dépit de ces atouts, ils échouent dans leur vie sentimentale. La femme qu'ils aiment, leur cause de grands tourments et finalement leur échappe. Quand on apprend à Jean que sa compagne Florence s'est compromise dans la collaboration

---

1 La comparaison a toutefois ses limites. Georges Rivière n'a ni le regard ardent enfoncé dans les orbites, ni l'accent du Midi si caractéristiques de Cayatte.

et qu'il lui faut choisir entre elle et son poste de rédacteur en chef, il est prêt à tout abandonner pour elle. Mais celle-ci part à l'étranger sans qu'on sache vraiment s'il s'agit d'une fuite par crainte de devoir rendre des comptes ou, comme elle le lui écrit, « pour lui rendre sa liberté » et donc lui permettre de garder sa place à la tête de son journal. Philippe, lui, s'impose immédiatement auprès de Françoise. Leur rencontre illumine sa morne existence. Mais Françoise ne veut pas être conquise. Elle refuse de devenir la chose du plus riche industriel de la région.

Le paradoxe est que ces deux hommes au charme foudroyant et à la réussite sociale spectaculaire, échouent là où des hommes médiocres réussissent. Dans *Le passage du Rhin*, l'homme qui va savoir se faire aimer, c'est Roger le petit pâtissier. Et précisément par Helga, la jeune allemande que Jean avait séduite et dont il s'était cyniquement servi pour s'évader. Roger, lui, avait refusé de s'enfuir dans ces conditions, préférant « être un con plutôt qu'un salaud ».

Dans *Le passage du Rhin*, ce n'est pas le héros qui remporte les suffrages du spectateur, c'est le prisonnier attentiste qui ira jusqu'à retourner vivre en Allemagne après la guerre. C'est le personnage incarné de façon si émouvante par un Charles Aznavour auquel on avait prédit que son physique jugé disgracieux l'empêcherait à tout jamais de parvenir « en haut de l'affiche ». Quant à Philippe, il a beau marteler à Françoise qu'il ne comprend pas qu'une femme comme elle veuille rester auprès d'« un petit fonctionnaire sans ambition », rien n'y fait. Car celle-ci a définitivement décidé « d'être la femme d'un seul homme », sans que l'on sache très bien ce qui relève dans ce choix de la révérence à un principe de fidélité posé comme un absolu ou de la tentative de plus en plus désespérée de transformer son médiocre mari en un battant à l'égal des prétendants qu'elle repousse.

Piège pour Cendrillon, un film qui dénote

Attention portée au machisme ordinaire, mise en scène de personnages féminins fiers, autonomes, épris de liberté et de réussite personnelle, le cinéma d'André Cayatte a des allures de cinéma féministe. Mais une réalisation dépare dans le tableau : *Piège pour Cendrillon.* Voilà un film entièrement bâti sur le nid de vipères que constituent trois femmes pourries par l'argent, le goût du luxe, un désir effréné de domination et qui finissent par s'entretuer. De leur lutte à mort, surgira une rescapée amnésique qui finira par se suicider à force de découvrir l'immensité de sa méchanceté passée.

Au centre du trio infernal, il y a Michèle qui, avant « l'accident » de l'explosion au gaz qui va la rendre amnésique, présente tous les traits de la « garce ». Petite poupée prétentieuse et tyrannique, son plaisir à humilier est sans limite tant vis-à-vis des hommes que des femmes. Mais, élément troublant, c'est aussi le personnage le plus érotique de tout le cinéma cayattien. Elle séduit à tout va et aucun homme ne résiste à ses jeux sadomasos.

Pour autant que cela puisse être explicite dans le cinéma de ces années-là, Michèle a entretenu dans le passé des liens érotiques avec son intendante Jeanne et en entretient dans le présent avec Domenica. Est-ce que pour Cayatte l'homosexualité rime avec perversité ? On pourrait le penser puisqu'on retrouvera dans *Mourir d'aimer* deux prisonnières qui se livrent également à de furieux rapports sadomasos.

Alors *Piège pour Cendrillon* le film qui révèle un inconscient masculin en proie à des pulsions sombres bien masquées dans une filmographie globalement féministe ?

-22-
La force de la forme

Le lecteur qui m'aura suivi jusqu'à ces pages, aura relevé que ce qui a retenu mon attention dans la filmographie d'André Cayatte est d'abord et avant tout le contenu des films, le propos, les idées généreuses mises en avant, la pertinence des réflexions et des critiques portées à la société des années cinquante aux années quatre-vingts. C'est vrai. C'est l'homme pionnier d'un cinéma politique, l'homme d'un cinéma engagé qui m'a captivé. Mais il est tout aussi vrai que ce contenu serait d'un faible intérêt si la forme de ce cinéma-là avait été pauvre. Fond et forme sont toujours indissociables.

Guy Braucourt le souligna en son temps : « S'il est un cinéma qui [...] n'admet pas la distinction fond-forme, c'est bien celui auquel s'est attaché Cayatte : cinéma visant à la réflexion, non à la démonstration, à l'impact émotionnel et non à la conviction intellectuelle[1]. »

Tout au long des chapitres qui précédent, je me suis attaché à souligner combien les choix de distribution de Cayatte et sa direction d'acteurs entraient énormément en

1 G. Braucourt, *op. cit.* p. 10.

ligne de compte dans ses plus grandes réussites. C'est là évidemment un aspect majeur de l'art du cinéaste. Mais cela n'épuise pas le sujet de la forme.

Auprès de Guy Braucourt, Cayatte fit valoir son attention renouvelée à la forme à partir d'*Œil pour œil*. A la question « N'avez-vous pas l'impression qu'après *Le Dossier noir*, *Œil pour œil* a constitué un tournant dans votre œuvre ? », le cinéaste avait répondu : « J'ai été beaucoup plus touché par la forme à partir de cette époque, car jusque-là le scénario me préoccupait avant tout, j'étais assez détaché de la forme. Je ne parle pas de la technique, je parle de la forme. Jusqu'alors le sens, les personnages, la peinture du milieu retenaient toute mon attention. [...] Il faut dire que le tournant d'Œil pour œil est dû pour beaucoup à la couleur - que j'employais pour la première fois - au moyen de la Vistavision, et les premiers essais que j'avais faits sur un écran gigantesque (que l'on n'a pas utilisé ensuite pour la sortie du film et c'est dommage) m'avaient prodigieusement intéressé : je passais brusquement de la peinture de chevalet à la fresque, et cela a provoqué chez moi un moment de trouble, je l'avoue[2]... »

Sur le fondement de cette affirmation, il serait néanmoins erroné de conclure qu'on ne trouve ni trouvailles visuelles, ni trouvailles de mise en scène dans la production antérieure du cinéaste. Evoquons, par exemple, *Justice est faite* qui ouvre la « tétralogie judicaire ». Rappelons que ce film est centré sur la façon dont les jurés vont avoir à se déterminer sur la culpabilité d'une femme, Elsa Lundenstein, qui a euthanasié son compagnon atteint d'une maladie incurable. Un florilège de plans larges, de plans moyens et de gros plans plonge les spectateurs dans la dramaturgie du procès. Parallèlement, s'intercalent, dans le cours du procès, des sé-

2 *Ibid*, p.85.

quences relatives à l'existence de chacun des jurés. Ces séquences éclairent le spectateur sur les raisons profondes qui motiveront leur vote au moment du délibéré. Qu'il s'agisse du déroulé du procès ou des scènes d'extérieur, le tout est filmé avec les qualités traditionnellement reconnues au cinéaste. Les personnages et les scènes sont croqués avec justesse. C'est rapide, direct, clair. Mais, pour les détracteurs de ce cinéma-là, cette efficacité cayattienne aurait pour pendant une absence de subtilité. Ce cinéma carré serait dénué d'ambiguïté. Sauf que si Cayatte avait jusqu'au bout voulu « mettre les points sur les i » dans *Justice est faite*, il ne se serait pas privé de quelques flash-backs éclairant aussi le spectateur sur la personnalité de l'accusée et des principaux témoins qui défilent à la barre.

Or, rien de tel ici. Si bien que le spectateur est placé exactement dans la position de chacun des jurés : il ne peut se faire une opinion qu'au regard de ce qui se dit au tribunal. Aucune image ne viendra attester les propos d'Elsa pour sa défense ou a contrario les accusations de la sœur du défunt. Le spectateur, comme le juré, devra se déterminer uniquement en fonction des échanges verbaux et des postures que manifestent l'accusée et les témoins. Alors, comme l'exprimera la voix off qui viendra conclure le film, en condamnant Elsa à cinq ans de prison, les jurés n'auront fait qu'avouer leur incapacité à trancher dans un sens ou dans un autre. Finalement ce procès se sera révélé exemplaire de la très grande difficulté, voire de l'impossibilité dans laquelle se trouve la justice, de faire advenir la vérité, l'âme humaine restant insondable. Malgré la force des argumentaires déployés par l'accusation ou la défense, les spectateurs, comme les jurés, auront été renvoyés à une réalité opaque. Ce que certains se plaisent à décrire comme un cinéma simpliste et univoque, se révèle ici, de par la forme adoptée, un cinéma du doute.

Evoquons maintenant la production de la fin des années cinquante et du début des années soixante pour laquelle Cayatte revendique une attention renouvelée pour la forme.

Œil pour œil est pour partie tourné dans le monde arabe. Comme plus tard vis-à-vis de l'Asie dans *Les Chemins de Katmandou,* la fiction y prend par moments un aspect quasi documentaire, la caméra n'hésitant pas à s'attarder à plusieurs reprises sur le spectacle de la rue arabe. Parallèlement, la progression du sentiment de culpabilité chez le chirurgien est rendue palpable à travers la mise en scène de certains aspects insistants, l'un des plus marquants étant le rôle assigné à l'automobile.

Alors que le docteur Walter et ses amis disposent de grosses voitures américaines, Bortak, lui, conduit une guimbarde tombant rituellement en panne. Tragiquement il est contraint de l'abandonner sur le bord de la route quand il conduit sa femme à l'hôpital. Lui et sa femme, à l'article de la mort, devront faire cette nuit-là où il pleut des cordes, six kilomètres à pied. Après le décès de sa femme, Bortak vient récupérer ses affaires à l'hôpital. Sa voiture à nouveau ne redémarre pas. Immobilisée dans la cour de l'hôpital, elle s'impose plein cadre à la vue du médecin depuis la fenêtre de son bureau. Très en colère, le médecin exige qu'on fasse disparaître le véhicule. Quand il rentre tardivement ce soir-là à l'hôpital, il tombe à nouveau sur la guimbarde cette fois en train d'être enlevée par une dépanneuse. Ce symbole de la pauvreté du tiers-monde face à l'opulence occidentale, réapparaît quand, mis sur la piste de Bortak, le docteur Walter se lance à sa poursuite. En doublant la guimbarde, il provoque son dérapage dans le fossé. La voiture est à nouveau inutilisable. Walter ne peut pas faire moins que de proposer à Bortak de l'emmener à destination, cent-vingt kilomètres plus loin ! Sur place, on lui rapporte le cas d'un malade dans un village encore plus éloigné. Toujours travaillé par le souci de se racheter, il accepte de s'y rendre mais se heurte à l'hostilité des villageois. C'est sur sa grosse voiture que la haine locale va se focaliser. Les roues avant, puis, dans un deuxième temps, les roues arrière lui sont volées. Il apparaît peu après que Bortak est lui aussi parvenu dans ce village. C'est lui qui probablement a manigancé toute cette opération. On se souvient alors du moment où la guimbarde avait dérapé. Le spectateur ne peut manquer de s'interroger : le dérapage de la voiture de Bortak lui était apparu assez curieux ; Bortak n'avait-il pas volontairement accidenté sa voiture, transformant son véhicule défaillant en piège ?

Parallèlement à la montée du sentiment de culpabilité chez le médecin, grandit son exaspération. Cette fois, c'est par le son que la mise en scène la rend palpable. Il y a un moment où le docteur Walter se rend au domicile de Bortak. Ce dernier refuse de lui ouvrir. Le palier est occupé par l'échoppe d'un petit artisan. Pendant que le médecin frappe vainement à la porte et s'impatiente, l'artisan fait crisser sa meule. A un autre moment, Bortak pénètre dans une mosquée pour échapper au docteur Walter. Bortak traverse la salle et s'éclipse. Walter, dont le surgissement en ce lieu interloque l'assistance, reste interdit. L'iman qui psalmodiait la prière, s'interrompt brutalement. Cette fois c'est le silence total dans la mosquée qui souligne le désarroi du chirurgien. Dans le village où il se fait désosser sa voiture, le médecin tombe sous la coupe du tenancier de l'unique bistro local, lequel prétend l'aider, mais en réalité lui soutire un maximum d'argent. Ce personnage terriblement antipathique ne cesse de passer un vieux disque qui vrille l'oreille du docteur…et du spectateur.

Le souci de la forme est aussi très sensible dans *Piège pour Cendrillon.* Sur le canevas des relations d'amour/

haine développées entre les trois protagonistes féminines, nombreuses sont les surprises filmiques, à commencer par le générique où flottent des ombres indiscernables alors que s'élève une oppressante musique de Louiguy jouée aux percussions. Peu à peu la scène s'éclaire. Il s'agit, en caméra subjective, du réveil difficile d'une grande brûlée.

Quelques instants plus tard, c'est sous la forme d'une « petite momie » comme l'appelle le docteur qui la soigne, que l'on découvre Michèle, dont seuls les yeux et la bouche ne sont pas enveloppés par la gaze des pansements. Etrange vision redoublée ensuite par la silhouette pathétique que Michèle va arborer tout au long du film : cheveux brûlés, peau marquée, paumes des mains affreusement fripées, grands yeux perdus sur un monde qu'elle ne reconnaît plus.

Dans les flash-backs qui vont suivre, d'autres motifs visuels, tel celui des grilles, prendront un relief particulier. Domenica est employée dans un garage. Depuis toujours « Do » espère retrouver sa cousine Michèle dont elle a été séparée brutalement dans l'enfance. Enfin l'occasion s'en présente quand « Mi » vient faire réparer sa voiture de luxe. Mais, dans cet immense garage souterrain, « Do » n'apprend la présence de sa cousine que lorsque celle-ci, avec sa bande de copains, est sur le point de repartir. La voiture qu'ils viennent de louer, a été dirigée sur une grande plateforme encagée qui sert d'ascenseur pour les véhicules. « Do » s'élance. Les mouvements de la caméra la suivent courant à perdre haleine d'étage en étage autour de la cage de fer qui la sépare de «Mi ». La voiture et ses occupants descendent inexorablement vers la sortie. « Mi », tout juste vaguement amusée par ces retrouvailles, accueille les appels de « Do » sur un ton snob insupportable. La voiture quitte le garage, laissant « Do » désespérée, accrochée au grillage.

Quelques scènes plus loin, nouvelle scène de grillage et d'ascenseur, cette fois, dans l'immeuble de luxe où réside Michèle. C'est l'occasion pour « Mi » de s'amuser aux dépens de Gabriel. Gabriel est le compagnon de « Do ». Cette dernière l'a quitté pour aller vivre avec « Mi ». Espérant y revoir sa compagne, Gabriel vient sonner chez Michèle au prétexte d'y déposer des affaires que Domenica a laissées chez lui. Seule « Mi » est présente. Elle tente de le séduire. Gabriel lui fait faux bond. « Mi », furieuse, s'élance sur le palier et bloque l'ascenseur. Gabriel se retrouve coincé entre deux étages. Dans le garage, la descente inexorable de l'ascenseur disait toute l'indifférence de « Mi » à l'égard de sa compagne d'enfance. Cette fois l'ascenseur fait de Gabriel son prisonnier. « Mi » lui glisse à travers la grille une cigarette. « Comme au zoo » dit-elle. Puis elle excite son prisonnier en effectuant un strip-tease sur les marches de l'escalier.

La froideur métallique de ces grillages qui interdisent tout contact, préfigure le caractère sadomaso des relations qui vont s'instaurer entre les personnages. Quand Michèle fait enfin repartir l'ascenseur, Gabriel relance rageusement l'appareil vers le haut jusqu'à l'étage de « l'allumeuse ». Celle-ci est encore sur son palier. Il lui assène deux gifles. Michèle alors se plaque contre lui. Ils s'embrassent violemment.

Dans *La Vie conjugale* également, certains moments aussi font apparaître l'intérêt renouvelé de Cayatte pour la forme. Françoise s'attarde devant la vitrine d'une auto-école. Le petit patron de l'enseigne s'approche, racoleur. Devinant qu'elle est une femme au foyer et que seul son mari tient le volant, il lui chante les vertus de l'égalité des sexes. Mais, une fois en voiture, l'instructeur commence à la peloter. Françoise riposte à la hauteur de l'agression :

elle emboutit délibérément la voiture auto-école contre un camion. Image forte de l'instructeur éberlué devant l'avant de sa voiture complètement ratatiné. C'est à ce moment que le beau Philippe entre en scène. Son physique, son statut social et sa superbe voiture de sport séduisent immédiatement Françoise. Le climax du rapprochement entre eux intervient peu après dans un jardin public où de curieuses attractions sont mises à la disposition du public. On s'y amuse dans des voitures à pédales pour adulte et avec des vélos d'antiquité. Françoise est montrée, juchée sur un vélo muni de très grandes roues. C'est un peu étrange. Trouvaille de mise en scène qui fait bien sentir tout à la fois la gaité qui a gagné Françoise et son malaise. Elle se laisse embrasser par Philippe puis s'enfuit.

La chape de plomb de son quotidien lui retombe brutalement sur les épaules. La caméra la saisit sortant d'un enterrement. En arrière-plan, il y a cette grande tenture noire qu'à l'époque on accrochait à la façade des églises en pareille occasion. Mais, ce jour-là, le beau Philippe réapparait. Et Jean-Marc invite sa femme à se laisser raccompagner par lui. En voiture, Philippe débine Jean-Marc. Il la « kidnappe » mais c'est pour lui faire visiter son entreprise. Il sort le grand jeu ; lui propose un poste important. Françoise est troublée. Au-dessus de leur tête passe une grande pièce de ferronnerie : belle image de force, de beauté flottante dans l'air malgré son énorme poids. Philippe n'est pas seulement un industriel, c'est aussi un artisan d'art. Pourtant, une fois encore Françoise se dérobe et la rupture définitive interviendra lors de la grande scène de l'anniversaire du président du tribunal pour enfants, également président de la société de chasse. Pour couper définitivement le cordon avec sa vie ardennaise, Françoise s'empare d'un fusil, menace tout le monde, à commencer par le président qu'elle qualifie de « vieux sanglier » et tire sur la vaisselle et les tableaux.

Ainsi un ensemble de signaux visuels dynamisent chaque épisode. Accident spectaculaire et tôle froissée de la voiture auto-école, attractions décalées dans le jardin public, grande tenture d'enterrement au porche de l'église, grille de fer forgé se balançant au-dessus des têtes dans l'usine, coups de feu et vaisselle explosée dans l'appartement du président, chacune de ces images nous dit quelque chose de l'agitation des pensées et des sentiments qui traversent Françoise.

Evoquons enfin *Le Passage du Rhin* qualifié par Bertrand Tavernier « d'œuvre très maîtrisée [3]». C'est assurément un des meilleurs films français sur la période de la seconde guerre mondiale. Y est explorée avec force la complexité des trajectoires individuelles dans ce contexte tragique. Dans *Le Passage du Rhin*, est donnée à voir la formule fameuse renoirienne, « ce qui est terrible c'est que chacun a ses raisons », mais les raisons des uns et des autres ne sont pas pour autant présentées comme moralement équivalentes. Si chacun assume ses choix et, le cas échéant, en paye le prix fort, le propos du cinéaste ne débouche sur aucun relativisme.

Le premier plan du film est un gros plan sur un soupirail. Il semble que la caméra va nous faire découvrir au plan suivant un prisonnier dans sa cellule. Mais le spectateur découvre qu'il s'agit de la cave-atelier dans laquelle travaillent Roger et son beau-père. En fait, ils sont bel et bien des prisonniers soumis aux aboiements de la gardienne en chef : la belle-mère de Roger qui ouvre et ferme prestement une trappe au-dessus de leur tête en leur réclamant les commandes. A la fin du film, la même scène se reproduit mais maintenant c'est la femme de Roger qui officie à la place de sa belle-mère.

3 Bertrand Tavernier, interview dans *Positif*, *op. cit.*

Par le soupirail, Roger se fait donner le journal du jour, lequel proclame la mobilisation générale après l'envahissement de la Pologne par les nazis. Immédiat plan suivant : une fière colonne de soldats allemands, filmée en contre-plongée, chante à tue-tête le fameux « Heidi, Heido » ; la caméra pivote vers le bas et, cette fois, dans un raccourci saisissant, c'est une longue colonne de soldats français prisonniers que nous découvrons, s'apprêtant à traverser le Rhin en sens inverse des soldats allemands.

Jean et Roger se font passer pour des cultivateurs dans le civil. Ils sont affectés à la campagne où ils sont accueillis fraîchement par les villageois. Mais la glace est rompue entre Roger et la fille du bourgmestre chez qui il a été affecté, à l'occasion d'une merveilleuse petite scène. Helga conduit un camion chargé de sacs de pommes de terre. Roger est dans la benne. Le camion traverse une forêt où travaillent des prisonniers français. L'un d'eux lui fait signe de jeter des sacs. Roger hésite : « C'est contrôlé ! ». Puis le leur en balance quand même un, son seul acte de bravoure de toute la guerre ! A l'arrêt, Helga compte les sacs et se fige, foudroyant Roger : « Das ist eine Katastrophe ! » Alors elle se saisit d'un sac vide et commence à le remplir de quelques patates retirées de chacun des sacs restants. Roger fait de même. Tous deux éclatent d'un rire enfantin.

Quand les troupes américaines arriveront, Roger se laissera littéralement porter par ses compatriotes jusqu'au camion qui va les ramener en France comme si sa libération était encore un mauvais coup du destin. Entre lui et Helga, pas un mot d'adieu, pas un geste ne sera échangé. A l'échelle de l'Histoire, leur amour ne peut pas avoir existé.

Pour conclure

La plupart des films de Cayatte n'ont rien perdu de leur saveur. Le trait y est souvent cruel ; le regard acéré. Surtout dans les années cinquante. Mais si la vision de la société y est noire, il n'y a là aucune complaisance nihiliste. Cayatte provoque, condamne, critique dans une perspective réformatrice. L'ensemble de sa filmographie le confirme. Son positionnement est celui d'un homme de gauche, humaniste, moraliste. Selon la formule bien connue, Cayatte, c'est le pessimisme de l'intelligence et l'optimisme de la volonté. Et aussi l'indépendance d'esprit. Quand, dans les années post soixante-huit, il lui semble que la gauche dérape dans des excès idéologiques, il n'hésite pas à laisser transparaître son désaccord dans plusieurs films, au risque d'exacerber encore les manifestations de rejet à son égard.

Un cinéma concerné par la vie de la cité, ironique, sceptique mais en même temps humaniste et chaleureux, voilà ce que j'aime particulièrement retrouver dans une salle obscure. Peu importe qu'il s'agisse d'un cinéma expressément politique ou d'un cinéma qui, du moins en apparence, en est éloigné.

Mais ce qui se joue dans l'intérêt particulier qu'on peut ressentir pour une œuvre, repose aussi sur des zones intimes, obscures, secrètes, inconscientes.

J'ai maintes fois souligné combien la thématique de la culpabilité est présente chez Cayatte. Probablement le spectateur qui dispose, pour le meilleur ou pour le pire, de solides défenses dans ce domaine, autrement dit, qui, instinctivement, dresse une muraille interne quand il a l'impression qu'on cherche à le manipuler pour qu'il se sente, lui aussi, coupable, éprouvera de l'aversion pour le cinéma cayattien. Je suis, me semble-t-il, d'une complexion inverse. Cela a sans doute joué dans la proximité ressentie.

Enfin il y a un fil que je veux mentionner même si cela me met en position de terminer cette étude sur une note que le lecteur pourrait trouver incongrue. Le premier film de Cayatte que j'ai visionné est *Justice est faite*. Ce jour-là, je n'ai pas pu ne pas remarquer un détail. Le garçon de café, interprété par Raymond Bussières, s'appelle Félix Noblet. Voilà qui m'a surpris, parce que mon patronyme n'apparaît pratiquement jamais sur les écrans et me plaire parce que ce garçon de café est très sympathique et son rôle dans le film très positif. Qui sait ? Ce seul détail m'a peut-être mis inconsciemment dans les meilleures dispositions d'esprit pour m'aventurer plus avant dans l'œuvre cayattienne. D'autant que ce n'est pas la seule fois que mon patronyme y apparaît !

Il y a en effet un élément qui intrigue dans la filmographie de Cayatte : l'usage immodéré que fait le réalisateur d'une poignée de patronymes pour désigner ses personnages. Truffaut, lorsqu'il faisait feu de tout bois contre ses aînés, avait vu dans ce goût pour la répétition, la marque d'une paresse intellectuelle. De même qu'il reprochait à

Cayatte de faire revenir les mêmes seconds rôles de film en film, il lui reprochait de distribuer les mêmes patronymes.

Ainsi, on ne compte plus chez Cayatte les Leguen (parfois orthographiés Le Guen), les Boussard, les Dutoit, les Arnaud, les Leroi…et les Noblet.

Parfois, un acteur qui joue dans plusieurs films, conserve le patronyme qui lui a été attribué dans le premier. Parfois un patronyme apparu une première fois revient bien plus tard dans la filmographie.

Une telle répétition de patronymes ne peut pas être sans signification. Copains d'enfance, de lycée, de fac, d'armée ? Souvenir du temps où il fut prisonnier ? Cercle d'amis intimes qu'il a conservés toute sa vie ? J'ai cherché à savoir. Je n'ai pas encore trouvé l'explication.

Leguen est le patronyme qui revient le plus souvent. Trois protagonistes de premier plan le portent : le triste anti-héros de *Nous sommes tous des assassins* (Marcel Mouloudji) ; le terrible père de Gérard (François Simon) dans *Mourir d'aimer* et le juge incarné par Jean Gabin dans *Verdict*.

Le patronyme Noblet, lui, est porté, outre par Raymond Bussières dans *Justice est faite*, par Bertrand Blier dans *Avant le déluge* et à nouveau par Bertrand Blier dans *Le Dossier noir.* Dans *Avant le déluge*, Noblet est un intellectuel de gauche plutôt pathétique. Dans *Le Dossier noir*, Noblet est un policier enquêteur plutôt glaçant. Le patronyme revient une vingtaine d'années plus tard quand le docteur Peyrac (Bernard Fresson), dans *Il n'y a pas de fumée sans feu*, est libéré. Un petit comité de proches l'attend à sa sortie de prison pour lui signifier qu'ils sont prêts à continuer à soutenir sa candidature au poste de maire. Il leur répond qu'il abandonne. Ses soutiens sont déçus. Il réplique qu'eux-mêmes n'y croient plus, à preuve, parmi eux, il manque « Bourgoin, Noblet, Leguen ». Dans *Verdict,* lorsque la concierge de l'immeuble où réside le juge Leguen, coupe le son de son poste radio, le spectateur a juste le temps d'entendre le nom du gagnant du jeu radiophonique qu'elle écoutait : Noblet ! Enfin, dans le téléfilm *Retour à Cherchell*, Marcel Aubert et son ami Mouloud font revivre la figure aimée de leur maître d'école socialiste, Victor Noblet.

Oui, pourquoi le cacherais-je ? Ce recours si inattendu à mon patronyme m'est apparu comme un signe de connivence un peu mystérieux avec le cinéaste. Je précise tout de même que la rédaction de ce livre était largement entamée lorsque j'ai découvert ces multiples occurrences.

*

J'étais en train d'achever cet ouvrage quand j'ai pris connaissance d'une nouvelle *Histoire du cinéma français*. Pour l'heure, quatre tomes en sont déjà parus, couvrant successivement les années trente, quarante, cinquante et soixante[1]. Riche d'une iconographie abondante et de textes fouillés, cette *Histoire*, très réussie dans sa présentation, met en exergue, pour chaque année, un long métrage qualifié de « Film de l'année », un ou deux films faisant l'objet d'un « Gros plan » et un ou deux films faisant l'objet d'un « Coup de cœur », le reste notable de la production de l'année faisant ensuite l'objet de commentaires plus ou moins développés dans une rubrique « Arrêts sur images ».

A la différence de plusieurs *Histoire du cinéma français* que j'ai évoquées au début de cet ouvrage, qui font pratiquement silence sur Cayatte ou n'en parle qu'en des termes négatifs, cette *Histoire*-ci adopte un ton tout à fait

1 Philippe Pallin, Denis Zorgniotti, *Une Histoire du Cinéma français*, Tomes 1 à 3 ; Denis Zorgniotti, Ulysse Lledo, Tome 4, Lettmotif, 2022.

différent. Enfin une *Histoire du cinéma français* qui accorde une vraie place à Cayatte ! Trois films des années cinquante y font l'objet d'un « Coup de cœur » : *Justice est faite* ; *Nous sommes tous des assassins* et *Œil pour œil.* Sont également loués *Avant le déluge*, « très noir, engagé et audacieux » et *Le miroir à deux faces*, « une réussite ». Les auteurs s'étendent moins sur le Cayatte des années soixante mais *Le passage du Rhin* est jugé « audacieux » ; le concept de *La Vie conjugale* « ingénieux » ; *Les Risques du métier* « fort et courageux » quoique « un peu trop appuyé ».

Dans le tome consacré aux années cinquante, André Cayatte fait par ailleurs l'objet d'un « Coup de projecteur » à l'égal de la douzaine de réalisateurs jugés les plus représentatifs du cinéma français dans cette décennie. Le survol de sa carrière insiste naturellement sur la place qu'y occupe la « scène judiciaire » mais s'achève, de façon assez inattendue, sur un portrait de Cayatte en tant que cinéaste de l'amour[2]. Le réalisateur est qualifié de « grand sentimental ». A preuve, nous disent les auteurs, Elsa Lundenstein qui, dans *Justice est faite,* euthanasie par amour son compagnon malade, le petit juge du *Dossier noir*, seul contre tous dans l'espoir (vain) de conquérir la fille du procureur, ainsi que les couples broyés par la société que sont les Roméo et Juliette des *Amants de Vérone* et l'enseignante et son élève dans *Mourir d'aimer.*

Effectivement, la liste est longue des amants touchants, pathétiques ou tragiques dans l'univers cayattien. Pour ma part, j'ajouterai l'amoureuse inconditionnelle du contrebandier dans *Le Dessous des cartes* ; Alice Roland, femme de l'amour secret dans *Pierre et Jean* ; Marcelle Levasseur qui se rachète par amour dans *Le Dernier sou* ; Françoise qui a

2 *Ibid.* « Coup de projecteur, Un réalisateur, André Cayatte », p. 339, 342.

décidé envers et contre tout qu'elle serait la femme d'un seul homme dans *La Vie conjugale* ; la très respectable madame Doucet prête à fabriquer un faux témoignage pour sauver son mari dans *Les Risques du métier* et encore Sophia Loren que l'amour maternel rend complètement aveugle dans *Verdict*. Ces femmes brisent les codes par amour. Certains hommes aussi : Jean, le héros du *Passage du Rhin*, est prêt à tout perdre pour épouser Florence ; son ami Roger, au mépris du qu'en dira-t-on, retourne après-guerre vivre en Allemagne pour y retrouver Helga.

Denis Zorgniotti n'a pas tort : « Cayatte était épris de justice mais il n'était pas *raide comme la justice* ».

Filmographie d'André Cayatte

La Fausse maîtresse (1942)

Au Bonheur des Dames (1943)

Pierre et Jean (1943)

Le Dernier sou (1944), sorti en salle en 46

Sérénade aux nuages (1945), sorti en 46

Roger-la-Honte (1945), sorti en 46

La Revanche de Roger-la-Honte (1946)

Le Chanteur inconnu (1946), sorti en 47

Le Dessous des cartes (1947), sorti en 48

Les Amants de Vérone (1948), sorti en 49

Tante Emma (sketch de Retour à la Vie) (1949)

Justice est faite (1950)

Nous sommes tous des assassins (1951), sorti en 52

Avant le déluge (1953), sorti en 54

Le Dossier noir (1955)

Œil pour œil (1956), sorti en 57

Le Miroir à deux faces (1958)

Le Passage du Rhin (1960)

Le Glaive et la balance (1962), sorti en 63

La Vie conjugale ou Jean-Marc (1963), sorti en 64

La Vie conjugale ou Françoise (1963), sorti en 64

Piège pour Cendrillon (1965)

Les Risques du métier (1967)

Les Chemins de Katmandou (1969)

Mourir d'aimer (1971)

Il n'y a pas de fumée sans feu (1973)

Verdict (1974)

A Chacun son enfer (1977)

Raison d'Etat (1978)

L'Amour en question (1978)

Téléfilms :

La Faute (1980)

Les Avocats du diable (1981)

Des Yeux pour pleurer (1982)

Le retour à Cherchell (1983)

Bibliographie

Ouvrages

Jacques Aumont, Alain Bergala, Michel Marie, Marc Vernet, *Esthétique du film, 125 ans de théorie et de cinéma*, 5ème Ed., Armand Colin, 2021

Antoine de Baecque et Philippe Chevallier, *Dictionnaire de la pensée du cinéma*, PUF, 2012

André Bazin, *Qu'est-ce que le cinéma ?*, Cerf-Corlet, quatorzième édition, 2005.

Pierre Billard, *L'Age classique du cinéma français, Du cinéma parlant à la Nouvelle Vague*, Flammarion, 1995.

José-Louis Bocquet et Marc Godin, *Clouzot cinéaste*, La Table Ronde, 2011

Guy Braucourt, *André Cayatte*, Ed. Seghers, coll cinéma d'aujourd'hui, 1969

Noël Burch et Geneviève Sellier, *La Drôle de guerre des sexes du cinéma français 1930-1956*, l'Harmattan, 2019

Michel Ciment, Jacques Zimmer, *La Critique de cinéma en France*, Ramsay cinéma, 1997

Costa-Gavras, *Va où il est possible d'aller, Mémoires*, Seuil, Coll.Points, 2018

Yannick Dehée, *Mythologies politiques du cinéma français*, 1960-2000, PUF, 2000

Jean-Pierre Esquenazi, *Questions de cinéma et pratique de l'analyse de film*, Presses universitaires de Strasbourg, 2019.

Choé Folens, *Les Métamorphoses d'Henri-Georges Clouzot*, Ed. Vendémiaire, 2017

Jean-Michel Frodon, *Le Cinéma français, De la nouvelle Vague à nos jours*, Cahiers du Cinéma, 2010

Jean-Luc Godard, *Histoire(s) du Cinéma*, Gallimard, 1998

Anne Goliot-Lété, Francis Vanoye, *Précis d'analyse filmique*, 3ème Ed. Armand Colin, 2012

Gérar Gozlan, *L'Anti-Bazin*, Ed. Le Bord de l'eau, 2013

Gisèle Halimi, *Avocate irrespectueuse*, Plon, 2002

Noël Herpe, *Les Films me regardent*, Ed. Hémisphères, 2021

Noël Herpe, *Souvenirs/Ecran, voyages en France 2017-2018*, ed. Bartillat, 2019

Jean-Pierre Jeancolas, *Histoire du cinéma français*, Armand Colin, 3ème Ed, 2012

Laurent Jullier, *Analyser un film, de l'émotion à l'interprétation*, Ed. Champsarts, Flammarion, 2022

Laurent Jullier, Jean-Marc Leveratto, *Cinéphiles et cinéphilies*, Armand Colin, 2010.

Vahé Katcha, *Œil pour œil*, 1955. Nouvelle édition, Le Livre de poche, 1967

Jean-Pierre Le Goff, *La France d'hier, Récit d'un monde adolescent, des années 1950 à Mai 68*, Stock, 2018

Christine Leteux, *Continental Films, Cinéma français sous contrôle allemand*, Ed. La Tour Verte, 2017

Jean-Louis Leutrat, Suzanne Liandrat-Guigues, *Penser le cinéma*, Klincksieck, 2ème éd., 2010

Syvie Lindeperg, *Les Ecrans de l'ombre, la Seconde Guerre mondiale dans le cinéma français*, (1944-1969) CNRS Editions, 1997.

Jacques Lourcelles, *Dictionnaire du cinéma français, Les Films*, Robert Laffont, 1992 ; *Dictionnaire des films, de 1951 à nos jours*, Ed. Bouquins, 2022.

Michel Marie, *La Belle Histoire du cinéma français en 101 films*, Armand Colin, 2018

Jean Montarnal, *La « Qualité française », un Mythe critique ?*, L'Harmattan, 2018

Claude Naumann, *Jacques Becker, entre clacissisme et modernité*, Ed. Bifi/Durante, 2001

Pascal Noblet, *Les Guerres de Jean-Luc Godard*, L'Harmattan, 2020

Philippe Pallin, Denis Zorgniotti, *Une Histoire du cinéma français*, *Tome 2*, 1940-1949 ; *Tome 3*, 1950-1959 ; Denis Zorgniotti, Ulysse Lledo, *Tome 4*,1960-1969, Lettmotif, 2022

Jean Pivasset, *Essai sur la signification politique du cinéma*. Ed. Cujas, 1971

Edwy Plénel, *Costa-Gavras ou l'Espoir*, dans le coffret Arte-éditions comprenant l'intégrale de l'œuvre à la date de parution (2016)

Edwy Plénel, *Tous les films sont politiques, avec Costa-Gavras*, Ed. Points, 2021

René Prédal, *Histoire du cinéma français, Des origines à nos jours*, Nouveau monde éditions, 2018

Fabrice Revault-d'Allonnes, *Pour le cinéma « moderne »*, Yellow Now, 1994.

Yannick Rolandeau, *Nouvelle Vague, essai critique d'un mythe cinématographique*, L'Harmattan, 2018

Renée Saint-Cyr, *En toute mauvaise foi*, Ed du Rocher, 1990

Geneviève Sellier, *La Nouvelle Vague, un cinéma au masculin singulier*, CNRS éd., 2005

Laurence Schifano, *Le Cinéma italien de 1945 à nos jours*, Armand Colin, 2022

Jacques Siclier, *Le Cinéma français, 1945-1968*, *Tome 1*, Ed. Ramsay-Cinéma, 1990 ; *Le Cinéma français, 1968-1990*, *Tome 2*, Ed Ramsay-Cinéma, 1991

Héloïse Tillinac, *Quand la politique se mêle de cinéma*, Ed. Le Bord de l'eau, 2012

François Truffaut, *Les Films de ma vie*, Flammarion, coll. Champs, 2019

Articles

André Bazin, « La cybernétique d'André Cayatte », *Les Cahiers du cinéma*, juin 1954

André Bazin, *France Observateur*, 19 septembre 1957

Pierre Billard, *Cinéma 64*, n°84 mars 64

Michel Capdenac, *Les Lettres françaises* , n°1015 du 6 février 1964

Michel Cieutat, « Entretien avec Costa-Gavras, un enfant adopté du cinéma français », *Positif*, juin 2018.

Noël Herpe *in* Dossier « Justice pour Cayatte », *Positif*, n°704, octobre 2019

Marc Moquin, « André Cayatte, L'honnêteté en cause », *Revues et corrigés n°5*, 2019, p.70-83.

Claudette Peyrusse, « André Cayatte, un contemporain. Du poète d'avant-garde au reporter de l'Espagne républicaine ». *1985, revue d'Histoire du Cinéma*, n°86, Hiver 2018

Revue Eclipses, *Henri-Georges Clouzot, L'œuvre au noir*, n° 60, 2017, p.1-155

Eric Rhomer, *Arts*, n°635 du 11 septembre 1957

Jacques Rivette, « Lettre sur Rossellini », *Cahiers du cinéma* n°46, avril 1955

Georges Sadoul, *Les Lettres françaises*, n°570 du 26 août 1956 et n° 689 du 26 septembre 1957

Raphaël Sergeant, « Peur sur la vile ou la chute d'Icare, La théorie du complot dans le cinéma français des années 1970 », *Positif*, n°723, mai 2021.

Bertrand Tavernier, interview par Noël Herpe et Michel Kaptur, « Une Inscription dans l'Histoire » *in* dossier « Justice pour Cayatte », *Positif*, n°704, octobre 2019

François Truffaut, *Arts*, n°517 du 25 mai 1955

Internet

Le Salon de Filmotv 39 André Cayatte, 7 janvier 2020. Une émission consacrée à l'œuvre de Cayatte réunissant les critiques Denis Parent, Charles Némès, Didier Philippe-Gérard et Jean-Claude Missiaen..

FrenchFilms.org : site consacré au cinéma français par le critique anglophone James Travers.

Table

Structures éditoriales du groupe L'Harmattan

L'Harmattan Italie
Via degli Artisti, 15
10124 Torino
harmattan.italia@gmail.com

L'Harmattan Hongrie
Kossuth l. u. 14-16.
1053 Budapest
harmattan@harmattan.hu

L'Harmattan Sénégal
10 VDN en face Mermoz
BP 45034 Dakar-Fann
senharmattan@gmail.com

L'Harmattan Cameroun
TSINGA/FECAFOOT
BP 11486 Yaoundé
inkoukam@gmail.com

L'Harmattan Burkina Faso
Achille Somé – tengnule@hotmail.fr

L'Harmattan Guinée
Almamya, rue KA 028 OKB Agency
BP 3470 Conakry
harmattanguinee@yahoo.fr

L'Harmattan RDC
185, avenue Nyangwe
Commune de Lingwala – Kinshasa
matangilamusadila@yahoo.fr

L'Harmattan Congo
219, avenue Nelson Mandela
BP 2874 Brazzaville
harmattan.congo@yahoo.fr

L'Harmattan Mali
ACI 2000 - Immeuble Mgr Jean Marie Cisse
Bureau 10
BP 145 Bamako-Mali
mali@harmattan.fr

L'Harmattan Togo
Djidjole – Lomé
Maison Amela
face EPP BATOME
ddamela@aol.com

L'Harmattan Côte d'Ivoire
Résidence Karl – Cité des Arts
Abidjan-Cocody
03 BP 1588 Abidjan
espace_harmattan.ci@hotmail.fr

Nos librairies en France

Librairie internationale
16, rue des Écoles
75005 Paris
librairie.internationale@harmattan.fr
01 40 46 79 11
www.librairieharmattan.com

Librairie des savoirs
21, rue des Écoles
75005 Paris
librairie.sh@harmattan.fr
01 46 34 13 71
www.librairieharmattansh.com

Librairie Le Lucernaire
53, rue Notre-Dame-des-Champs
75006 Paris
librairie@lucernaire.fr
01 42 22 67 13

www.ingramcontent.com/pod-product-compliance
Lightning Source LLC
LaVergne TN
LVHW021946220826
846091LV00015B/4105
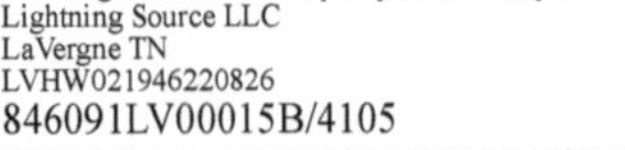

* 9 7 8 2 1 4 0 4 9 0 0 6 4 *